POISSONS EN AMOUR

Conception graphique et illustration de la couverture: Nancy Desrosiers

Maquette intérieure: Josée Amyotte

DISTRIBUTEURS EXCLUSIFS:

- Pour le Canada et les États-Unis:
  LES MESSAGERIES ADP*
  955, rue Amherst, Montréal H2L 3K4
  Tél.: (514) 523-1182
  Télécopieur: (514) 939-0406
  * Filiale de Sogides ltée

- Pour la Belgique et le Luxembourg:
  PRESSES DE BELGIQUE S.A.
  Boulevard de l'Europe 117
  B-1301 Wavre
  Tél.:   (10) 41-59-66
          (10) 41-78-50
  Télécopieur: (10) 41-20-24

- Pour la Suisse:
  TRANSAT S.A.
  Route des Jeunes, 4 Ter
  C.P. 125
  1211 Genève 26
  Tél.: (41-22) 342-77-40
  Télécopieur: (41-22) 343-46-46

- Pour la France et les autres pays:
  INTER FORUM
  Immeuble ORSUD, 3-5, avenue Galliéni, 94251 Gentilly Cédex
  Tél.: (1) 47.40.66.07
  Télécopieur: (1) 47.40.63.66
  Commandes: Tél.: (16) 38.32.71.00
                   Télécopieur: (16) 38.32.71.28
                   Télex: 780372

Linda Goodman

AFFINITÉS   ASTRALES

Signe d'Eau

—

POISSONS

EN

AMOUR

—

Traduction française de Gilles Malar

LES ÉDITIONS DE L'HOMME

Données de catalogage avant publication (Canada)

Goodman, Linda

   Affinités astrales

   Traduction de: Linda Goodman's Love Signs
   [12] Poissons en amour

   ISBN 2-7619-1134-2

   1. Astrologie et sexualité.   2. Astrologie et mariage.
I. Titre.

BF1729.L6G6414   1993   133.5'83067   C93-096459-4

L'ouvrage original américain a été publié par Harper & Row
sous le titre *Linda Goodman's Love Signs*

Dépôt légal: 3e trimestre 1993
Bibliothèque nationale du Québec

ISBN 2-7619-1134-2

Dates d'entrée du Soleil dans les Signes

BÉLIER	20 mars — 20 avril
TAUREAU	20 avril — 21 mai
GÉMEAUX	21 mai — 21 juin
CANCER	21 juin — 22 juillet
LION	22 juillet — 23 août
VIERGE	23 août — 23 septembre
BALANCE	23 septembre — 23 octobre
SCORPION	23 octobre — 22 novembre
SAGITTAIRE	22 novembre — 21 décembre
CAPRICORNE	21 décembre — 20 janvier
VERSEAU	20 janvier — 19 février
POISSONS	19 février — 20 mars

Le Mystère d'Amour des Poissons

De même que l'âme «naît» symboliquement dans la distraction innocente du Bélier, elle «meurt» symboliquement — ou bien quitte le douloureux plan terrestre — pour entrer dans l'humilité, l'esprit de sympathie et la conscience mystique des Poissons. Au stade de ce Signe solaire, l'homme et la femme en évolution commencent à comprendre vaguement le secret du Temps et le voient tel qu'un éternel MAINTE-NANT qui permet d'englober d'un seul regard (à divers degrés) le passé, le présent et l'avenir. L'âme se livre ici à sa troisième et dernière incursion dans l'Élément sensible de l'Eau, sa quatrième et dernière vibration en qualité de Communicateur Mutable et sa dernière expérience sous les Forces nocturnes négatives et féminines.

Au moment où l'âme atteint le stade des Poissons, elle a idéalement acquis la lumière spirituelle au cours de son voyage à travers les Mystères de l'Amour sous l'influence des onze Signes solaires précédents. Dans le cas contraire, elle doit retourner aux expériences vibratoires de certains Signes solaires autour du cercle astrologique, afin d'apprendre les leçons insuffisamment assimilées parce que écoutées trop à la hâte au cours des incarnations précédentes. Mais chacun de ces retours rend la leçon plus ardue et impose l'obligation d'un besoin interne urgent d'en maîtriser l'essence positive tout en rejetant son essence négative. Certaines âmes supérieures ou avancées décident évidemment de leur propre gré, au stade piscéen, de retourner sur Terre pour secourir ceux qui restent dans l'obscurité. Néanmoins, nous traitons ici des Poissons moyens, de leurs obligations et de leurs canevas d'habitudes.

Au niveau des Poissons, l'homme et la femme sont passés *au moins une fois* par chacun des douze degrés d'initiation, et nombre d'entre eux ont été obligés de redoubler pas seulement deux fois, mais des centaines, certaines expériences, en particulier celle des Poissons, la plus difficile des douze à saisir et à maîtriser. En général, on n'accomplit pas un tel exploit lors du premier tour de la roue de la vie, sauf en cas de *désir* et de *volonté* intenses. Cela ne signifie nullement que cette réussite soit impossible, mais jusqu'à présent rares sont ceux qui ont suivi le bon sentier pour y arriver. Voilà pourquoi l'astrologie enseigne que le Poissons est une «vieille âme» et aussi pourquoi chaque homme et chaque femme de ce Signe ne sont pas nécessairement comblés par la grâce spirituelle; pourquoi certains nagent dans des eaux dangereusement proches des feux de l'enfer dantesque. Les Poissons vivent en deux mondes, c'est-à-dire simultanément au ciel et en enfer.

Grâce à la sagesse secrète de leur planète dominante, Neptune, ils savent que tristesse et laideur ne font pas partie des projets de Dieu. Ils ont aperçu la vérité dans toute sa beauté et son éclat; une telle vision mystique suscite le besoin de fuir les vibrations négatives sur le plan de notre planète. Les Poissons des deux sexes esquivent souvent confrontations et tensions en se perdant sur la route des drogues, de l'alcool, de la rêverie, de la création artistique, des raisonnements philosophiques, de la méditation et de la retraite religieuse. Nombre d'entre eux (et elles) deviennent enseignants, moines, nonnes, mystiques, artistes, musiciens, compositeurs, mathématiciens abstraits et savants hautement intuitifs…, ou alors ils préfèrent plonger à la nage dans les eaux bourbeuses de l'alcoolisme, des drogues et même de la démence. La vibration de ce Signe est, en vérité, une expérience pénible parce qu'elle comporte bien des tentations.

Comme ils ont «tout vu», au moins à un niveau subconscient, les Poissons nourrissent une compassion naturelle pour leurs proches en détresse. L'âme neptunienne n'ignore rien des vicissitudes de l'existence et comprend les faiblesses de la nature humaine. Elle incline donc à la pitié, à la miséricorde plutôt qu'à la condamnation. Voilà pourquoi ces «vieilles âmes» deviennent souvent les confidentes des secrets, des épreuves, des soucis et des appréhensions d'à peu près tout le monde. Pourtant, leur réaction initiale instinctive consiste à s'écarter des algues gluantes sous toutes leurs formes. C'est seulement lorsque les Poissons ont le courage d'affronter leurs propres problèmes avec autant de sagesse qu'ils en offrent aux autres, qu'il leur est enfin possible de sonder les mystères de Neptune.

Par son «initiation à la mort» (mort de l'ego humain seulement), l'âme devient plus prompte au pardon, plus douce et le Poissons affirme: «JE CROIS.» Pour réaliser toute la gloire et toute la vérité de l'amour, les Poissons peuvent, s'ils ou elles le désirent, faire appel à l'innocence du Bélier, la patience du Taureau, la connaissance des Gémeaux, la perspicacité du Cancer, la noblesse du Lion, le discernement de la Vierge, le jugement de la Balance, la pénétration du Scorpion, l'honnêteté du Sagittaire, la sagesse du Capricorne, l'humanisme du Verseau. Mais parfois ces divers fragments de savoir ou de talents secrets ne font que les plonger dans la confusion; les Poissons prennent alors le sentier de la non-résistance passive.

Voici les qualités positives des Poissons: humilité, compassion, sensibilité, conscience spirituelle, compréhension psychique, perspicacité philosophique et aptitude à guérir autrui. Exprimées sous leur forme négative, elles deviennent: timidité, pusillanimité, masochisme, paresse, mensonge et faiblesse de volonté.

Pour les Poissons des deux sexes, l'amour se présente comme une soumission dénuée d'égoïsme de leur ego aux désirs de celle ou celui dont ils ont besoin pour devenir ENTIERS. Ils et elles obtiennent plus de plaisir à donner qu'à recevoir, plus de bonheur à servir qu'à être servis. Néanmoins l'énigmatique Neptune met l'âme des Poissons à l'épreuve en leur offrant la tentation d'expériences sexuelles et romanesques multiples et les incite à flotter d'une aventure à l'autre.

Soit en se livrant à ce dévergondage ou en *s'imposant la réclusion*, le prudent Poissons échappe aux dangers de l'hameçon qui symbolise les engagements émotionnels profonds et permanents. Or l'homme et la femme de ce Signe qui résistent à la tentation pour éviter le chagrin d'amour en ne cherchant que ses plaisirs… en sont richement récompensés, car ils maîtrisent le mystère ultime de la passion. Ils aperçoivent pour la première fois au cours de l'épuisant voyage de leur âme la véritable passion consistant en un mélange trinitaire de la pensée, du cœur et de l'esprit, dont résulte une extase physique exceptionnelle. La promesse printanière faite longtemps auparavant au Bélier n'est tenue que pour le Poissons.

POISSONS
Eau - Mutable - Négatif
Régi par Neptune
Symbole: les Poissons
Forces nocturnes - Féminin

BÉLIER
Feu - Cardinal - Positif
Régi par Mars
Symbole: le Bélier
Forces diurnes - Masculin

Les relations

L'employé chargé de recevoir les demandeurs d'emploi dans une agence de placement distingue sans aucune difficulté les sujets de ces deux Signes. Il suffit d'un peu d'expérience et d'une connaissance minimale de l'astrologie.

INTERROGATEUR: Quel fut votre dernier emploi?

BÉLIER: J'étais chef de production à la Parakeet Publishing, 42 Est, 83e Rue.

INTERROGATEUR: Je vois. Nous vérifierons cette référence. Parakeet Publishing Company, 82 Est, 43e Rue.

BÉLIER: Je n'ai rien dit de tel. Vous écrivez cette adresse de travers. Êtes-vous dur d'oreille ou bien cherchez-vous à m'intimider?

INTERROGATEUR: Pouvez-vous me donner votre adresse actuelle, s'il vous plaît?

POISSONS: Certainement! J'habite les appartements McCall, 7000, 6e Avenue.

INTERROGATEUR: Très bien. Permettez-moi de noter ça. Les appartements Bacall, 6000, 7e Avenue. C'est bien ça?

POISSONS: (Visiblement éberlué.) Eh bien!… euh… si vous croyez que c'est un meilleur quartier, je peux voir s'il y a des logements vacants…

Voici quelques autres exemples:

Abordez un Bélier et dites-lui: «En qualité de natif du Bélier vous êtes probablement doué d'esprit créateur?

— Ça vous pouvez le dire! répondra-t-il sans doute. J'ai la tête bourrée d'idées originales. Voulez-vous que je vous en expose quelques-unes?»

Abordez un Poissons et dites-lui: «Vous qui êtes natif des Poissons, vous pratiquez probablement quelque sport aquatique comme le surfing ou le ski nautique?

— Ma foi, je ne sais pas nager, dira-t-il sans doute. Mais... euh... Qu'est-ce qui me conviendrait le mieux à votre avis? Peut-être pourrais-je apprendre...»

Abordez un Bélier et dites-lui: «Si vous continuez sur cette voie, vous ne serez jamais un chef.

— Un coup de poing dans le nez, ça vous plairait vraiment?» répondra sans doute le Bélier.

Abordez un Poissons et dites-lui: «Si vous continuez sur cette voie, vous ne serez jamais un chef.

— Vraiment? répondra sans doute le Poissons. Bigre! j'espère que vous avez raison.»

Chez le Bélier, on discerne assez rapidement l'*agressivité*, parfois excessive. Avec le Poissons, c'est la complaisance qui se fait jour, allant parfois jusqu'à l'aboulie. Le Bélier est un Signe de Feu et les Poissons un Signe d'Eau. La différence est nettement marquée entre l'agressivité du Bélier et la complaisance des Poissons. Pour m'assurer que je les fais apparaître clairement, en voici un autre exemple.

Un Bélier vient d'arriver au comptoir d'une pizzeria et commande une pizza à emporter.

VENDEUR: D'accord. Une pizza à emporter. Une! Comment la voulez-vous? Aux champignons ou aux poivrons?

BÉLIER: Ni l'un ni l'autre. Je la veux aux olives noires et aux oignons. Et qu'elle ne soit pas brûlée comme la dernière.

Maintenant c'est un Poissons qui arrive au comptoir et qui demande une pizza à emporter.

VENDEUR: D'accord. Une pizza à emporter. Une! Comment la voulez-vous? Aux champignons ou aux poivrons?

POISSONS: Voyons, voyons… Qu'est-ce que vos clients commandent le plus?

VENDEUR: Nous vendons beaucoup de pizzas aux champignons.

POISSONS: Des champignons… eh bien! faites-la aux champignons.

VENDEUR: En ce qui me concerne, je les préfère aux poivrons.

POISSONS. Ah? Eh bien… pourriez-vous changer ma commande? Disons une pizza à emporter aux poivrons.

VENDEUR: Il en est encore temps, bien sûr, mais… pourquoi ne la commandez-vous pas à votre goût, à vous? Ne vous laissez donc pas influencer.

POISSONS: Alors… Pourrais-je avoir deux pizzas, par exemple une aux champignons et une aux poivrons?

Maintenant vous avez compris, à n'en pas douter, le Poissons est accommodant. Mais ce que vous ne voyez pas, ce sont les raisons multiples de ce caractère. D'abord, il a le cœur tendre et il aime donc faire plaisir à tout le monde, quand c'est possible. Ensuite tous les sujets de ce Signe ont horreur des confrontations directes et d'attirer l'attention sur eux. Ils répugnent à s'engager en énonçant une opinion personnelle, et cela pour des raisons plus subtiles: la crainte des mouchards et l'horreur farouche du «Big Brother». À un aéroport, un inconnu qui passe avec une valise portant les initiales C.I.A. ou F.B.I. catapulte le Poissons type dans une panique indicible. Essayez de lui faire comprendre que ces lettres représentent Charles Isidore Abernacky ou Frederick Bruce Israel. Allez-y, essayez. «Vous connaissez une mère juive qui donnerait à son fils les prénoms de Frederick Bruce?» demandera-t-il. Prenez donc le temps un jour de dresser la liste des Poissons que vous connaissez, dont le numéro de téléphone ne figure pas à l'annuaire. Expérience intéressante.

Quand un Bélier rencontre un Poissons, il croit pouvoir manipuler à son gré cette personne visiblement douce, gentille et modérée en toute chose. C'est bien ce que le Bélier de Feu essaie de faire au Poissons d'Eau, force m'est de l'avouer. Eh bien! ce Bélier devrait étudier les sciences naturelles et consulter la Bible.

Les premières lui enseigneront tout ce qu'il faut savoir au sujet des Éléments Terre, Air, Feu, Eau, et il verra que l'Eau peut être dangereuse pour le Feu. Allumez un briquet, faites monter la flamme aussi haut qu'il vous plaira, puis plongez le briquet dans un verre d'eau. Crachotements, sifflements étouffés et extinction. Bien que l'Eau paraisse l'Élément le plus faible, c'est en réalité le plus fort. Quelques gouttes d'eau tombant régulièrement sur un rocher pendant assez longtemps useront la pierre dure dont il ne restera plus que du sable fin.

Je connais un Bélier propriétaire foncier qui, cédant à une impulsion subite, augmenta le loyer d'un appartement du New Jersey où habite mon amie Marion, native du Poissons. Elle accueillit la nouvelle avec un doux sourire de soumission féminine. Cela s'est passé il y a huit mois; depuis je ne sais combien de fois notre propriétaire Bélier est allé au tribunal. Elle le cite à y comparaître au sujet d'une fuite de la plomberie, d'une fissure au mur, d'une panne de l'ascenseur ou du vide-ordures. Ou plusieurs doléances à la fois, vous voyez. Il n'a pas encore réussi à toucher un seul dollar de supplément pour le loyer. Quand elle en aura fini avec lui, il en aura probablement baissé le prix. La non-résistance, voilà le secret de la puissance de l'Eau. Cet Élément ne *résiste* pas. Jetez un caillou dans une rivière et que se passe-t-il? L'eau ne résiste pas à l'objet qui la pénètre. *Old Man River* avale le caillou, le recouvre et continue à couler.

Influencés par la sagesse infinie de Neptune, les Poissons résistent rarement aux Bélier plus agressifs qui sont conduits par la force enflammée de Mars, la planète rouge. Souvent, les gens du Bélier constatent que ceux du Poissons ont une influence apaisante et rafraîchissante sur leurs frustrations cuisantes. L'association Poissons-Bélier est en général bénéfique pour les deux partenaires. Pour les Poissons, le Bélier signifiera toujours l'argent, que ce soit d'une manière négative ou positive. Autrement dit l'argent sera la considération capitale et un sujet de conversation fréquent entre les natifs de ces deux Signes solaires.

Le Poissons, quant à lui, détient bien des secrets qu'il refuse de révéler, ce qui exaspère énormément son partenaire. Quand ils auront épuisé ces deux sujets de conversation — argent et secrets que le Poissons garde pour lui —, ils passeront une bonne part de leur temps à discuter d'autres énigmes ou bien des chagrins passés de l'un ou de l'autre. Parfois le syndrome de secret leur est bénéfique; cependant, quelle que soit la façon dont elle se manifeste, vous pouvez être certain que toute association entre le Bélier et le Poissons, que ce soit comme amis, parents, associés en affaires, amants ou conjoints, sera, de plusieurs manières, fondée sur l'argent et le secret. Cette question du secret pourra se porter sur diverses matières de l'occulte, l'ésotérique, la métaphysique, l'astrologie, l'hypnotisme, les voyages dans l'astral, la télépathie, etc. Tôt ou tard ces sujets se révéleront d'intérêt commun pour n'importe quelle paire de partenaires Poissons-Bélier, quels que soient leur âge, sexe, liens.

Dans l'ensemble, le Bélier et le Poissons s'entendent gentiment sans que l'un désire trop intervenir dans la conception que l'autre se fait de l'existence et s'efforce plutôt de la compléter. Cependant on assistera parfois à de chaudes algarades (Bélier) ou glaciales (Poissons). Le premier est en effet trop direct et impatient pour supporter constamment la tactique évasive du Poissons qui glisse trop bien.

Je connais au Colorado un Poissons qui m'a dit une fois en plaisantant (les gens de ce Signe sont presque toujours plaisants): «Eh bien! voici ma chère ce que je répète tout le temps: promettez n'importe quoi aujourd'hui et tirez-vous d'affaire demain comme vous le pourrez. C'est ma devise.» Le Poissons avoue en effet assez joyeusement ses défauts et ses rouéries. Cette facilité avec laquelle il revient sur ses engagements dressera de temps en temps une barrière entre lui et le Bélier, toujours direct et naïvement honnête. Ce dernier ne cachera pas son ressentiment quand le Poissons s'en ira en nageant tout seul pour échanger des secrets à mi-voix avec l'océan, ou bien il se sentira négligé et sera vexé si son partenaire se glisse derrière quelques algues pour rafraîchir son âme fatiguée sans laisser derrière lui de traces indiquant où l'on pourrait le retrouver. Mais l'aimable Poissons n'a aucune mauvaise intention lorsqu'il agit ainsi. N'ayant pas les solides cornes du Bélier, ni le tonus passionnel, spirituel et mental des sujets de la planète Mars, le Poissons, régi par Neptune, n'a d'autre protection contre l'effet abrasif de l'existence quotidienne dans un monde dur et âpre. C'est ainsi qu'il fuit les tourments de l'existence.

Promets n'importe quoi aujourd'hui et débrouille-toi comme tu pourras demain, voilà une devise qui peut suggérer une idée de fourberie; pourtant elle conserve au Poissons sa jeunesse et sa tranquillité; elle lui évite aussi le canapé du psychiatre. Cette philosophie permet également au Poissons de préserver son énergie, ce qui le rend apte à écouter pendant des heures et des heures de suite les doléances de ses proches. Tout cela est bel et bon, mais, pour le Bélier, celui qui revient sur sa parole ne peut être que malhonnête.

Femme POISSONS • BÉLIER *Homme*

Étant donné qu'il n'est pas d'homme plus mâle que le Bélier ni de femme plus femelle que la fille des Poissons, l'amour entre ces deux partenaires ne suscite pas de confusion quant à leur identité sexuelle respective. Il s'agit d'une véritable union, dans tous les sens qu'il est permis de prêter à ce mot. Quand l'homme du Bélier et la femme des Poissons tombent amoureux l'un de l'autre, notre mère la Nature approuve en souriant.

Au mieux, leur liaison fait apparaître tout l'héroïsme rutilant du Bélier et tout le tendre dévouement des Poissons. Ces deux sujets réincarnent Roméo et Juliette. Au pire, cette même liaison peut réveiller le sadisme latent du sujet de Mars et le masochisme aussi latent de la sujette de Neptune. Et même dans ce cas, s'il plaît à monsieur de jouer les tyrans domestiques et s'il plaît à madame d'être la pauvre petite Cosette, les pieds dans la neige, pourvu que cela leur convienne à tous deux, personne n'a le droit de s'en mêler.

Je me rappelle une soirée passée chez un couple de cette nature. Quand les parents eurent mis leurs sept enfants au lit, le mari Bélier prit d'un geste protecteur son épouse Poissons par la taille et déclara d'un ton emphatique: «Ma femme ne trotte pas hors de la maison, ne poursuit pas une carrière et n'appartient à aucune espèce d'association. Je m'arrange pour qu'elle soit enceinte l'été et je la tiens pieds nus l'hiver... ça lui évite tout ennui.»

J'allai tendre à cette femme un lourd cendrier de cuivre pour qu'elle le jette à la tête de son mari, mais je remarquai, juste à temps, qu'elle lui souriait avec une adoration sans limite. Je ne doute pas de leur avenir: longtemps après leurs noces d'or, ils marcheront la main dans la main, les yeux dans les yeux vers le soleil couchant comme deux fiancés de western; il sera toujours grand et vigoureux; elle, fragile et les pieds nus. On en pleurerait, n'est-ce pas? J'en éprouvai un tel traumatisme que le lendemain j'allai acheter cinq paires de chaussures que je cachai sous mon lit. Quand mon amie Poissons exprima sa curiosité, je lui dis: «L'hiver approche, tu sais, et il se pourrait que j'aie envie de sortir à 4 heures du matin pour acheter un journal par exemple.» Je ne crois pas qu'elle comprît mais je me sentis plus en sécurité.

En général, la compatibilité entre Bélier et Poissons dure moins longtemps (surtout si le couple vit en Alaska où les pieds de la malheureuse risqueraient de geler) que s'il avait épousé une femme d'un Signe d'Air ou de Feu et si elle s'était unie à un homme d'un Signe de Terre ou d'Eau. Ils sont foncièrement très différents. Mais fions-nous à la sagesse des Français: *Vive la différence!* Au début elle suffit pour les attirer l'un vers l'autre. Quant à transformer cette attraction élémentaire en relations stables, ils ont de bonnes chances d'y réussir si la Lune ou l'Ascendant de notre Bélier est en Poissons, Cancer, Scorpion, Taureau ou Capricorne et ceux de la dame en Bélier, Lion, Sagittaire, Gémeaux ou Verseau.

Avant le mariage de la demoiselle Poissons, son téléphone sonnait constamment; un homme après l'autre l'appelait pour demander un rendez-vous. Ça lui donnait beaucoup de soucis. Comment choisir entre Paul, Pierre ou Jacques sans peiner Jules, Arthur et Roger? D'ailleurs, en réalité, celui qu'elle aimerait ce serait Louis, si seulement elle pouvait oublier René. La vie est semée de frustrations. Puis vient le moment où elle doit se décider à épouser un de ses soupirants ou permettre à cinq ou six d'entre eux de la protéger contre la misère et l'ennui en lui payant son loyer, en l'emmenant faire du ski l'hiver et de la voile l'été. Toutes sortes de choses comme ça. Peut-être lui prêteraient-ils aussi leurs voitures, de temps en temps: une Porsche, une BMW ou une Saab. La vie est vraiment dure. Le mouvement de libération de la femme n'intéresse guère les femmes du Poissons. Son tapage entre en flottant dans une oreille neptunienne pour ressortir par l'autre. Elle se demande de quoi elle désire être libérée. *Amen* mes sœurs (et mes frères).

Quand elle sera mariée, son téléphone continuera à sonner à peu près toutes les dix minutes, la nuit comme le jour, mais alors ce seront des voisins, parents, amis qui auront besoin d'une oreille attentive pour se confier ou d'une épaule pour y pleurer. De temps en temps, l'époux Bélier piquera des crises de rage martienne en l'accusant de transformer leur foyer en une clinique de psychothérapie. Elle ne devrait prêter l'oreille qu'à ses seuls ennuis à lui. *Pas* à temps partiel. *Tout* le temps, sauf les dimanches et jours de fêtes quand il se repose ou dort... ou vadrouille avec ses copains.

La fille des Poissons sait écouter admirablement. C'est ainsi d'ailleurs qu'elle a recruté tous ses admirateurs depuis le collège. Elle est aussi merveilleusement humble et facile à attendrir. C'est ainsi qu'elle s'est empêtrée dans son propre filet neptunien. Lorsqu'elle constate enfin que l'ego dominateur de l'homme qu'elle aime est en train d'étouffer sa personnalité, elle ne proteste pas d'une manière tapageuse et ne discute guère intensément à ce sujet. Même si elle en désespère, en général elle continue à sourire... mais ses yeux ne reflètent plus le sourire de ses lèvres. Quand il se met en colère pour une vétille, elle ne riposte pas, bat des paupières un instant puis bâille. Ce bâillement pourrait être une sorte de cri silencieux. Si elle paraît dériver vers le monde des rêves, si ses sourires deviennent vagues et si son attention s'égare, le Bélier devrait se demander s'il n'aurait pas négligé les besoins de sa partenaire en ne se souciant que des siens. Ce qui lui est facile, hélas! quoique jamais délibéré. L'homme du Bélier en effet ne se rend jamais compte de son égoïsme occasionnel. Il s'agit d'ailleurs plutôt de distraction que d'égoïsme véritable. Il vit tellement l'instant présent, se concentre tellement sur ce qu'il fait, qu'il n'a pas le temps de regarder autour de lui. Quand on lui montre qu'il a été dur ou inconsidéré, il est infailliblement surpris et embarrassé... puis affligé. Il n'a jamais eu l'intention de se montrer cruel ou insensible. Nul ne peut être plus sentimental, tendre, follement généreux et farouchement fidèle en amour qu'un Bélier. Mais la passivité neptunienne de sa partenaire ne fait qu'encourager son manque de considération et révéler son égoïsme latent. Ainsi reste-t-il aveugle au mal qu'il fait à la fille des Poissons. S'il s'en rend compte, il s'excusera abondamment et se conduira comme un ange (jusqu'à ce qu'il oublie de nouveau et qu'il faille le lui rappeler). Il n'est donc pas responsable de tous les ennuis du ménage. Elle doit accepter au moins la moitié de la culpabilité et se demander si elle ne s'est pas engagée elle-même dans l'ornière du martyre.

Il n'est guère utile de se pencher sur les détails de leurs relations sexuelles, comme nous l'avons fait au sujet des autres Signes, parce que vous avez pu voir les faits astrologiques énoncés au début de ce chapitre. Il apparaît clairement, en effet, que leur union physique est aussi parfaite que celle de Roméo et Juliette, Tarzan et Jane. On devine aisément ce que cela signifie dans leur intimité. Elle percevra chaque humeur, souhait et désir de son partenaire, avant qu'il ne les ait formulés et parfois même avant qu'il en ait pris conscience. En échange, il la comblera par l'intensité martienne de son amour et par sa tendre affection. Aucun des jeunes gens qui l'appelaient auparavant au téléphone et qui lui prêtaient leur BMW n'aurait pu la préparer mentalement ou dans le domaine des émotions, ou n'importe quel autre, pour l'espèce de passion qui fait rage dans le cœur du Bélier quand il a trouvé une femme qu'il peut considérer comme complètement sienne.

Venons-en maintenant à la fidélité physique et romanesque: sujet qu'il nous faut toujours aborder quand le Bélier est en cause. La fille des Poissons n'incline pas à flirter mais ce qui se passe, vous voyez, c'est que les hommes flirtent avec elle. Il ne s'agit pas de dévergondage; elle estime seulement que l'admiration d'un sujet du sexe mâle est un des plus agréables privilèges de la femme.

Quant au Bélier, il n'appartient pas non plus à la catégorie des play-boys, mais il ne va pas jeter des pierres à celles qui lui manifestent admiration ou adoration (dont il se servira pour fourbir son amour-propre). Il y voit un privilège normal de l'homme. Rien de tout cela ne devrait provoquer de désordres sérieux entre eux; néanmoins les choses se passent rarement comme elles le devraient. Si la fille des Poissons tend à comprendre son époux et à lui faire confiance, l'homme du Bélier insiste beaucoup moins sur le droit à la liberté de sa partenaire que sur le sien propre. Selon lui, ses rencontres occasionnelles avec d'autres femmes sont absolument innocentes; celles de sa femme avec d'autres hommes, suspectes; à son avis, il s'agit de manœuvres concertées en vue d'actes d'infidélité caractérisée.

C'est tout à fait injuste, évidemment. Elle fera bien de réaliser que cette attitude n'est pas fondée sur un égoïsme romanesque mais seulement sur un sentiment secret de crainte, celle de n'être pas à la hauteur de la situation. Influencée et guidée par la compassion de Neptune, elle y parviendra sans doute et accordera sa propre conduite à ce qu'elle sait de son partenaire. À tort ou à raison, l'homme du Bélier ne tolérera jamais dévergondage ou infidélité chez sa compagne; un seul faux pas lui paraît beaucoup plus que suffisant. Si elle ne fait pas des heures supplémentaires pour le convaincre qu'elle lui appartient de tout son cœur, et rien qu'à lui… la voilà dans le froid et la neige notre Cendrillon.

Mettez ensemble deux personnes totalement différentes: s'aimeront-elles de moins en moins ou de plus en plus? Avec Bélier et Poissons, ce ne sont pas les différences qui importent mais au contraire ce qu'ils ont en commun: leur vulnérabilité. Celle des Poissons est nettement apparente; le fils de Mars dissimule la sienne sous sa bravoure et ses bravades, mais elle n'en est pas moins tout aussi réelle et douloureuse.

Homme POISSONS • BÉLIER *Femme*

Les demoiselles qui rêvent de pantoufles de vair en seront désolées, et je le regrette, mais mon devoir d'astrologue m'oblige à dire que les choses tournent mieux pour ce couple quand le Poissons est la fille et le Bélier le garçon. Aux demoiselles du Bélier, il faut un partenaire assez résolu et agressif pour lui dire de temps en temps: «Tais-toi et écoute.» De temps en temps? mieux vaudrait dire assez souvent. Il y a évidemment toujours des exceptions qui prouvent l'exactitude d'une règle, en astrologie comme partout ailleurs. Un Poissons dont la Lune ou l'Ascendant est dans un signe de Feu tel que le Bélier, le Sagittaire ou le Lion, peut être doué d'un mélange d'autorité enflammée et de douceur à la dose qui convient pour transformer l'irascible fille du Bélier en doux agneau. Peut-être pas aussi douce qu'un agneau mais en tout cas plus docile et influençable qu'elle ne serait avec la plupart des autres hommes. À certains points de vue, c'est précisément à cela qu'elle aspire de temps à autre: quelqu'un qui la dominerait assez fermement pour qu'elle se sente féminine, quelqu'un qui la laisserait commander la moitié du temps (la grande moitié) et qui serait le reste du temps (peu) le tendre, le charmant prince de ses rêves. Il lui faut un grand frère vigoureux pour la protéger, un compagnon qu'elle considère comme son égal au point de vue intellectuel, un amant qui la conquerra physiquement et un homme calme qui ne cherchera pas à brider ses élans, à réprimer sa personnalité ni à la dominer. Mieux vaudrait qu'il soit aussi poète.

Il doit évidemment être prêt à la défendre loyalement contre ses ennemis (jusqu'à ce qu'elle leur pardonne et alors il devra les aimer) de même qu'elle le défendra (qu'il le désire ou non) et puis... voyons... oui, il doit l'admirer et la respecter et le lui dire souvent, être le compagnon qui aime à couper le bois, à réparer à la maison tout ce qu'elle a brisé (y compris son cœur), un homme impassible dans le danger et impavide en temps de crise. Il doit surtout être d'une intégrité insoupçonnable et, au point de vue sexuel, d'une pureté pareille à celle de la neige fraîchement tombée. Mais il ne faut pas qu'il soit effacé. Elle ne veut pas d'un paillasson.

Voilà à peu près l'homme de sa vie tel qu'elle le rêve: un mélange à parts égales de du Guesclin, du chevalier Bayard, des Trois Mousquetaires et de leur copain d'Artagnan, de Le Verrier, Copernic et Einstein, de Rigoulot, Mohamed Ali, Gustave Flaubert et Paul Géraldi. Pour elle ce n'est pas trop demander. À peu près à chaque fin d'année, aussi loin que remonte sa mémoire, elle a soigneusement calligraphié la requête d'un tel prince super-charmant au Père Noël — et il n'en a pas tenu compte. Chaque année, il laissait devant la cheminée une sorte de truc dénué d'intérêt sans se soucier de la seule chose qui compte. (Il a bien des soucis, lui aussi, ce cher Père Noël.) À y regarder de très près, vous constatez que l'homme des Poissons a à peu près autant de chance que n'importe quel autre de se montrer à la hauteur des désirs de cette personne. *Aucune.* Cela signifie au moins que tous partent avec des chances égales. Eh bien! le Poissons n'en demande pas plus.

Joyeuse, fraîche, jolie, prompte à la riposte, vive, la fille du Bélier pétille d'esprit, de cordialité et d'énergie. Mais il faut que quelqu'un lui appuie de temps en temps sur la crête, quand l'influence de Mars la rend un peu trop libre et hardie pour son propre bien ou pour la paix de l'esprit de l'homme qui l'aime. Les hommes des Poissons ne sont jamais très convaincants lorsqu'ils disent: «Tais-toi et écoute.» Réfléchir à des problèmes de mathématiques supérieures ou de physique abstraite, calculer la relativité du temps par rapport à l'espace ou réciter des poésies leur convient mieux. Un Bélier et un Poissons peuvent-ils se rencontrer et s'unir, se murmurer leurs sentiments à l'oreille, avec bonheur pour une vie entière? Ça peut arriver. Pas souvent. Mais peut-être. Et alors, qu'est devenue votre foi aux miracles?

Plus que n'importe quel autre, l'homme des Poissons peut croire sincèrement à l'espèce d'enchantement dans lequel vivent toutes les filles du Bélier et qu'exige leur esprit romanesque. Pour la peine, elle l'adorera. Elle se fiera à ses rêves, elle aura foi dans ses visions, elle réagira par des petits frémissements, des bouffées d'excitation (au début au moins) lorsqu'il exprimera sa douceur et sa sensibilité. Puis elle éprouvera un besoin irrésistible de le défendre contre ceux qui voient en lui, à tort, un rêveur oisif sans avenir. (Elle aura souvent l'occasion de se dévouer ainsi!) La plupart des gens ont eu l'esprit tellement déformé par l'astrologie présentée sous la forme de mauvaises vulgarisations, qu'ils prennent tous les Poissons pour des nigauds candidats à l'Association des alcooliques anonymes ou à d'autres groupes thérapeutiques. Certes, le Poissons est né sous un Signe solaire difficile et compliqué. Les étoiles ont décidé à sa naissance qu'il devrait trouver son chemin à travers un méandre de rêveries. Tous ceux qu'il croise en nageant au long de sa vie l'enveloppent dans les tentacules gluants de leurs tracas; telle est sa destinée, pourtant il fait de son mieux pour s'en tenir à ses propres affaires qui peuvent, d'ailleurs, être plus embrouillées et consternantes que celles d'autrui. Neptune, planète qui le gouverne, paraît le conduire constamment dans des situations tellement mystérieuses, tissées d'intrigues, de demi-vérités et de mensonges qu'un congrès de fakirs n'en atteindrait pas le fond. Cela vaut pour les Poissons des deux sexes. Parlez-en à Ted Kennedy, Elizabeth Taylor, Harry Belafonte, Liza Minelli et si vous pratiquez le spiritisme, interrogez Frédéric Chopin, Enrico Caruso, Albert Einstein, Victor Hugo, Rudolf Noureev. Ce sont tous des Poissons, ils sont passés par là. Ils sont même passés partout. Plus d'une fois. La fille du Bélier qu'exaspère le caractère fuyant de son Poissons devrait se demander comment *elle* réagirait si elle appartenait à ce Signe que des astrologues irrespectueux ont baptisé: «la poubelle du Zodiaque». Savoir que l'on incarne les douze Signes solaires est un lourd fardeau qui ne facilite pas l'existence. On conçoit qu'il soit obligé de travestir sa personnalité afin de ne pas passer pour le pire nigaud du village. Ça peut le rendre grognon, bourru, l'incliner vers l'alcoolisme, etc. Mais son cas n'est pas désespéré; bien des créateurs, écrivains, artistes pleins d'imagination, philosophes et mathématiciens (par exemple Einstein) étaient Poissons et ont réussi à maîtriser les vibrations neptuniennes. Notre sujet est à même de choisir le cours d'eau dans lequel il nagera, vous savez. Tous les Poissons le font quand ils parviennent à se tirer des tourbillons chaotiques provoqués par des courants contrariés.

Le danger inhérent aux relations entre une femme du Bélier et un homme des Poissons n'est autre qu'une tendance au brouillage des sexes. Le Poissons mâle peut être aussi masculin, viril et musclé que n'importe quel homme mais il est aussi ultrasensible, au moins, pour un homme. La fille du Bélier peut être aussi féminine, tendre et séduisante que n'importe quelle autre. Mais elle est aussi autoritaire, indépendante et volontaire, pour une femme. Parce qu'il préfère d'instinct éviter les conflits, il battra peut-être en retraite plutôt que d'affronter le Feu du Bélier. Ça ne plaira pas à sa partenaire qui, nullement faite pour le *shadow-boxing,* se sent désemparée et devient furieuse quand son partenaire refuse de vider un désaccord. Elle est capable dans un cas pareil de perdre complètement la tête. Or de telles situations se présenteront forcément parce que le Poissons est expert dans les techniques de résistance passive.

Il répugne à se pousser en avant, ce qui irrite sa partenaire. En raison de sa nature, elle ne parvient pas à comprendre comment un être humain est capable de subir autant d'affronts sans réagir. À l'inverse, un être humain constamment en état d'alerte, qui combat, attaque, contre-attaque, gâche une énergie formidable, le stupéfie. Une attitude aussi inconsidérément conciliante que celle du Poissons peut provoquer chez sa partenaire des réflexions cinglantes qui dépassent ses intentions mais dont il souffrira. N'importe quel incident banal peut déclencher des scènes de ce genre:

POISSONS: Mes tableaux seront présentés à l'exposition artistique du musée la semaine prochaine. Tiens, voici le catalogue, lis: exposition exceptionnelle d'une nouvelle forme d'art par Crétin Dément.

BÉLIER: Crétin Dément? Ce n'est pas toi. Tu t'appelles Crépin Clément.

POISSONS: Bah! c'est sans doute une coquille, une erreur typographique. Je n'ai pas encore décidé que faire...

BÉLIER: Ne me le dis pas. Laisse-moi deviner... Je sais. Tu vas adopter cette sottise comme pseudonyme.

POISSONS: Ma foi… je n'ai pas encore décidé d'aller aussi loin. Mais toi, que ferais-tu?

BÉLIER: À ta place, j'irais voir le directeur du musée, je le saisirais par le revers de son veston et je lui dirais, les yeux dans les yeux: «Écoutez-donc, crétin vous-même, vous avez écrit mon nom de travers. Faites imprimer un nouveau catalogue ou je retire mes tableaux de cette exposition.»

POISSONS: Oh!… je ne veux pas l'insulter comme ça. Il se vexerait et je perdrais l'occasion d'exposer mes œuvres.

BÉLIER: Eh bien! si tu ne le fais pas, tu perdras l'occasion de m'exhiber en qualité de femme. Je n'irai pas au vernissage de cette exposition pour qu'on me présente sous le nom de Mme Crétin Dément. Ou bien tu vas saisir ce directeur de musée par la peau du cou et tu exiges qu'on te rende justice, ou bien je quitte ta vie dès demain. M'as-tu compris?

Il ne refusera pas. Il approuvera sa partenaire et partira pour le musée, mais n'en reviendra peut-être pas. Il préférerait rester Crétin Dément jusqu'à la fin de ses jours plutôt que de se faire rôtir vivant par les fureurs de Mars.

Évidemment il s'agit là d'un cas extrême. Mais il illustre assez clairement les défis et les heurts qui se produisent lorsque les rôles actif et passif sont intervertis entre deux amoureux. Si leur thème de naissance présente un aspect Soleil-Lune-Ascendant compatible, leurs relations peuvent être idéales. Elle aura assez de Feu pour le stimuler afin qu'il réussisse de grands exploits, pour lui donner foi en lui-même et en ses propres rêves. Il aura assez d'Eau pour noyer les craintes subconscientes de sa partenaire et lui donner la sécurité émotionnelle à laquelle elle aspire. En cas d'aspect néfaste du Luminaire ou d'Ascendant, ils auront quelques problèmes à résoudre.

La femme du Bélier est tissée de fils plus fins que ne le soupçonnent ceux qui remarquent seulement son assurance superficielle. Elle est bien d'autres choses qu'une simple boule de feu en tutu. Elle est l'extase qu'elle éprouva en enfonçant son petit nez dans le bouquet de violettes cueilli dans un coin hanté par les elfes du jardin quand elle avait trois ans…, le chaton qu'elle a vu écraser par un tramway…, les cerfs-

volants rouges et les ballons jaunes, les jours de pluie de sa petite enfance..., le nouveau-né qu'une dame lui a permis de prendre dans ses
bras dans l'autobus quand elle avait neuf ans et elle s'est alors prise
pour une *Madone à l'enfant...*, la neige qui étincelait sous un lampadaire au coin de la rue et qu'elle a prise pour un tas de diamants..., la
fessée que lui administra le principal dans la cour de l'école, devant
tout le monde, quand elle était en quatrième..., le lever de soleil que
quelqu'un a oublié..., la chanson que quelqu'un se rappelle..., la première claque sur le ventre en tombant à plat sur l'eau de la piscine alors
qu'elle essayait de réussir un parfait saut de l'ange... Et bien d'autres
choses encore. Elle est aussi le poème que l'homme des Poissons s'efforça d'écrire mais qu'il ne put terminer... pourtant s'il lui avait permis de
l'aider à écrire le dernier vers...

Le Poissons qui veut enseigner à la fille du Bélier comment flotter
paisiblement dans sa mare doit prendre la décision de tirer les choses
au clair entre eux sur tous les sujets et s'y tenir. Elle ne tolérera jamais
son amour des secrets et des demi-vérités destinés à épargner les sentiments de sa partenaire (ou les siens propres). Elle ne joue que cartes
sur table et ne peut supporter un joueur qui cache des as dans sa man-
che. Si le Poissons ne se résout pas à être franc à cent pour cent avec
elle, dans tous les domaines, mieux vaut qu'il aille chercher une autre
partenaire au poker de l'amour.

S'il constate un jour l'impossibilité de lui cacher quoi que ce soit, pas
même ses sentiments les plus intimes, s'il se voit obligé de lui avouer
ses désirs les plus secrets, ce sera parce qu'il l'aime. Tel est le premier
signe d'abandon pour un homme des Poissons.

Cela ne garantit d'ailleurs nullement qu'il capitulera jusqu'au
bout... jusqu'au mariage. Cet homme répugne à accepter les complications d'un engagement passionnel et légal. Le premier des deux engagements comporte assez de tracas pour qu'il y ajoute ceux du second. Les
gens de Neptune définissent communément le mariage en ces termes:
«Une amitié intime reconnue par la police.» Finalement il mordra à
l'hameçon et se laissera tirer à terre. Mais en se débattant moins dans
le filet marital, si la femme du Bélier lui laisse entendre qu'ils continuent à vivre une simple aventure non reconnue par la police. Je connais
un Piscéen authentique qui vit, respire, mange, boit et dort en Californie
et a substitué un chat siamois à sa famille (le Poissons type redoute les
responsabilités familiales de même que l'inquisition de grands frères ou

grandes sœurs, le fisc, la C.I.A. et le F.B.I.). Voici sa devise: «La litière du chaton coûte moins cher que les couches du bébé.»

Récapitulons. La fille du Bélier devra faire croire à son homme Poissons qu'ils sont engagés dans une aventure passionnelle et rien de plus, même après un mariage en bonne et due forme. Elle devra se garder d'employer des termes tels que «les liens du mariage». Il s'agit de ménager l'esprit romanesque de cet homme, de le rendre heureux en lui laissant croire qu'il reste libre. Ainsi pourra-t-il vivre son fantasme de célibat.

Il ne sera pas un mari ou un amant de tout repos, car il pourra la quitter et revenir vers elle sans raison clairement intelligible pour la fille du Bélier et peut-être tout simplement parce qu'il ne sait pas comment la convaincre de son amour. Elle, elle exige d'être aimée et comprise sans jamais subir de questions; en d'autres termes: être acceptée exactement telle qu'elle est. Il se trouve, qu'il n'en demande pas plus lui-même. Les seuls dragons qui les séparent sont les illusions neptuniennes de monsieur qui les prend pour des réalités et les réalités martiennes de madame qui sont en réalité des illusions. Enfin il y a les gargouilles de la passivité du monsieur et de l'impatience de la dame ainsi que leur nature également sensible et vulnérable. Aucune intervention extérieure au couple ne viendra à bout de ces monstres. Ils devront les détruire eux-mêmes. Il en va toujours ainsi dans les contes de fées. Au moins quand ils se terminent bien.

POISSONS
Eau - Mutable - Négatif
Régi par Neptune

Symbole: les Poissons
Forces nocturnes - Féminin

TAUREAU
Terre - Fixe - Négatif
Régi par Vénus
(aussi par la planète Pan-Horus)

Symbole: le Taureau
Forces nocturnes - Féminin

Les relations

Oui, ils sont trois, car les Poissons est un Signe double, symbolisé par deux poissons nageant en directions opposées. En un certain sens, cette image représente la puissante polarité spirituelle et humaine des Poissons dont les deux éléments rivalisent pour la direction du tandem. Dans un autre sens, ce même symbole suggère que les natifs des Poissons sont *tentés* de se laisser aller au gré du courant plutôt que de nager péniblement vers les montagnes de lumière.

Les Poissons aspirent à dépasser les limites des connaissances terrestres, parce qu'ils sont nés sous un Signe d'Eau et que Neptune (la planète qui les régit) introduit dans leurs âmes la lumière des vibrations spirituelles de l'univers entier. Tous — le drogué, l'alcoolique, le génie et le saint — peinent dans la même direction. Ne les différencie que le degré d'expérience que chacun a été capable d'accumuler durant sa vie.

Le Taureau peut aider considérablement les Poissons à assimiler des expériences d'ordre pratique, grâce au contact avec la réalité. Pourtant jusqu'à ce qu'ils aient fait connaissance plus complètement, il les considérera comme des créatures insensées qui nagent en rond dans des illusions liquides, la tête enveloppée de coton, en proie à des rêveries futiles.

De leur côté, les Poissons pourront considérer le Taureau comme un animal dangereux qui piétine les champs de céréales, la tête bourrée d'opinions trop solidement ancrées et surtout animé par un esprit de lucre répugnant. Répugnant parce que le seul mot argent est une grossièreté pour la plupart des Piscéens. Il leur déplaît d'être obligés de concentrer leur attention sur la manière d'en gagner, d'en dépenser, d'en distribuer, d'en budgétiser et d'en épargner. Ils seraient beaucoup plus heureux si quelqu'un d'autre tenait la caisse pour eux et leur fournissait vivres, boissons, rêves, billets de spectacle, de concert, un ou deux sarongs, une croisière à la voile sur la belle eau bleue en leur laissant assez de temps pour travailler à des inventions, des créations artistiques, des recherches scientifiques. Le surplus irait à des orphelinats, des asiles pour animaux, le fonds d'assistance aux vieux acteurs, la paix par la verdure, les impôts et tout le reste.

Le Poissons type ne voit aucun intérêt à laisser l'argent s'empoussiérer sous un matelas ou dans une banque. En général, il n'y pense que lorsqu'il en manque. C'est alors que l'argent devient une nécessité effrayante sans laquelle il ne pourrait continuer son existence en mutation constante, aux facettes multiples et surtout dans laquelle le rêve prend un maximum de place. Mais quand il en a suffisamment, cette matière l'ennuie. Son subconscient lui suggère que la fortune d'un homme riche n'existe que sur le papier. Le concept des échanges monétaires intrigue le Poissons moyen. Quand il en discute avec un Taureau qui, lui, le comprend parfaitement, leurs conversations ressemblent à celles qu'Antoine de Saint-Exupéry attribue à son Petit Prince gouverné par Neptune, parlant à un homme d'affaires du type Taureau qui s'évertue à faire l'inventaire de ses avoirs: les étoiles qu'il croit lui appartenir puisque personne d'autre n'en a jamais réclamé la propriété.

«(…)
— Cinq cent un millions six cent vingt-deux mille sept cent trente et une. Je suis sérieux, moi, je suis précis.
— Et que fais-tu de ces étoiles?
(…)
— Je les gère. Je les compte et les recompte, dit le businessman. C'est difficile. Mais je suis un homme sérieux!
(…)
— (…) Mais tu ne peux pas cueillir les étoiles!
— Non, mais je puis les placer en banque.
— Qu'est-ce que ça veut dire?
— Ça veut dire que j'écris sur un petit papier le nombre de mes étoiles. Et puis j'enferme à clé ce papier-là dans un tiroir.

— Et c'est tout?

— Ça suffit!»

«C'est amusant, pensa le petit prince. C'est assez poétique. Mais ce n'est pas très sérieux.»

Sur les questions importantes, le Piscéen type nourrit des idées très différentes de celles du Taureau moyen. Comme le Petit Prince, en effet, le Poissons vient d'une lointaine planète où il y a la plus belle rose de toute la création. Il l'a vue, il l'a admirée, il l'a aimée de tout son être, il se la rappelle avec tendresse et elle lui manque… Il aspire à y retourner. (Mais vers *qui* veut-il retourner?) Le Poissons, mâle ou femelle, en proie à la nostalgie de telles retrouvailles, ignore à quel genre appartient la personne qu'il veut revoir. Est-ce d'ailleurs une personne? Ne serait-ce pas tout aussi bien un concept… un rêve?)

Cleve Backster partage avec tous les natifs de son Signe solaire, les Poissons, le mépris des affaires matérielles. Un jour, un des principaux éditeurs new-yorkais voulut faire signer à Cleve un contrat pour un livre concernant ses travaux célèbres dans le monde entier sur les plantes, les œufs, les spermatozoïdes, le yaourt et toute espèce de vie cellulaire: travaux dans lesquels il démontre l'unicité de toutes les formes de vie liées les unes aux autres et inséparables. Par la suite, un des lecteurs de la maison d'édition eut une inspiration personnelle. Il demanda à un astrologue professionnel de calculer et d'interpréter le thème de naissance de Backster; sans doute espérait-il connaître ainsi à quel point on pouvait se fier à lui et quelles pouvaient être ses espérances de succès en qualité d'auteur. Il comptait ainsi réduire les risques courus par l'entreprise pour laquelle il travaillait.

La vérité se révéla navrante. Le lecteur rendit visite au laboratoire de Cleve pour lui en faire part. Sans rien dire, la mine affligée, il tendit à notre Poissons l'analyse astrologique proprement tapée sur un feuilet. Entre autres choses, ce texte indiquait que Backster devrait toujours «faire partie d'une association qui se chargerait des responsabilités trop lourdes pour ses épaules» et que «son sens des affaires était absolument nul».

«Je suis désolé de vous apporter une aussi mauvaise nouvelle, dit le lecteur avec commisération, mais il m'a paru que vous devez être au courant, même du pire.»

Les yeux de Cleve s'illuminèrent de plaisir et son visiteur fut stupéfait de l'entendre dire: «Voilà qui est étonnamment vrai! Ça correspond parfaitement à mon caractère. J'ai toujours pensé que l'astrologie était une science exacte. Et maintenant, j'en suis encore plus convaincu. Puis-je conserver cet exemplaire de mon horoscope?»

Abasourdi parce que le ravissement de Cleve lui paraissait sincère, le lecteur y consentit volontiers. Quelques années plus tard, l'auteur n'avait pas encore remis le premier chapitre du livre pour lequel il avait signé un contrat. La maison d'édition lui adressa un rappel sévère auquel Cleve répondit immédiatement:

«Rappelez-vous, braves gens, que vous avez fait analyser mon caractère de votre propre chef et que je n'y étais pour rien. Je n'ai jamais prétendu jouir de la responsabilité de mes actes ni posséder le moindre sens des affaires.»

Je connais un banquier piscéen, à l'Ascendant en Capricorne et à la Lune en Taureau, qui passe ses journées entières à compter des pièces d'argent, de cuivre, des billets de banque mais qui en souffre et se demande par l'effet de quelle malédiction il est condamné à cette tâche alors qu'il souffre des orteils et de l'asthme. En qualité de Poissons, il est allergique aux signes monétaires et à toutes leurs représentations, mais les influences terrestres dominant son horoscope lui interdisent de sauter par-dessus bord et de filer à la nage.

Je connais aussi un musicien Taureau dont le Signe lunaire et l'Ascendant en Poissons l'incitent à laisser des pourboires énormes sur les comptoirs des cafés, à gaspiller son argent sur les terrains de course. Mais chaque fois qu'il perd ainsi son argent, il augmente sa ration de gin pour apaiser sa conscience taurine.

Il importe toujours d'être fidèle à son Signe solaire nonobstant les influences planétaires conflictuelles qui tiraillent votre psyché de droite et de gauche parce que chacun des douze Signes a une raison d'être comme facteur de l'évolution humaine. Un Taureau oisif et prodigue est toujours une personne extrêmement malheureuse. De même, un Poissons sobre et enchaîné à une tâche qui lui déplaît est un être humain d'une tristesse pathétique et névrotique. Si ces deux sujets unissent leurs forces, chacun pourra faire ce qui lui vient spontanément à l'esprit.

Le natif des Poissons pourrait enseigner au Taureau des manières nouvelles de gagner de l'argent et surtout la joie de le partager avec d'autres. Il lui révélerait la vérité infaillible de la loi universelle en vertu de laquelle plus on distribue d'argent, plus il se multiplie rapidement.

De son côté le Taureau enseignerait au Poissons le respect d'un minimum de sécurité en lui montrant qu'il est plus sage d'épargner au moins quelques dollars quand on en gaspille des centaines, en prévision de quelques jours maigres avant l'entrée en vigueur de la loi universelle. Il est tellement pénible en effet, de tendre sa sébille un jour de pluie, assis sur le seuil d'une porte! Cette seule perspective donne des palpitations au Taureau et lui fait dresser les poils sur la peau.

Il existe évidemment quelques Piscéens qui, forcés par les circonstances et le souvenir de la misère au cours de leur enfance, craignent d'avoir à tendre leur sébille; aussi épargnent-ils quelques sous mais ils s'en veulent d'agir en avaricieux. Toutefois, lorsqu'ils cessent de lésiner, l'argent qui remplace celui qu'ils ont dépensé leur paraît surgir par magie. Si ces natifs des Poissons obéissaient aux impulsions de leur propre cœur, ils oublieraient leurs cauchemars de mendicité et leur misère disparaîtrait dans la nuit des temps.

Une différence bizarre et intéressante entre Taureau et Poissons concerne leurs noms. Rares sont les Taureau qui ont un sobriquet; et, quand cela arrive, il leur déplaît. Aucun d'entre eux ne changera volontiers d'identité, même celui qui s'appelle Benoît Nigaudin ou Perceval Perceriendutout. Ils en souffriront peut-être en leur enfance mais, arrivés à l'âge adulte, ils se seront convaincus eux-mêmes que leur nom est aussi bon, aussi solide et sain que n'importe lequel et que ceux qui ne sont pas de cet avis n'ont qu'à aller s'asseoir sur une poignée de semences de tapissier. Rappelez-vous l'histoire de Cauchon qui baptisa ses trois enfants Porcelet Cauchon, Entaillon Cauchon et Porcinet Cauchon. Depuis lors je n'ai jamais entendu dire ni lu quoi que ce soit indiquant que ces trois personnes aient changé de nom. Je les soupçonne d'avoir leurs Signes solaires, leurs Signes lunaires et leurs Ascendants en Taureau.

Quant aux natifs du Poissons, tous ceux que vous rencontrerez auront déjà un sobriquet ou bien aspireront secrètement à en avoir un. Au bout d'un certain temps, si leurs amis ne leur rendent pas ce service, bien des Poissons adopteront un pseudonyme à leur convenance. Une jeune fille ou une femme native des Poissons qui s'appelle Catherine caressera l'idée de l'écrire Katy; un garçon ou un homme qui s'appelle John rêvera de s'appeler Josué ou bien ira jusqu'à engager une action devant le Conseil d'État pour avoir droit au prénom de Jérémie. Ces gens-là feraient n'importe quoi pour prendre un aspect bizarre et pour dissimuler leur identité véritable aux indiscrets qui fouinent dans l'existence personnelle d'autrui.

Les Poissons ont horreur des questions directes ou d'être obligés à prendre une attitude déterminée à un moment qui ne leur convient pas. En raison de sa nature même, le Poissons traverse en glissant les conjonctures, les contourne, les considère sous tous les angles; il en absorbe toutes les implications les plus diverses ou bien s'éloigne tranquillement d'une controverse qui agite l'eau autour de lui et menace son équilibre.

Le Taureau n'agit jamais aussi subrepticement et n'abandonne jamais la partie. Il fait face courageusement à tout ce qui se présente et s'en tiendra opiniâtrement à son point de vue jusqu'à ce qu'il l'ait fait triompher. S'il n'y parvient pas, après bien des efforts, il fera lentement demi-tour et s'en ira lourdement, ostensiblement, mais il ne s'esquivera pas. Il retourne d'où il est parti en conservant son opinion originale, en l'étreignant solidement sur sa vigoureuse poitrine.

On voit donc ce qu'il arrive quand nos deux sujets engagent une discussion. Elle aboutit rarement à une solution définitive ou satisfaisante. Mais le rire pourra les tirer d'affaire. Le Taureau est doué d'un sens de l'humour merveilleux, riche jusqu'à la luxuriance, qui n'a rien de commun avec la brillante causticité d'esprit, mais jaillit des réalités quotidiennes les plus colorées. On ne peut guère le définir que par comparaison avec celui qui se répand dans toute la comédie musicale *Un violon sur le toit*. Étant donné que le Poissons, très brillant et parfois d'une intelligence hors ligne, apprécie l'humour, il (ou elle) oubliera le différend qui le sépare de son partenaire. Ils arriveront alors à un compromis entre leurs Éléments de Terre et d'Eau qui sont foncièrement compatibles tant dans la nature qu'en astrologie. Rappelons que l'Eau enrichit la Terre et la Terre fournit un lieu de repos à l'Eau. Mais un mélange en mauvaises proportions donne la boue ou le sable mouvant.

Dans un couple Poissons-Taureau, chacun se montre foncièrement tolérant envers les faiblesses de l'autre. Mais le Taureau se soucie essentiellement du besoin impérieux de faire face aux réalités. Les natifs des Poissons, eux, ne peuvent supporter la réalité telle qu'elle leur apparaît. Pour eux, *le monde n'est qu'illusion*.

Le Taureau se sent obligé de faire avouer au Poissons qu'il (ou elle) est coupable de se tromper lui-même ou de s'abandonner à des fantasmes.

Il oblige son partenaire à voir les choses telles qu'elles sont. C'est ainsi que les ruisseaux clairs et étincelants, propres aux visions du Poissons, font place à la Terre, stable et riche, grâce à l'esprit pratique des Taurins, toujours en état d'alerte.

«Jonathan (Kathryn), *ce n'est pas ton vrai nom.* Tu te laisses encore emporter par ta fantaisie et tu me trompes», ainsi gronde le Taureau sans soupçonner le moins du monde ce que pleure le Poissons ainsi admonesté. Ce dernier (ou cette dernière) ne regrette pas les transgressions que lui inspire sa planète dominante Neptune contre la réalité taurine… Mais il (ou elle) pleure pour toutes les âmes perdues et esseulées dans ce «monde d'illusion».

«Jonathan (Kathryn), tu ne regrettes pas? insiste le Taureau.
— Oh oui… oh oui, je regrette», répond le Poissons.

Femme POISSONS • TAUREAU *Homme*

Rappelez-vous votre enfance et votre émerveillement quand un magicien a fait disparaître sous vos yeux des lapins blancs, des roses de soie et des rubans de vives couleurs. Le natif du Taureau qui tombe amoureux d'une native des Poissons et qui ignore les magies de l'astrologie pourrait avoir l'occasion de revivre cet émerveillement. Peut-être faudra-t-il des mois et même des années à cette femme pour maîtriser parfaitement l'art de la prestidigitation. Lorsqu'elle y parviendra, elle ne l'annoncera pas à l'avance parce qu'elle a horreur des controverses, des querelles et des récriminations à n'en plus finir. Cela pourra arriver un jour, un matin ou un soir, n'importe quand, dans des situations tout à fait imprévues. En voici un exemple hypothétique mais plausible:

«Mon chéri, je suis invitée à une soirée de lecture de poésies. Pourrais-tu m'y déposer et tu irais ensuite au cinéma. À la fin de ce spectacle tu passerais me prendre pour me ramener.
— Non. Je ne veux pas aller au cinéma.
— Alors veux-tu venir avec moi parce que…
— Non, je ne veux pas. Tu sais que j'ai horreur de me brouiller l'entendement avec votre mélasse prétendument poétique.

— Très bien. Je n'irai donc pas à cette soirée et je t'accompagnerai au cinéma. Est-ce que ma nouvelle robe te plaît?

— Elle est trop courte. Tu as l'air d'une stripteaseuse prête à tirer sur la dernière fermeture Éclair. Mets autre chose et fais allonger la jupe avant de la remettre.

— Bien, mon cher. Je n'y manquerai pas. Mais tout le monde pense...

— Évidemment parce que tout le monde perd la tête, affolé par la pornographie, les drogues, les émeutes, les révolutions, la libération des femmes. Cela oblige-t-il la femme que j'aime à imiter ces déments?

— Non, bien sûr que non. Tu as raison, mon chéri, mais je pensais seulement...

— Tu ne devrais pas penser du tout, étant donné que tes idées nuisent au fonctionnement de ton cerveau et te donnent des opinions brumeuses. Tu n'as qu'à t'en tenir à tes fonctions de femme. Allez viens, sinon nous serons en retard... Hé! Comment? Où es-tu? Où es-tu passée?»

Elle a disparu aussi soudainement et subrepticement que les lapins blancs, les roses de soie et les rubans multicolores. Elle en a eu enfin assez de cet homme qui refusait de percevoir la finesse de ses sentiments, de son refus entêté de faire la moitié du chemin vers elle, de ses opinions trop solidement ancrées et qui ne laissaient pas la place au moindre accommodement. Peut-être s'est-elle seulement éclipsée pour aller réfléchir seule pendant quelque temps et reviendra-t-elle rafraîchie, prête à se soumettre de nouveau à lui, si elle l'aime vraiment. Il y a un léger soupçon de masochisme chez toutes les femmes gouvernées par Neptune. Mais il se pourrait aussi qu'un jour elle disparaisse définitivement. Ce sera particulièrement possible si son Signe lunaire et son Ascendant ont des caractéristiques d'agressivité. Notre Taureau devrait prévoir cette possibilité, étant donné qu'il tient tellement, pour des raisons pratiques, à être toujours prêt à tout et à faire face à l'avance à tous les ennuis possibles.

Naturellement, tous les couples Taureau-Poissons ne sont pas aussi largement polarisés par ces prétentions obstinées à la supériorité masculine et cette timide soumission féminine. Ce qui précède n'est qu'une mise en garde à l'usage du Taureau et du Poissons qui présentent dans leurs horoscopes comparés un aspect conflictuel Lune-Soleil. Si leurs Luminaires sont en harmonie, ils pourront connaître un amour exceptionnel et satisfaisant, parce qu'ils sont compatibles de bien des manières, parce que chacun offre à l'autre un confort profond, quand la vie devient trop tapageuse et frénétique pour lui ou trop dure et laide pour elle. Tout homme aime à se confier à une personne prête à partager ses soucis, surtout lorsqu'il s'agit d'une femme attentive, à la voix douce, aux manières aimables de geisha japonaise. Mais la nature humaine étant ce qu'elle est, tout homme sera aussi tenté d'abuser d'une compagne aussi compréhensive et tolérante. L'homme du Taureau ne fait certainement pas exception à cette règle. La fille des Poissons qui tombe amoureuse d'un Taureau vigoureux doit elle-même renforcer son ego si elle veut apprendre les tours de magie qui permettent de le transformer en un adorable ours en peluche.

Elle possède un avantage. Derrière sa façade de docilité se cache un esprit vif, brillant et extrêmement intuitif. Elle le surprendra aux moments les plus inopinés, par exemple lorsqu'il s'imagine qu'elle ne remarque pas un flirt auquel il se livre avec une autre femme. Mais, elle pourrait aussi le lui pardonner trop vite, au moins la première fois. Elle se raidira beaucoup plus manifestement s'il croit pouvoir constamment étouffer ses rêves et modeler sa nature souple, selon ses principes rigides.

L'excès d'autorité du Taureau ne sera pas le seul motif de difficultés entre eux. Certaines viendront de la tendance à atermoyer de la dame (ne parlons pas de ça pour l'instant, nous y reviendrons plus tard...), sa façon d'éluder les questions précises (je ne sais pas où je vais, ni combien de temps j'y resterai; faut-il vraiment que tu me soumettes à la question?), sa manie du secret (je ne peux pas répondre; ne sonde pas ainsi mes sentiments intimes), son extrême dependance en toute chose (je suis incapable de décider par moi-même ce que je dois faire), son manque de confiance en elle-même auquel s'ajoutent de véritables crues de larmes (je ne suis pas assez belle ni assez intelligente pour toi). Il aura beau lui répéter mille fois qu'elle lui convient parfaitement, s'il s'agit d'une native des Poissons au Soleil natal affligé ou bien à l'Ascendant et la Lune dans un Signe mutable, elle continuera à s'inquiéter en secret, à s'interroger et à le soupçonner de lui mentir pour la rassurer.

Le natif du Taureau comprendra plus facilement sa native des Poissons s'il se rappelle constamment que non seulement elle *reflète* toutes les vibrations émotionnelles qui l'entourent (y compris celles de son partenaire) mais qu'il les *absorbe* jusqu'au tréfonds d'elle-même, comme une éponge, en raison de sa compassion neptunienne. Lui plairait-il, à cet homme, d'être condamné par sa planète dominante à éponger les larmes de tout le monde autour de lui, à apaiser les craintes, à refléter et à absorber tout ce qui se passe en eux depuis les crises de fou rire jusqu'à celles d'épouvante et d'hystérie? Tous ceux qui mènent une telle existence sont forcément portés à douter et même à trembler de temps en temps.

Au cas où vous prendriez tous les natifs du Taureau pour des mâles insensibles durs et brutaux, sachez que l'acteur de cinéma américain James Mason — parangon de belles manières, de l'homme policé et même sophistiqué — est un Taureau. (Il est entêté. Cela il faut l'admettre.) Au cas où vous prendriez toutes les natives des Poissons pour des saules pleureurs, craintives, timides, manquant d'agressivité, sachez que Pamela Mason — ex-épouse légale et actuellement encore épouse astrale de James Mason — est Poissons. Or, comme chacun le sait, elle présente exactement le type de dames qui ne se laisse pas marcher sur les pieds, ni par un Taureau, ni par qui que ce soit et qui sait parfaitement ce qu'elle veut! (Pourtant elle est extrêmement aimable, douce et compatissante.)

Une des choses qui troublent le plus le natif du Taureau, c'est la manière neptunienne dont la native des Poissons conçoit la vérité. Pour elle, en effet, la vérité n'est pas stable mais évolue constamment au gré des interprétations que lui suggèrent ses sentiments, ceux de ses proches et les circonstances.

Le Taureau au contraire voit la vérité telle qu'un fait éternel et immuable. On constate entre eux une polarité d'opinion. Lequel des deux a raison? L'un et l'autre, à tour de rôle, selon le sens qu'il est permis de donner au mot vérité. Certaines vérités sont éternelles, universelles et immuables comme les voit le Taureau. D'autres ont un caractère particulier et présentent de nombreuses facettes. D'autres encore obéissent à un flux et à un reflux parce qu'elles concernent les sentiments et les émotions des gens à certains moments. Telle est par exemple l'opinion publique à tout instant. Enfin il en est de plus simples, fondées sur un fait ou des faits indiscutables, par exemple à la question «Étais-tu sous la douche il y a une heure?» il n'y a évidemment que deux réponses à faire: oui ou non. Étant donné que dans notre cosmos tout est relatif, pourquoi la vérité ferait-elle exception? La question concernant la douche porte sur le passé immédiat. D'autres peuvent être en rapport avec un passé plus lointain, telles que: «Lincoln fut-il assassiné?... Napoléon a-t-il perdu sa dernière bataille?» Ces dernières tombent dans une catégorie spirituelle ésotérique et métaphysique en rapport avec la question du temps selon Einstein. Si le passé, le présent et l'avenir sont simultanés et pas séparés, comme le soupçonnait Einstein, et si nous admettons qu'on peut modifier l'avenir en agissant sur le présent, ne serait-il pas possible aussi de modifier le passé en agissant de même sur le présent? Cette espèce de vérité appartient à l'étude de la *méta*physique et pas à celui de la physique. La réponse est sous-jacente à une autre question: «À quelle distance dans le passé?» Elle dépend aussi du fait que nous avons posé cette question au singulier. Ce ne sont pas là des questions auxquelles il est possible de répondre par oui ou non, comme en ce qui concernait tout à l'heure la douche. Mais ces problèmes sont à la fois trop compliqués, vastes et lourds de conséquences pour que nous puissions les traiter ici et maintenant. Ils sont aussi trop profonds pour entrer dans un chapitre concernant la compatibilité entre deux êtres humains de Signes solaires différents. Le règlement de cette affaire devra attendre la publication d'un autre livre. Pourtant des amoureux ou des conjoints Poissons-Taureau pourront trouver là des sujets intéressants sur lesquels ils confronteraient leurs idées.

La vérité sous ses formes et dans ses états les plus divers importera fort peu à cet homme et à cette femme lors de l'expression physique de leur amour. Voilà un domaine où toute vérité n'est que paix et plénitude qu'ils s'accordent l'un à l'autre. Hormis en cas de sévères afflictions des Luminaires dans leurs thèmes de naissance comparés ou d'autres difficultés planétaires à surmonter, l'harmonie sexuelle du Taureau homme et du Poissons femme doit être une chose d'une beauté et d'une vérité indéniables, conformes à la forte attraction réciproque de la Terre et de l'Eau. Surtout en cas de relations de Soleil-Lune vigoureuses et positives entre eux, ces deux personnes peuvent s'isoler dans un monde n'appartenant qu'à elles, unies par une communion des sens dépassant tout ce que pourraient imaginer des natifs de Signe d'Air ou de Feu. Il est peu d'expériences partagées aussi réconfortantes que les manifestations physiques de l'amour entre un natif du Taureau et une native du Poissons qui se sont abandonnés l'un à l'autre sans mettre en cause leurs besoins réciproques et souhaitant seulement y répondre. Ce n'est pas l'attraction explosive des autres Signes solaires mais la tendresse et l'affection rares, données si chaleureusement et acceptées si tranquillement qui rend leur union physique tellement complète et propre à restaurer la paix dans leur intimité. Une pointe de mystère plane pourtant sans cesse au-dessus et autour de leurs relations sexuelles et, à ce point de vue, chacun est satisfait de laisser les choses telles qu'elles sont; peut-être pressentent-ils qu'exposer l'inconnu silencieux au feu des paroles pourrait atténuer l'enthousiasme.

S'il cherche à façonner l'amour de sa partenaire d'une manière définie, il se pourrait qu'elle s'éloigne ou plutôt qu'elle reste à errer *autour* de lui, ce qui exciterait la colère du Taureau et stimulerait ses instincts possessifs. Peut-être aussi se sentira-t-elle parfois esseulée, quand il sera trop occupé ou préoccupé pour partager avec elle ce qu'elle ressent, ce qu'elle entend et ce qu'elle voit. Mais l'Eau enrichit la Terre et la Terre accueille l'Eau dans son sol de sécurité, aussi nos deux partenaires peuvent-ils surmonter leurs différends et trouver le réconfort dans leurs similitudes; encore faudra-t-il qu'elle lui donne assez de Signes tangibles d'affection solide et qu'il lui offre sa vigoureuse stabilité, afin qu'elle s'y appuie lorsque ses rêves la trahissent et que ses nostalgies karmiques l'affligent. Voici un exemple de ce qui peut se passer une nuit. Ils rentrent chez eux à pied; elle lève la tête, considère la voûte céleste et chuchote:

«Écoute…

— Que veux-tu que j'écoute? lui demande-t-il.

— Les étoiles. Écoute les étoiles qui apparaissent… Tu n'entends pas combien leur chant est beau?»

Au lieu de froncer les sourcils, intrigué et agacé par cette confusion entre la vue et l'ouïe, il devrait la serrer de plus près et *écouter* avec elle. Elles font en effet une musique superbe… les étoiles qui apparaissent dans le ciel, les flocons de neige qui tombent, le bras de l'homme autour d'une femme qui n'est sûre de rien… un simple sourire exceptionnel… et la Dame Poissons peut enseigner au Taureau comment on les entend.

Homme POISSONS • TAUREAU *Femme*

Tout natif des Poissons associé avec une native du Taureau connaîtra tôt ou tard les bouderies silencieuses et les meuglements furieux du Taureau. Il en va de même, mais à un moindre degré, pour tout homme dont la Lune ou l'Ascendant, sont situés dans les Poissons. Ce phénomène est nettement plus marqué s'il s'agit de son Signe solaire.

Quand la femme Taureau joue aux billes du romanesque, elle tire pour gagner et empocher toutes les agates. Mais quand il lui arrive de faire fi de son bon sens, elle se permettra de jouer à colin-maillard et elle pourra perdre, sauf si elle triche un peu et regarde subrepticement au-dessous du mouchoir noué devant ses yeux. Elle aurait tort de s'en priver si elle joue avec un Poissons. Ce dernier en effet trichera un peu lui aussi en jetant un coup d'œil sous le mouchoir afin de voir où ses relations avec elle le conduisent.

Si ce coup d'œil lui fait craindre l'hameçon d'un lien permanent, il pourrait se révéler mauvais perdant et s'enfuir avant d'être pris. Mais il ne s'agit là que d'un réflexe protecteur inspiré par Neptune et il reviendra sur ses pas. L'instinct qui le ramène alors en arrière le guidera heureusement, car l'idylle entre la femme Taureau et le Poissons peut offrir l'espoir d'un bonheur durable.

L'un et l'autre aspirent à la paix et à la tranquillité; ils ne sont pas tracassiers et fuient les ennuis, convaincus qu'il pleut assez de tuiles chaque jour sur le crâne d'à peu près tout le monde pour qu'on ne cherche pas à en faire tomber plus. Cette opinion est surtout celle de la Dame Taureau mais Monsieur Poissons l'approuve de tout son cœur. Siffler ou parler trop fort peut déclencher des avalanches; c'est bien connu; de même, il suffit de trop craindre un malheur pour qu'il arrive. Ne sifflons donc pas du tout quand Dame Malchance peut nous entendre, car elle ouvrirait à coup sûr la boîte de Pandore et nous ne pourrions nous en prendre qu'à nous-mêmes. Eh bien! ce que je viens d'écrire n'est pas tout à fait exact. Les natifs des Poissons et ce monsieur en particulier ne sont pas toujours responsables de tous leurs malheurs. Notre sujet écoute trop attentivement ceux qui lui confient leurs tourments par lesquels il se laisse happer.

Voilà encore une caractéristique qui se manifeste souvent chez les natifs de ces deux Signes: le Poissons prend grand soin de ne pas se laisser prendre dans les herbes aquatiques et la femme Taureau de ne pas se frotter au fil de fer barbelé; tant de prudence peut rendre la vie monotone, d'autant plus qu'ils ont tendance tous les deux à broyer du noir et qu'ils sont d'un naturel plutôt pessimiste. Dans l'ensemble notre native du Taureau est souvent plus patiente et plus certaine du résultat final que ne l'est le Poissons, presque toujours secrètement tenaillé par le doute, voire l'inquiétude. Elle n'hésite guère à s'asseoir sur un piège pour attendre quelque chose ou quelqu'un à qui elle tient. Elle attend même aussi longtemps qu'il le faut sans même murmurer un mot de mécontentement. Peu lui importe que les mâchoires du piège se referment. Disons même qu'elle est capable de prendre plaisir à cette attente parce que cela lui donne l'occasion de mettre son sang-froid à l'épreuve dans les pires circonstances.

Elle fera d'ailleurs bien de cultiver la patience qui lui est innée si elle se propose de s'engager sérieusement vis-à-vis d'un Poissons, parce que la plupart des natifs de ce Signe ne sont jamais à l'heure, sauf si leur Lune ou leur Ascendant est en Vierge. Certains Poissons se présentent en retard au travail, au cinéma, chez le dentiste, voire pour la veillée de Noël (surtout parce qu'ils ont commencé à célébrer les fêtes de fin d'année dès le mois de novembre) et même pour leur propre mariage (auquel ils oublient parfois de se rendre tout simplement).

Notre Poissons pourra se demander quelle idée la femme Taureau se fait de lui. Il s'interrogera à ce sujet mais sans trop s'en soucier. Quand il est amoureux, on ne constate guère chez lui de symptômes d'anxiété, au moins apparents. Peut-être se tracasse-t-il plus ou moins au sujet de l'argent du loyer, de ce que la vie signifie en réalité, de ce que lui réserve l'avenir, mais pour lui, l'idylle est un état naturel de l'être humain. Cet homme brillant, aimable, poète, s'il est un exemplaire typique des Poissons, frétille fort à l'aise dans les eaux du romanesque où il a probablement appris à nager et à plonger à un âge étonnamment précoce. La fille du Taureau jouait encore à la poupée et s'enthousiasmait pour les films de Walt Disney alors que son Poissons tentait sa première séduction ou bien se laissait séduire lui-même, ce qui est beaucoup plus vraisemblable. La plupart des natives du Taureau ne connaissent qu'assez tard l'amour et les satisfactions qu'il donne; peut-être est-ce pour cela qu'elles en apprécient mieux la valeur que les natives des autres Signes solaires. C'est précisément l'attente qui donne de la valeur à ce qu'on attend. Que ce soit la Noël, le jour du tue-cochon ou le premier baiser.

Quelque idée qu'elle se fasse de lui, j'espère qu'elle s'efforce de le comprendre, au moins à moitié. Je dis «à moitié», parce qu'elle aura de la chance s'il ne la consterne pas, au moins au début. Il diffère si complètement des hommes qu'elle a connus jusqu'alors qu'elle ne peut s'empêcher d'être secrètement surexcitée par cette caractéristique de mystère, même si d'ordinaire elle se méfie des personnalités compliquées et instables. La native du Taureau peut aussi se sentir fortement attirée vers certains Scorpion. Mais, dans ce cas-là, il s'agira d'un attrait physique. Avec l'homme des Poissons, elle obéit à un sentiment plus profond et qu'il n'est pas facile d'expliquer. En outre il a évidemment besoin de quelqu'un qui lui fasse la cuisine, qui croie en lui, qui le réconforte et qui l'aime... or elle excelle dans tous ces domaines.

Il arrivera occasionnellement à cette femme de tomber dans des phases d'humeur noire au cours desquelles elle s'apitoiera sur elle-même et broiera des pressentiments obscurs. Mais quand elle reviendra à son état habituel, elle acceptera de nouveau volontiers la douce influence de Vénus et reprendra son comportement paisible. Lorsqu'elle se comporte conformément à sa nature, cette Dame Taureau est fermement convaincue que tout peut être guéri grâce à un tube plein d'eau tiède, un bol de soupe chaude, un rien de logique et quelques plaisanteries. Cela vaut à ses yeux pour tout: depuis le plus banal chagrin jusqu'à la tragédie capitale. Les dépressions plus compliquées du natif des Poissons auront peut-être besoin d'une thérapeutique plus étendue, plus complexe et moins prosaïque; mais il appréciera les traitements de sa partenaire. Elle aura donc, même dans une mesure limitée, une influence apaisante sur l'esprit de cet homme lorsqu'il est troublé.

Au point de vue sexuel, ces deux personnes sont faites l'une pour l'autre. La conception neptunienne de la sexualité peut se résumer en deux mots: sensuelle et romanesque. Cela s'applique à lui évidemment, parce qu'il est gouverné par Neptune. Mais cela vaut également pour elle qui est sujette de Vénus. Ils entendent donc expérimenter toutes les nuances, les teintes, les tons et demi-tons qu'il est possible de connaître lorsque l'âme est confinée dans un être de chair; leurs rapports physiques seront donc probablement excellents. Le natif des Poissons vit presque entièrement dans et par son système nerveux psychique. En fait de comportement sexuel, comme dans toutes ses autres activités, il aspire à s'envoler vers un niveau plus élevé, vers le ciel... *n'importe où, n'importe où, hors de ce monde!*

La fille du Taureau n'a de contact avec le monde extérieur qu'à peu près exclusivement par ses sens. En vertu d'un charisme de sérénité, elle exerce une influence apaisante et est douée d'un toucher d'une douceur exquise; elle éprouve un besoin inné d'envelopper l'homme qu'elle aime dans une affection chaleureuse tout en le taquinant à l'occasion du bout des plumes de l'humour. Ajoutons à cela ses murmures à voix rauque vers minuit, l'harmonie vénusienne des courbes de son corps, et vous comprendrez pourquoi ces deux partenaires vivent habituellement au même rythme passionnel. Sa tendance féminine à se soumettre gentiment à son homme sans chercher à le dominer convient parfaitement au mâle piscéen qui pourrait avoir vécu des cauchemars romanesques avec des femmes plus agressives. Nos deux sujets savent communiquer l'un à l'autre leurs désirs aussi bien qu'ils savent les satisfaire. Leur union physique peut donc être une expérience magnifique de passion terrestre ainsi que d'extase extraterrestre.

Toutefois leur bonheur total n'est pas acquis d'emblée. La réussite de leur union dépend de l'espèce à laquelle appartient notre Poissons. Il en est, en effet, qui aiment à nager en profondeur, d'autres qui remontent vivement le courant. Si notre Poissons est un de ceux qui rôdent parmi les coquillages au fond de l'océan, en quête du continent perdu d'Atlantide, ou qui méditent sur des théories scientifiques abstraites dans l'immensité verte et glaciale, peut-être est-il immunisé contre les blandices des sirènes, si tentatrices qu'elles soient, sauf s'il en trouve une dont les deux pieds sont fermement plantés au sol, qui consent à le soutenir aussi bien au point de vue émotionnel que financier jusqu'à ce qu'il atteigne le bout de ses rêves. La fille du Taureau peut accepter de jouer ces deux rôles mais pendant un certain temps seulement. Si son partenaire se complaît dans cette situation, la colère taurine enflera lentement. Dans ce cas-là, s'il continue à abuser de sa patience, elle entrera dans une de ses crises de rage violente. Quand le tonnerre de sa fureur se sera tu, le Poissons aura disparu subrepticement. Elle ne le remarquera même pas: lorsque la native du Taureau a pris une décision, elle ne regarde plus jamais en arrière. Elle a lu qu'une femme a été changée en statue de sel pour avoir cédé à la faiblesse de regarder derrière elle.

Même s'il s'agit d'un Poissons aux écailles plus dures et aux nageoires plus vigoureuses, peut-être ne comprendra-t-elle pas par quels états d'âme il passe lorsqu'il consacre son temps à éponger les larmes de ses prochains, à partager leurs soucis, à se priver pour eux. Le Poissons peut se montrer d'une intelligence admirable et créatrice dans l'eau claire. Mais si elle y fait monter constamment la boue par son entêtement terre à terre et si d'autres la polluent autrement en accaparant son temps et ses sympathies, peut-être ira-t-il chercher un soulagement au comptoir du bistrot voisin. Alors elle froncera les sourcils et boudera. Ce sera le commencement de la fin.

Une formule magique permet de briser le cœur d'une fille du Taureau, elle consiste en quelques mots: promesses reniées, mensonges,
abandon à l'oisiveté. Une autre formule en trois mots seulement permet
de la guérir: sincérité, fidélité, sûreté. Si notre Poissons se les rappelle,
ce pourrait être le commencement de la fin... de sa solitude.

Si elle admet de son côté qu'il a besoin de s'isoler pendant une période
de contemplation pour détendre ses nerfs ébranlés, il reviendra vers la
sérénité de cette femme pour y trouver quelques plaisanteries, un tube
tiède, un bol de soupe, chaude et des murmures à voix rauque vers minuit. Alors ce pourrait être le début d'un amour exceptionnel et qui mérite d'être attendu autant que le tue-cochon et le matin de Noël. Sous la
passion qu'ils éprouvent l'un pour l'autre gît la fondation d'une amitié
véritable... qui ne manque jamais d'approfondir l'amour quand il a subi
l'épreuve du temps.

POISSONS
Eau - Mutable - Négatif
Régi par Neptune
Symbole: les Poissons
Forces noctunes - Féminin

GÉMEAUX
Air - Mutable - Positif
Régi par Mercure
Symbole: les Gémeaux
Forces diurnes - Masculin

Les relations

Il serait vain de prétendre que les Gémeaux et les Poissons sont des Signes solaires aussi naturellement compatibles que les fraises et la crème, Laurel et Hardy, tambour et trompette. Pas tous, mais certains d'entre eux sont aussi mal appariés et hostiles l'un à l'autre que les Arabes et les Juifs l'ont été depuis des années, quoique peut-être pas tout à fait aussi violemment. Néanmoins, puisque la paix est possible — et peut-être même vraisemblable — entre ces deux ennemis traditionnels, peut-être est-il aussi permis d'espérer qu'un compromis se réalisera entre les Gémeaux et les Poissons. Si leurs horoscopes comparés présentent un aspect Soleil-Lune en trigone, sextile ou conjonction, ils pourront s'entendre tout à fait heureusement, tant que le Gémeaux consentira à nager occasionnellement dans les eaux de Neptune pour tenir compagnie aux Poissons et que les Poissons consentiront de temps en temps à voler sans crainte, auprès des oiseaux de Mercure géminiens.

Cependant un Signe d'Air n'est jamais tout à fait à l'aise dans l'Élément Eau. Il est toujours possible de se noyer; de même qu'un Signe d'Eau trouve un peu dangereux de voler sans parachute. «Quelqu'un aurait-il la gentillesse de se tenir au-dessous de moi avec un filet pour m'attraper si je tombe?» S'il leur arrivait de découvrir un aspect Soleil-Lune négatif entre leurs horoscopes, ils devraient se rappeler que mêler l'Air et l'Eau ne doit être fait que prudemment. Le contact de ces deux Éléments, en effet, peut provoquer humidité ou étouffement, voire les deux, que ce soit dans les affaires, au sein de la famille, dans une liaison amoureuse ou entre amis. Il est à coup sûr désagréable d'être douché inopinément (comme le Poissons peut le faire au Gémeaux) ou étouffé (comme le Gémeaux peut le faire au Poissons).

GÉMEAUX: As-tu saisi que tout ce que tu dis pourra être utilisé contre toi?

POISSONS: Peu m'importe. Il en a toujours été ainsi.

GÉMEAUX: Cesse de t'apitoyer sur toi-même. Plaides-tu coupable ou innocent? Réponds. Tu es toujours tellement silencieux! Ça s'appelle bouder, et tu le fais pour m'être désagréable.

POISSONS: Je plaide coupable, évidemment. Coupable d'être un être humain aux besoins humains et aux désirs… mêmes aux faiblesses humaines. N'est-ce pas exact?

GÉMEAUX: Ça dépend. Tu as plus de faiblesses que les autres. Tu n'as aucun sens du raisonnement déductif. Tu esquives, atermoies et refuses de discuter quoi que ce soit. Ton attention s'égare sans cesse. Hier, à trois reprises tu n'as pas tenu compte de ce que je te disais quand je te demandais de faire quelque chose, et aujourd'hui tu as continué à n'en pas tenir compte. Tu circules en tous sens, prêtant l'oreille à tous ceux qui te racontent leurs malheurs et leur malchance alors que ta propre existence tombe en capilotade. Tu es masochiste et porté à la temporisation. Tu négliges de faire ce qui est important, et tu poursuis des bulles, humes des fleurs au lieu de faire quelque chose d'utile. Est-ce que ça te rend heureux?

POISSONS: Ah oui! Personne n'a jamais été aussi heureux. Assure-toi, s'il te plaît, que le jury et le juge sachent combien j'ai été heureux.

GÉMEAUX: Inutile de parler de jury et de juge. Je ne fais pas ton procès, et tu le sais fort bien. Nous sommes en train de discuter.

POISSONS: Excuse-moi… Mais tu parles comme un procureur.

GÉMEAUX: Restons au fait. Tu dis que tu es heureux. C'est encore un de tes mensonges neptuniens. À cet instant même, selon toute évidence, tu es triste. Visiblement déprimé. Pourquoi n'es-tu pas heureux?

POISSONS: Parce que je ne rends personne heureux… pas même toi.

(Ou bien…)

POISSONS: Je regrette de te soumettre à un interrogatoire et j'espère que tu me pardonneras, mais… ma foi je n'ai pas confiance en toi. Tu me fais même peur. Tu ne vois donc pas combien tes propos sont cinglants? Parfois tu es vraiment trop dur, trop pointilleux; tu ne t'en rends vraiment pas compte?

GÉMEAUX: Je ne suis pas plus dur ni plus fatigant que les autres. Il se trouve que je m'exprime suffisamment bien pour communiquer clairement ce que j'éprouve. Je ne garde pas pour moi ce que j'ai sur le cœur, comme tu le fais. Je ne suis pas faux-jeton comme toi.

POISSONS: Tu es intelligent. Tu choisis tes mots beaucoup mieux que moi. Tu es même éblouissant par moments: souvent même. Mais… as-tu jamais été heureux? Es-tu jamais content de toi-même, en paix? Est-ce que ça t'est jamais arrivé? Jamais?

(Pause.)

GÉMEAUX: Je… euh, eh bien!… bien sûr. Naturellement. Pourquoi me demandes-tu ça?

POISSONS: Comme ça… pour savoir. Que signifie le bonheur pour toi?

GÉMEAUX: Le bonheur? Qu'est-ce qu'il représente pour moi? C'est… Peut-être… Un certain nombre de choses que tu ne comprendrais pas.

POISSONS: Quel genre de choses?

GÉMEAUX: Savoir exactement où je vais, par exemple. Y arriver quand j'ai prévu que j'y parviendrais… en sachant qui je suis et ce que je veux.

POISSONS: Qui es-tu? Que veux-tu?

GÉMEAUX: Tu cherches sciemment à me brouiller les idées. Désormais je refuse de répondre à tes questions.

Les Gémeaux et les Poissons se ressemblent de certaines façons. Ils donnent dans l'ensemble l'impression d'être aussi fuyants les uns que les autres; ils s'esquivent toujours pour se mettre hors de notre portée avec un talent du camouflage pareil à celui des caméléons, aussi difficiles à saisir et à épingler que les lucioles (Gémeaux) et les vairons (Poissons). Leurs manœuvres, tant physiques que mentales sont rapides, d'une prestesse qui étonne; on les voit d'abord briller à la lumière devant nous... et puis les voilà déjà disparus. Où sont-ils passés? Eh bien! duquel parlez-vous? Le Poissons a vivement nagé pour s'introduire subrepticement au fin fond de sa propre nature émotionnelle, afin d'éviter d'autres questions, d'autres vexations; quant à l'oiseau de Mercure, pour les mêmes raisons, il a pris mentalement son essor vers les nuages qui s'accumulent au-dessus de votre tête.

Vous avez déjà appris que les natifs des Poissons sont de très vieilles âmes. Je vous l'ai déjà dit à plusieurs reprises. C'est exact. Ils sont ainsi. Ils sont passés à travers des cataractes purifiantes de bien des incarnations, et ils comprennent tout et tout le monde... sauf eux-mêmes. L'âme ne peut s'incarner en Pisces avant d'avoir maîtrisé, au moins une fois, toutes les leçons des onze autres Signes. Étant donné que certaines âmes restent dans le même Signe solaire où y retournent, pour y passer plusieurs vies avant d'en avoir assimilé l'essence *positive,* vous voyez pourquoi les Poissons sont de «vieilles âmes». Vous comprenez aussi pourquoi les Piscéens subissent les épreuves les plus difficiles.

Alors, ne nous étonnons pas de les voir tellement bizarres, tous ces Poissons. Ils nous donnent l'impression d'être tous des saints ou des pécheurs sans qu'il y ait quelque banal pèlerin dans leur cortège. Oui, l'expérience Poissons est la plus vulnérable, celle qui donne le plus de tentations aux anges... et qui produit le plus vraisemblablement des «anges déchus». Un Poissons peut se débrouiller très bien à l'école de Neptune pendant un certain temps, puis, un beau jour, il oublie par exemple la générosité acquise au passage en Bélier, Sagittaire ou Lion et devient avare. Le voilà déchu. Ou bien il mène une vie paisible au cours de laquelle il s'enrichit mentalement et moralement. Puis un matin (ou une nuit), pris d'amnésie, il oublie la leçon d'honnêteté qu'il a acquise chez Balance et juge quelqu'un sans aménité..., ou bien il oublie la leçon, dont il se souvient d'ailleurs à peine, de patience acquise en Taureau et, en proie à une impulsion subite, prend une décision hâtive qu'il regrette aussitôt et en souffre atrocement, mais il est trop tard.

Non, il n'est pas drôle d'être un Poissons. Le destin exige de ces hommes et de ces femmes qu'ils en *sachent* tant!

Ainsi les Poissons flottent dans les méandres compliqués de leur existence où souvent ils cherchent pathétiquement leur propre identité. Quand ils saisissent un aperçu fugace de leur véritable image dans le miroir de la vie, ils sont d'abord épouvantés, puis ils n'y croient pas. Ce qu'ils voient, en effet, est une personnalité quasi divine, difficile à accepter, quand on est doué de l'humilité neptunienne. Alors ils la renient, ils la fuient et se réfugient souvent dans l'art dramatique en qualité de comédiens peut-être ou bien dans la musique... Ils peuvent souvent aussi se réfugier dans les drogues, l'alcool ou les rêveries délirantes. Quelques-uns se contentent d'une ambition banale dans le monde matériel, ce qui est tout à fait contraire à l'essence imaginative de Neptune et les prive évidemment de bonheur. Dans leur grande majorité, pourtant (et c'est heureux pour nous, natifs des autres Signes), ils s'engagent dans des entreprises créatrices, au service du public, de la science, de la religion, dans l'enseignement ou la médecine, voire au service bénévole à plein temps de leurs parents, voisins et amis.

Si le natif (ou la native) des Poissons ne se comprend pas lui-même (ou elle-même), les Jumeaux géminiens ne sont que trop prêts à élucider ce mystère. Les gens gouvernés par Mercure, en effet, estiment qu'ils sont capables de résoudre n'importe quel problème, comprendre n'importe quoi, tout démonter pour voir comment ça marche puis le remonter de nouveau. Mais, après avoir froidement analysé et critiqué les Poissons, il leur arrive parfois de laisser pièces et morceaux épars autour d'eux, sans les remettre à la place où ils les ont trouvés. Un Poissons qui a été démonté par les Gémeaux risque de sombrer désespérément pendant des années au cours desquelles il s'efforcera de récupérer son amour-propre. Une confusion perpétuelle flotte au-dessus des Poissons, le Gémeaux est mis au défi de la débrouiller grâce à son esprit mercuriel d'une acuité comparable à celle d'une lame de rasoir; mais les Jumeaux ne peuvent pas nager assez profond pour passer au-dessous des herbes marines... comme des maubèches humaines qui plongent de haut pour ne rien attraper parce qu'elles sont incapables d'apercevoir le fond de l'océan et d'en jauger la profondeur.

Les plus sages des Poissons considéreront d'ordinaire avec indulgence, sinon avec une affection sincère, les gesticulations parfois puériles des Jumeaux. Si nos Gémeaux vivent, comme cela arrive souvent, dans un royaume enchanté d'illusions, les Poissons leur rendront visite avec plaisir. Bref, le Gémeaux incline à analyser et étiqueter tous les royaumes mystiques, même ceux dans lesquels il gambade. Ce comportement gâte le plaisir des Poissons. Un rêve est un rêve... pourquoi s'en approcher trop près et l'examiner trop attentivement? Et le Poissons ne supportera guère l'inquisition insistante du Gémeaux qui n'hésite pas à poser des questions sur des sujets intimes. S'il y est soumis trop souvent, il glissera vivement vers un autre cours d'eau ou bien s'évadera plus facilement par le mensonge, commençant d'abord par éluder subtilement puis par mentir catégoriquement: méthode approuvée par Neptune comme une simple protection contre une incursion dans la vie privée.

Parfois, l'homme ou la femme des Poissons usera inconsciemment de représailles contre le Gémeaux qui le contraint constamment à adopter des positions de repli. Il refusera énergiquement de se mettre à l'unisson des enthousiasmes exubérants de son partenaire lorsque ce dernier lui communique quelque nouvelle idée ou nouveau projet aussi merveilleux l'un que l'autre. Ce pourrait être le commencement de la fin, car le Gémeaux ne supporte pas que son enthousiasme ou ses flambées d'inspiration soient refroidis par le pessimisme des Poissons ou glacés par le mépris de Neptune. Quand ils en ont envie, les Poissons peuvent se montrer d'excellents soutiens, pleins de foi, prompts à encourager. S'ils décident le contraire... vient un moment où l'oiseau de Mercure chante tout seul sur la branche où on le laisse seul.

Ces deux partenaires peuvent partager avec bonheur certaines choses, car il existe entre eux des ressemblances frappantes. L'une d'entre elles, c'est qu'ils apprécient la beauté. Pour la plupart, nous ne la remarquons pas assez, je crois. Mais Gémeaux et Poissons ont une conscience aiguë des délices en mouvements et mutations constants de la nature: le changement de saison, le lever du soleil et son coucher; ils inclinent l'un comme l'autre à plonger leurs âmes dans l'art, la poésie et la musique... les mots écrits ou pas. Les Poissons absorbent la beauté en extase, silencieusement. Le Gémeaux sourit d'admiration, d'émerveillement, parfois de crainte, s'excite et s'émerveille. Ainsi donc, la beauté unit mystérieusement Poissons et Jumeaux, elle constitue un pont entre eux, par-dessus lequel ils peuvent se jeter des rayons de soleil..., et peut-être peuvent-ils aussi le franchir pour se réunir sur une rive ou l'autre.

Autre caractéristique commune entre eux: il est difficile de retenir leur attention quand vous leur parlez ou de les obliger à vous regarder droit dans les yeux pendant plus d'un instant fugace. Le Gémeaux a le regard vif, attentif, parfois moqueur. Les yeux des Poissons sont doux, errants, liquides et pleins de compréhension quand ils se fixent sur vous, ce qui n'arrive pas souvent. Les yeux des Gémeaux ne se fixent guère plus; sans cesse en mouvement, ils se pointent dans toutes les directions comme ceux d'un oiseau. L'esprit des Gémeaux et des Poissons erre comme leurs regards, mais pour des raisons différentes dans des galaxies distinctes.

Les Poissons constituent une excellente caisse de résonance pour les natifs de tous les autres Signes. La force de Neptune, c'est qu'il sait se passer de tout sans se plaindre. Et cette même qualité fournit aux Piscéens une arme contre les déceptions de la vie. Ces gens sont donc plus vigoureux qu'ils ne le semblent et plus durs qu'ils ne le paraissent. Dès avant leur naissance, les Poissons ont pris l'habitude d'être négligés par autrui. Au contraire, les Gémeaux ont l'habitude d'être entendus et remarqués, depuis le temps où ils ont commencé à bredouiller. Cela nous amène à une des principales raisons pour lesquelles les natifs de ces deux Signes solaires s'assemblent... lorsqu'ils le font. Gemini a besoin de s'exprimer; plein de compassion, le Poissons a presque toujours le temps d'ouvrir une oreille attentive tant aux lamentations qu'aux enthousiasmes d'autrui. Le Gémeaux ne pourrait survivre sans un auditoire qui apprécie les beaux rubans de mots que crée la magie mercurielle. Le Poissons ne pourrait survivre non plus s'il ne se sentait pas nécessaire à quelqu'un. Mais au bout d'un certain temps nos Jumeaux pourraient perdre le bénéfice de ce que leur offrent les Poissons, si les aimables aspirations de Neptune sont constamment dédaignées. Des signes l'annonceront. De claires indications. Lorsqu'elles se manifesteront, il faudra leur prêter attention. Le meilleur moment pour remédier à une erreur, c'est quand elle n'a pas encore pris d'importance.

GÉMEAUX: Une revue vient d'accepter l'article que j'ai écrit! C'est pas épatant?

POISSONS: Regarde la couleur rougeâtre des nuages là-bas. Ça me rappelle ce que disait mon grand-père: «Soleil rouge le soir, réjouis-toi marin — Soleil rouge le matin, attention marin...»

GÉMEAUX: Tu as entendu ce que je t'ai dit au sujet de l'article que m'achète une revue?

POISSONS: Excuse-moi. Je n'écoutais pas à ce moment-là.

Femme POISSONS • GÉMEAUX *Homme*

La dame Poissons type fera à peu près tout et n'importe quoi pour que sa liaison ou son ménage soit serein et exempt de nuages. Elle adaptera son comportement, ses habitudes, et elle-même, aux goûts de l'homme Gémeaux qu'elle aime, quand bien même ses amies féministes s'en scandaliseraient. Elles s'apitoieront ouvertement, mais elle sourira sans en tenir compte.

En réalité, elle ne se laisse pas asservir par masochisme aux lubies des Jumeaux, quoi qu'en pensent ses amies. Il n'y a d'ailleurs pas qu'elles. Son partenaire géminien a la même impression. Eh bien! c'est exactement ce que désire faire croire à cet homme (ainsi qu'à leurs amis indiscrets, leurs voisins, leurs parents) cette femme douce, accommodante, au langage agréable. Elle sait ce qu'elle fait. Elle se rend la vie plus agréable. À partir du moment où elle est tombée amoureuse de ce Gémeaux, notre Poissons gouvernée par Neptune fait preuve d'assez de bon sens pour saisir qu'elle a le choix entre deux voies pratiques dans ses relations. Elle peut décider que satisfaire les exigences imposées par l'homme des Gémeaux à sa psyché délicate serait payer trop cher un amour qui ne vaut pas un tel prix... et elle le quitterait. Elle s'éclipserait un beau matin où il est absent. Elle peut aussi estimer que le plaisir, le bonheur, le contentement et la paix qu'elle éprouve en l'aimant et en recevant l'amour et l'adoration d'au moins une de ses personnalités jumelles valent quelques accommodements, de-ci de-là dans leurs relations. Si elle opte pour cette dernière solution, elle s'arrangera pour que ça fonctionne. Peut-être lui faudra-t-il dresser des plans compliqués à cet effet, mais elle se débrouillera.

Son secret, c'est la résistance passive de Neptune. Depuis sa naissance elle est douée d'un talent formidable à ce sujet, de même que certains sont nés avec une oreille faite pour la musique ou bien des muscles pour jouer au rugby. Elle sait exactement quand il faut battre en retraite, et jusqu'où, ainsi que le moment propice pour avancer et jusqu'où elle peut aller avec lui. En réalité, elle ne le sait pas. Elle le *sent*. Tout se passe comme si elle avait depuis sa naissance une espèce d'antenne invisible et sans fil qui perçoit et transmet des signaux de prescience et d'intuition au sujet du comportement humain.

À coup sûr, le cerveau de tous les Gémeaux fonctionne aussi rapidement qu'il se peut; il est toujours alerte, sur ses gardes et à peu près impossible à tromper. En dépit de ses qualités indiscutables, cet homme peut être aveugle devant la stratégie neptunienne d'une fille des Poissons. À supposer, par exemple, qu'elle ait envie de faire certaines choses qu'il désapprouve, elle ne perdra pas son énergie et ne mettra pas non plus leurs relations en péril par des supplications insistantes ou des plaidoyers larmoyants. Elle agira simplement comme il le désire lorsqu'il est là… et comme *elle* le désire quand il n'est pas là. Précisons d'ailleurs que ce qu'elle désirerait faire avec l'approbation de son partenaire n'est pas nécessairement sinistre ou déloyal. Ce n'est pas forcément un projet de hold-up dans une banque ni d'adultère.

Ce pourrait être quelque chose d'aussi banal et inoffensif que de dormir une heure de plus. Comme tous les oiseaux, le Gémeaux type s'éveille et se lève très tôt, soit en sifflant joyeusement, soit en se plaignant, grognon (selon celui des Jumeaux qui se lève le premier) ou bien il peut se mettre à critiquer âprement celui qui reste au lit plus tard qu'il ne le juge bon. Il se peut aussi qu'elle ait envie de lire quelque chose qu'il ne lui recommande pas ou bien de rendre visite à des amies quand il estime qu'elle pourrait passer son temps d'une manière plus profitable. Elle peut aussi être pressée d'arriver au salon de beauté à l'heure de son rendez-vous. Pourquoi froncerait-il les sourcils pour cela? Parce qu'il la trouve belle telle qu'elle est et, en outre, l'argent qu'elle dépense à s'embellir pourrait être dépensé ensemble, à voyager par exemple. Pour le natif des Gémeaux, les extases ultimes consistent à changer de décor, à aller quelque part, n'importe où, loin de ces routines quotidiennes.

L'intelligence des Gémeaux comporte un sens instinctif de l'opportunité. Si elle a pris rendez-vous avec le salon de beauté en sa présence, il cherchera à la convaincre de l'annuler, soit en usant de son charme ou de son pouvoir de persuasion considérable, soit par des critiques désagréables. Mais, une fois qu'elle est allée au salon de beauté et qu'il constate le résultat, il discute rarement. D'abord et avant tout, l'esthéticienne l'a rendue ravissante et il n'a pas le cœur d'engager une querelle avec elle lorsqu'elle se montre aussi attrayante. Ensuite, il est assez intelligent pour savoir qu'il serait vain de s'opposer à l'exécution de ce qui est déjà fait. Cet homme perd rarement son temps. Il croit que le temps doit être occupé à faire quelque chose, toutes les secondes de sa vie, voire en se privant de dormir, car les oiseaux de Mercure ne cèdent au sommeil que rarement et pour peu de temps. À ses yeux, le Temps serait la matière première de la vie et des rêves. Le gâcher à ne rien faire serait un péché.

La femme des Poissons se fait une idée totalement différente du temps. Elle le croit inépuisable et se dit qu'il en restera toujours largement assez le lendemain si on en laisse échapper aujourd'hui. Elle se dit même qu'une des meilleures façons de l'utiliser consiste à ne rien faire du tout, surtout après avoir dilapidé son énergie en rendant des milliers de services aux autres et que son humeur normalement joyeuse commence à céder aux coutures. Le temps serait surtout utile pour être soi-même, pour exister tout simplement… dans les fraîches eaux vertes de la contemplation paisible chère aux Poissons. Ça lui rafraîchit l'âme.

Puisqu'elle vit en compagnie d'un homme des Gémeaux, elle a en effet grand besoin de se rafraîchir. Les qualités mêmes qui l'attirèrent vers lui au début peuvent devenir extrêmement fastidieuses et fatigantes pour sa nature placide. L'esprit de cet homme, en effet, recèle d'innombrables petites surprises qui la réjouissaient. Il est rapide, d'une grande agilité mentale et saisit immédiatement tout ce qu'il voit, entend ou lit. Ses idées surgissent au moment où on s'y attend le moins; elles sont presque toujours originales et fascinantes. Il semble toujours affairé, qu'il soit en train de rêver, de penser, de projeter ou *de faire* quelque chose alors qu'elle s'affaire seulement à *être.* Il est capable de changer de préoccupations, d'occupations, voire de métier en un clin d'œil; elle ne sait jamais à quoi elle doit s'attendre. C'est palpitant. C'est aussi stimulant. Elle voit en lui un mystère impossible à sonder à fond et il se trouve précisément qu'elle raffole des mystères. Mais toutes ces caractéristiques de son homme manipulé par Mercure peuvent au bout d'un certain temps la faire aspirer à la solitude, la tranquillité, ne serait-ce que pour y trouver la sécurité d'une routine quotidienne sans surprises: une retraite dans le calme apaisant de ses propres rêves, de ses propres désirs, plus lents, plus simples, plus doux.

Pendant un certain temps, cette fille Poissons sera hypnotisée par l'attrait mercuriel du Gémeaux, son esprit merveilleux, le regard expressif toujours brillant de ce galopin qui paraît ne devoir jamais vieillir, son sourire à faire palpiter plus vite le cœur, ses innombrables talents. Tout se passe comme si elle jouait avec un kaléidoscope vivant dont les arrangements de couleurs et de lumières changent au gré de son humeur:

tantôt affectionnée et joyeuse, chaleureusement tendre, généreuse, tantôt irritable, sarcastique, morose, avare et de nouveau… tout dépend de celui des deux Jumeaux qui domine. Quand on regarde d'une certaine distance le résultat de ses acrobaties mentales, elles sont intéressantes et certainement stimulantes. C'est seulement lorsque sa partenaire se laisse petit à petit prendre au jeu, devient actrice au lieu d'être spectatrice, partage les hauts et les bas de cet homme imprévisible, de ses activités mentales, physiques et émotionnelles que l'usure se fait sentir et qu'elle regrette sa tranquillité.

Cette femme neptunienne aura beau résister de son mieux, elle ne pourra pas s'empêcher d'être emportée dans ce tourbillon d'expériences humaines. Elle y paraît d'ailleurs prédestinée puisqu'elle absorbe comme une éponge psychique les sentiments et les émotions de ceux qui l'entourent, ou bien comme une plaque photographique sensible — qualité qu'elle partage avec les natifs du Cancer et du Scorpion. Étant donné qu'elle est accordée sur des mélodies douces, la percussion de cymbales géminiennes et les notes suraiguës de sa flûte peuvent parfois lui écorcher les nerfs, la déséquilibrer et la laisser vaguement déprimée. La solution qui s'offre à elle consiste à s'éclipser discrètement de tourbillons aussi pernicieux qui menacent de la noyer… retourner à tout prix dans le monde tranquille de sa sérénité intérieure. Enfin elle reviendra près de lui après avoir reconstitué ses forces. Quand elle sera obligée de se retirer ainsi, l'homme des Gémeaux qui l'aime sera intrigué, blessé et parfois furieux.

Il ne lui vient même pas à l'esprit qu'il est lui-même adroit en fait de tactiques défensives à se retirer mentalement; il se retranche facilement dans une indifférence distante aux moments où elle a le plus besoin d'attentions et d'intérêt. Rappelons-nous que le Poissons est une très vieille âme, née pleine de Sagesse, et que le Gémeaux, lui, représente l'enfant symbolique. Il ne peut s'empêcher d'être quelque peu égocentrique. Pourtant son intuition surprend, malgré son charisme symbolique d'«enfant». À certains moments, il se révélera étonnamment compréhensif et devinera ce qui se passe en elle. Alors il le manifestera par une exquise tendresse, teintée d'une légère touche de compassion. Ou bien il sent que l'heure est venue de la faire rire, de suggérer un voyage en commun, ne serait-ce qu'une petite promenade en voiture ou à pied. Voilà les rares instants de leurs amours qui chantent.

Le bouillonnement de la chimie sexuelle entre cet homme et cette femme consiste souvent en une alchimie silencieuse qui les rapproche l'un de l'autre à tous points de vue, pas seulement d'une manière physique. Le mélange des Éléments Air et Eau dans l'intimité de leur union sexuelle le fait ressembler à elle et la fait ressembler à lui, si étrange que cela soit. Il en résulte qu'après l'acte d'amour elle se sent plus vivante, vibrante, consciente et lui moins turbulent presque dompté, gentil et porté à s'intéresser plus à sa partenaire.

Quand l'Eau s'associe à l'Air dans l'unicité sexuelle, l'Eau confère ses qualités à l'Air qui devient une pluie fécondante propre à rafraîchir la nature, à la combler de promesses parfumées de nouvelles espérances. Dans les bras l'un de l'autre, Poissons et Jumeaux découvrent une harmonie qui d'ordinaire leur échappe, vers laquelle ils tendent à d'autres moments et qu'ils paraissent toujours incapables de capturer. Les manifestations du mystère sexuel entre eux peuvent devenir des expériences régénératrices pour l'un comme pour l'autre, la clé et la pierre angulaire de leurs désirs communs de continuer à chercher à se comprendre, à pénétrer réciproquement leurs personnalités tellement différentes.

La tendance de cette femme à atermoyer et à éluder les questions qui l'ennuient exaspère son partenaire et le laisse frustré, car elle change de sujet avec une facilité extrême. Si rapide qu'il soit, il parvient à peine à la suivre. Les crises périodiques au cours desquelles il la critique et les changements à vue de ses préoccupations inquiètent et bouleversent même la native des Poissons. Elle n'en trouve pas moins toujours un moyen d'esquiver les désagréments. Il préférerait qu'elle ne soit pas ainsi parce qu'il a besoin de temps en temps d'un débat qui le stimule mentalement et d'une discussion qui empêche son esprit mercuriel de s'émousser. Au contraire, elle préférerait qu'il se détende et se fasse moins de souci. Il aimerait mieux qu'elle soit moins détendue et plus inquiète. Ma foi, peut-être pas «inquiète», mais au moins qu'elle s'efforce de voir les choses telles qu'elles sont au lieu de les croire telles qu'elle les souhaite (bien qu'il se laisse aller lui-même aux rêveries). L'homme des Gémeaux est conçu comme un tissu de fils tortueux qui reviennent sans cesse sur eux-mêmes. Au moment même où vous croyez que la métaphysique le passionne, il achète un livre traitant de la Grande Pyramide. J'ai connu un oiseau de Mercure qui clamait son mépris pour les études de l'occulte, puis déclara un beau jour qu'il souhaitait une boule de cristal pour la Noël. Il avait envie de faire des expériences. L'expérimentation est, en effet, l'adrénaline dont il a besoin pour fonctionner. Si quelque chose parvient à retenir son attention, il n'aura plus de paix jusqu'à ce qu'il en ait totalement assimilé le concept et qu'il y ait même apporté quelque amélioration. L'esprit et les attitudes des Gémeaux sont tellement compliqués qu'ils passionneront toujours cette femme; elle ne parviendra cependant pas à les comprendre. Parfois il se contredira tant lui-même qu'elle l'en admirera plus, allant même jusqu'à s'efforcer d'imiter ses procédés intellectuels d'analyse, pourtant parfois teintés d'imagination. À d'autres moments, elle désespérera de le connaître jamais. Parce que chacun des deux partenaires se compose de deux personnes, ce jeu peut ne jamais se terminer. Gémeaux et Poissons sont en effet tous deux des Signes de dualité. De temps en temps, quand elle est épuisée mentalement, physiquement et spirituellement, elle se fige en glace et refuse de communiquer. Cette attitude plonge son partenaire dans un désarroi dont elle ne se rend pas compte. D'autre part, elle évite la plupart des querelles en refusant de tenir compte de ses propres sentiments, donc de les exprimer. Quand la laideur, la confusion ou la confrontation pointent à l'horizon, la fille rêveuse des Poissons fait comme s'ils n'étaient pas là et, pour elle au moins, ils s'éclipsent. Elle a appris que la plupart des difficultés se débrouillent d'elles-mêmes, pourvu qu'on ait la patience d'attendre. Or l'homme des Gémeaux est incapable d'affronter un problème en se faisant croire qu'il n'existe pas. Il se sent forcé d'analyser la donnée et de chercher immédiatement une solution. Une grille de mots croisés lui tombe sous les yeux et il s'attelle immédiatement à en remplir les blancs. Il répond infailliblement, à pleine voix, à toutes les questions qu'il entend aux jeux de la télévision et de la radio (avant que la personne interrogée ait trouvé la réponse). Tous les natifs de ce Signe ont un cœur de pédagogue, ils sont poussés à purifier les eaux bourbeuses en y apportant la clarté de la raison et de la logique. Et puis il y a aussi l'étrange contradiction de leurs rêveries.

Parce que Gémeaux et Poissons relèvent des Éléments Eau et Air, ils ne se montrent jamais aussi démonstratifs, chaleureux et ouvertement affectueux que les personnes nées sous un Élément de Feu. Mais comme ils arrivent à combiner leurs Éléments, ils s'offrent l'un à l'autre un superbe présent: la liberté. Peu possessive, elle l'interrogera rarement sur ses impulsions et ses allées et venues. Il lui accordera la même liberté de mouvement. Peu lui importera dans quelles eaux elle flottera en son absence. Mais, quand il est là, il tient à ce qu'elle soit proche de lui, parce qu'il a besoin d'être écouté. Or elle prête admirablement l'oreille à ses propos, et c'est la qualité pour laquelle il la chérit le plus. Il est en effet convaincu que cette dame, qui parle doucement, qui connaît des secrets subtils, s'intéresse vraiment à tout ce qu'il a à dire, et c'est de cela qu'il a le plus besoin.

De même elle sait que cet homme changeant, aux humeurs si diverses aura toujours besoin d'elle; or son besoin le plus profond à *elle,* c'est qu'on ait *besoin* d'elle. Quand il est railleur, comme le sont souvent les Gémeaux, il lui brise le cœur. Mais quand il redevient charmant, quand ses yeux brillent d'étonnement, quand il arbore son sourire en biais, qu'il laisse libre cours à son esprit et à ses aspirations juvéniles, elle se félicite d'adapter son propre style de vie à celui de son partenaire. En agissant ainsi, elle ne perd rien, elle y gagne un kaléidoscope humain qui change de couleurs, de dessins, de formes au moindre contact.

Il la grondera souvent parce qu'elle est trop généreuse et prodigue. Puis un beau jour, sans que rien n'ait permis de le prévoir, il voltigera d'un bout à l'autre de la ville, les ailes argentées de Mercure assujetties à ses talons, pour emprunter de l'argent à deux ou trois banques afin de le prêter à un ami dans le besoin. Pendant des mois, il échafaudera des plans sérieux et envisagera de modifier son emploi du temps afin de suivre des cours du soir pour passer un examen de mécanicien; puis, tout à coup, il achètera une machine à écrire en annonçant qu'il s'engage dans la carrière des lettres. Un soir, il rentre épuisé, le cerveau vide à force de surmenage, il refuse de dîner, annonce qu'il va se coucher et se dirige vers la chambre, l'air bougon. Moins de cinq minutes plus tard, il apparaît sur le souil de la porte, puis adresse à sa partenaire un clin d'œil magique et lui propose une promenade pour contempler le coucher du soleil, après quoi ils dîneraient en ville et finiraient la soirée au cinéma.

Pendant qu'elle change de robe, il la tracassera pour qu'elle se presse et lui reprochera de toujours mettre trop longtemps à se préparer pour aller n'importe où. Mais quand elle sera assise sur le siège de la voiture auprès de lui, il lui annoncera inopinément qu'elle ne lui a jamais paru aussi belle. «Sais-tu que je ne saurais que faire sans toi?» lui demande-t-il. Elle ne répond pas et se contente de sourire. Elle sait trop bien qu'il dit vrai. C'est pour cela qu'elle est encore auprès de lui.

Homme POISSONS • GÉMEAUX *Femme*

Il n'existe pas un seul Poissons qui n'ait pas éprouvé des doutes au sujet de l'intérêt ou du manque d'intérêt que lui porte la femme des Gémeaux qu'il aime. Elle lui donnera d'abondantes occasions de manifester sa jalousie qui n'a jamais rien de dévorant ni de ravageur, soyons-en sûr.

Cela ne servira à rien du tout à ce monsieur, car il n'y a rien à faire au sujet de la légèreté apparente des Jumelles. (Vous savez maintenant, j'espère, que chaque fille des Gémeaux est constituée par deux femmes en une seule. Elle a commencé à flirter dès le berceau; quand on la promenait dans son landau, elle envoyait des baisers aux passants, souriait à quiconque la remarquait, captivait les cœurs par son regard scintillant comme des étoiles.)

Elle ne grandira jamais. Il faut la considérer comme une charmante fillette espiègle qui pleure lorsqu'on la gronde, rit joyeusement quand elle est heureuse, câlinée, taquinée; elle tracasse jusqu'à ce qu'elle obtienne ce qu'elle veut. Or, il est toujours facile d'imposer sa volonté à un homme des Poissons. Foncièrement, il a une bonne âme affectueuse, tolérante et vraiment peu exigeante. L'irritation peut évidemment le rendre acariâtre quand on a abusé de lui trop souvent. Mais la plupart du temps cet homme fera de son mieux pour satisfaire les besoins de cette femme. Il s'y efforcera, même quand elle le désorientera en changeant sans cesse de besoins, de vœux et de rêves. À ce point de vue, il n'est pas non plus un parangon de stabilité. Cette qualité ne leur a pas été accordée, ni à l'un ni à l'autre, à leur naissance. Le Poissons devient turbulent quand il a trop longtemps combattu les herbes aquatiques: les obstacles et les retards de sa vie. Quant à elle… eh bien, elle n'a guère de patience, disons même pas du tout. Voilà ce qui introduira quelques épines dans leurs relations. Il n'est d'ingrédient plus nécessaire que la patience dans n'importe quelle recette de bonheur et d'harmonie.

L'homme des Poissons a toujours le regard égaré. Les yeux du Gémeaux paraissent toujours chercher quelque chose qu'ils sont sur le point de trouver. Avec les Poissons, Verseau, Scorpion et Gémeaux, l'essentiel de la personnalité et le sceau de l'âme apparaissent dans les yeux.

L'esprit de notre natif des Poissons suggère l'idée d'une maison de verre d'où il considère la vie d'un regard tridimensionnel, dans toutes les directions où peuvent l'entraîner ses désirs. Une telle multiplicité de choix se manifeste de bien des façons dans la personnalité extérieure, et surtout… par des lubies. Les humeurs des Gémeaux gouvernés par Mercure ne sont pas les mêmes que les humeurs d'une profondeur océanique des Poissons gouvernés par Neptune. Les humeurs de la Jumelle changent à la vitesse de l'éclair et de manière aussi imprévisible que les changements d'orientation du vent.

L'esprit du Poissons ressemble à une maison aux nombreuses fenêtres mais sans vitres, sans volets, sans portes pour le protéger des intempéries… et des humeurs de la Jumelle. Il n'est pas seulement sensible à la manière dont on le traite, mais aussi vulnérable aux sentiments, aux émotions de ses proches; il absorbe leurs tourments dans son propre esprit et dans son propre corps. Vous voyez donc que ses relations avec une fille aussi charmante et aussi souvent inquiète, qui rayonne autour d'elle deux émotions simultanément, peut, par moments, bouleverser l'homme gouverné par Neptune.

Les vagues d'énergie mentale et physique rayonnent de cette femme depuis sa naissance, comme des ondes de choc. Quant à lui, il est né fatigué. Ce n'est pas étonnant, étant donné tout ce qu'il a subi au cours de tant d'incarnations: tous les pouvoirs et toutes les gloires, toutes les misères et les dépressions, le beau et le laid, l'inexprimable horreur et l'extase ineffable. C'est épuisant. Surtout lorsqu'on est tenté, au cours de ses rêveries, de comparer ce long passé au présent si banal qu'il en devient presque sinistre. Ça au moins, la femme des Gémeaux le comprendra. Cet homme a besoin de regarder le monde à travers des lunettes aux verres doucement teintés, et cela éveille un écho dans le cœur de cette femme. Elle aussi, elle voudrait que le monde soit différent, plus ravissant. Mais sa nature mercurielle lui permet d'analyser froidement et clairement les choses telles qu'elles *sont* tout en rêvant à ce qu'elle *aimerait* qu'elles soient. Or il refuse d'admettre les vérités horribles. Il s'alarme en la voyant constamment déchirer le tissu de la vie pour voir comment elle pourrait l'agencer de nouveau, afin de la rendre acceptable. Lorsqu'elle entreprend d'appliquer ce procédé analytique à l'amour, c'est le signe avant-coureur des ennuis entre eux, car le Poissons est profondément convaincu qu'elle risque fort de le briser tant il est délicat. Alors, où que ce soit, de Vancouver à la Pointe de Feu, de Santander à Vladivostok, dans n'importe quelle agglomération où s'installent les couples Gémeaux-Poissons (qui changent plus souvent de résidence que les combinaisons de tous autres Signes solaires, sauf Gémeaux-Sagittaire, Gémeaux-Gémeaux, Sagittaire-Sagittaire, ça ira mal. Cette question de déménagement représente un facteur favorable chez eux parce que l'excitation du déménagement ne leur laisse guère de temps pour des chamailleries.

Ces deux personnes doivent faire face à des vibrations de tension. Leurs natures diffèrent si totalement que, la plupart du temps, chacun ne s'explique pas les mobiles de l'autre. Des situations pénibles auxquelles sont mêlés les parents de l'un ou de l'autre ou les questions de carrière personnelle pourraient déclencher des désaccords explosifs. Des échanges harmonieux du Soleil et de la Lune dans leurs thèmes de nativité ou des Lunes en conjonction tissent des liens de sympathie qui les attireront plus intimement. Sans cette assistance planétaire initiale, chacun risque de subir bien des blessures qui mettraient longtemps à se cicatriser.

S'il bavarde trop longtemps avec un voisin le soir, par exemple, elle est capable de boucler la porte de la maison, de le laisser passer la nuit dehors. De son côté, il est tout aussi capable de bougonner: «Qu'est-ce que ça peut foutre?» et d'aller noyer son désarroi au bistrot du coin, ce qui incitera Madame à lui interdire l'entrée de la maison, et, par contrecoup, il fréquentera plus l'estaminet et boira en proportion. Elle risposterait en... inutile de continuer, c'est une chaîne sans fin. S'il est une chose que l'homme de Poissons ne peut supporter longtemps, c'est un tir roulant de critiques, de sarcasmes, d'accusations; or la Jumelle négative de sa femme des Gémeaux excelle dans l'art des invectives satiriques. Les torrents de mots qu'elle profère en veillant subtilement aux nuances pleuvent sur l'âme sensible du Poissons comme un orage de grêlons acérés. D'autre part, s'il est une chose qu'elle ne supporte pas, c'est d'être laissée sans auditoire; or le Poissons excelle dans l'art de s'esquiver avant que n'éclate une scène désagréable. Parfois, on jurerait que ces sujets de Neptune ont littéralement acquis le moyen magique de se désincarner. Ouf! ils sont partis! Pas plus difficile que ça! Alors elle reste seule. Eh bien! non, pas tout à fait seule. Elle peut toujours régler la question avec son autre moitié: la Jumelle toujours présente qui comprend certainement son besoin d'exprimer ses tourments. Elle les comprend en tout cas beaucoup mieux que le Poissons, lequel préférerait mourir que de chercher à savoir pourquoi on perdrait tant de temps en contestations verbales aussi futiles. Le Poissons incline à *ressentir*

ses ennuis et à les fuir d'instinct. La Gémeaux veut s'en tirer en les ex-
posant. Même s'ils s'aiment sincèrement l'un l'autre, ces deux personnes semblent parfois être deux étrangers qui ne parlent pas la même
langue et s'efforcent de communiquer par signes et mimiques. La Gémeaux parle et le Poissons n'écoute pas toujours. Le Poissons pleure et
la Gémeaux ne s'apitoie pas toujours. Pourtant, ils ont besoin autant
l'un que l'autre d'être acceptés et compris, parce qu'ils ne se comprennent pas eux-mêmes. Ils sont engagés dans une quête de leur propre
identité, chacun est dans l'autre, mais, comme ils sont nés sous une influence de dualité, on les voit pareils à quatre personnes vivant sous le
même toit: deux visibles et les deux autres enfermées dans le corps des
premiers et s'efforçant de s'échapper pour se faire reconnaître.

Leur accommodement sexuel ne se fera pas sans efforts. Cependant, en
cas d'aspect Soleil-Lune positif ou d'autres échanges planétaires favorables dans leurs horoscopes comparés, il pourra probablement satisfaire le
besoin essentiel de cette femme: ne pas être étouffée ni trop possédée. De
son côté, elle pourra probablement lui offrir la diversité d'expressions affectueuses sans lesquelles il s'ennuierait. Le contentement que donne la
véritable intimité n'a pas besoin de s'assortir de passions enflammées, ni
pour la Gémeaux ni pour le Poissons. Ils sont tous deux capables de s'adapter instantanément aux lubies et désirs éphémères de leur partenaire. Pourtant leurs relations manqueront peut-être d'une profondeur d'union
physique. Est-ce parce que l'amour à lui seul ne pourra jamais satisfaire
les aspirations inexprimables de l'un comme de l'autre? ou bien, parce que
les natifs d'Air et d'Eau éprouvent rarement le besoin pressant de consommer sexuellement leurs affinités mentale et émotionnelle, en tout cas
moins que les natifs des Signes de Terre et de Feu?
Quelle qu'en soit la raison, il ne sera jamais facile à ces deux êtres de
devenir «une seule chair» ou de se «connaître l'un l'autre» sexuellement, c'est-à-dire dans le sens biblique. Il se pourrait qu'une véritable
unicité entre un homme et une femme ne soit accessible que par l'abandon de tout égoïsme de part et d'autre, moyen indispensable dans la vie
sexuelle comme dans les autres domaines de l'amour et de l'amitié.
Alors que d'habitude le Poissons comprend cela complètement, la femme
des Gémeaux, plus puérile, n'y parvient pas. Leurs moments d'intimité
seront vraisemblablement déterminés en fonction des désirs impulsifs
de Madame plutôt qu'en réponse à leurs instincts communs. Si elle

consent à ce qu'il lui enseigne par l'exemple la signification du don désin-
téressé — physiquement aussi bien que mentalement et émotionnellement —, leur intimité physique deviendra un renouveau répété de leur
amour, suivi par une communion plus profonde qu'auparavant parce que
l'échange réciproque de leur nature intime le rend plus spontané, comme
elle; et elle, plus tranquille, comme lui.

Comme je l'ai dit, ils se ressemblent dans quelques-unes de leurs attitudes. Ils préfèrent, l'un comme l'autre, que leur numéro de téléphone ne
figure pas dans l'annuaire pour préserver leur vie privée et leur liberté; en
général ils aiment la poésie, la musique, l'art ou la danse. De même, ils dé-
testent la routine. L'ennui est leur ennemi à l'un comme à l'autre. Certaines de leurs ressemblances sont moins heureuses pourtant. L'un comme
l'autre inclinent à exagérer le vrai, en commençant par des petites contrevérités sans importance pour aller jusqu'au mensonge caractérisé et
prémédité; chacun justifie ce travers à son propre usage par des milliers
d'excuses. Souvent, quand la Gémeaux accuse le Poissons de déformer la
vérité (ou vice versa), on pourrait leur rappeler la parabole de la paille et
de la poutre. Il est impossible à cette femme de comprendre la vie et
l'amour par ses seuls sens. Mercure, son maître, exige qu'elle ait recours à
son intellect pour en percer les énigmes. Certes, elle y parviendrait peut-
être si quelqu'un consentait à l'écouter réellement et honnêtement quand
elle expose ses doutes, ses désespoirs, ses extases et ses idées. L'homme
des Poissons y consentira probablement pour elle s'il le désire; il l'écoutera
patiemment et avec sympathie jusqu'à ce qu'elle ait exprimé ses raisonnements enrobés de circonlocutions et finalement trouvé la voie exacte à
prendre pour atteindre au bonheur. Au bout d'un moment, elle lui prendra
la main lorsqu'ils marchent côte à côte et les yeux de cet homme exprime-
ront moins d'égarement. Comment se sentirait-il perdu quand il n'a pas
une mais deux êtres charmants, délicieusement féminins auprès de lui?
Être aimé par des Jumelles peut troubler et rendre perplexe de temps en
temps, mais personne n'a jamais dit que c'est fastidieux.

Pour l'homme des Poissons, l'amour n'est qu'un rêve comme les autres dans lequel, lui, le rêveur, gouverne joyeusement le monde créé par
son imagination, grâce à son sens des perceptions intuitives... colorées
de teintes pastel, fragiles et changeantes. L'insatisfaction qu'exprime
constamment sa dame des Gémeaux déchire souvent son rêve qu'il s'efforce de ravauder pour le remettre à neuf. Mais il n'est pas facile de rac-
commoder un rêve déchiré. Il est fait d'une matière si brumeuse.

Si elle parle doucement, se déplace gentiment... lentement... peut-être pénétrera-t-elle dans le monde du rêve avec lui et verra-t-elle l'amour sous le même jour que lui, comme une chose calme et belle. Il lui suffit de se mettre à la place de cet homme de temps en temps, à la manière des Gémeaux, et cela l'amènera finalement tout droit au chemin de son cœur: le havre même qu'elle cherche depuis si longtemps et qu'elle n'a encore jamais trouvé... Ce jardin magique où les roses s'épanouissent sans avoir besoin d'épines protectrices.

POISSONS
Eau - Mutable - Négatif
Régi par Neptune
Symbole: les Poissons
Forces nocturnes - Féminin

CANCER
Eau - Mutable - Négatif
Régi par la Lune
Symbole: le Crabe
Forces nocturnes - Féminin

Les relations

Les Poissons et le Crabe marchent côte à côte, travaillent, jouent, s'entretiennent au rythme d'une mélodie. Sauf pour ceux dont les Luminaires, Ascendants et planètes natales offrent des aspects conflictuels dans leurs horoscopes comparés, la plupart des associations Poissons-Cancer sont relativement moelleuses et confortables. L'attraction de sympathie entre eux se manifeste souvent d'une manière remarquablement instantanée. Ils paraissent se comprendre mieux qu'ils ne comprennent les autres mortels, certainement mieux que les autres ne les comprennent. Régies par la Lune (Cancer) et par Neptune (Poissons), ces trois personnes (le signe des Poissons est un Signe de dualité symbolisé par *deux* poissons) sont aussi secrètes, sensibles, capricieuses et changeantes l'une que l'autre.

Les humeurs des Poissons sont régies par les marées des émotions piscéennes qui s'exaspèrent et s'apaisent en vertu d'un synchronisme complexe avec l'élévation ou la chute des marées océanes. Autant essayer de définir les couleurs de la nacre que de chercher à découvrir la disposition d'esprit d'un Poissons à un moment quelconque. Est-elle rose? Blanche? Jaune pâle? Bleu tendre? Gris perle? À l'instant même où vous croyez avoir identifié la teinte, la réflexion de la lumière se déplace légèrement et la couleur change. Étant donné que les fantaisies des Poissons sont régies de manière mystique par les marées, il pourrait être permis de dire qu'elles sont indirectement influencées par la Lune.

Les Crabes sont influencés *directement* par cette même Lune et par conséquent, peut-être un peu plus prévisibles. Les Poissons, hommes ou femmes, peuvent pronostiquer les humeurs du Crabe avec assez de précision, rien qu'en consultant les phases de la Lune dans l'almanach. Mais il sera sans doute plus difficile à un natif du Cancer de dresser le schéma des fluctuations d'humeur d'un ami, associé, parent, amant ou maîtresse, épouse ou époux Poissons à n'importe quel moment donné. Voilà qui constitue un jeu de devinettes stimulant entre eux, propre à rompre la monotonie de la quête du pain quotidien et des querelles au sujet de la manière de dépenser l'argent. Toutefois quand les lubies de l'un équivalent à des infractions, l'autre les lui pardonnera assez difficilement. La colère et la blessure qui en résulteront sont-elles durables ou de simples sous-produits d'humeur fugace?

Des conflits éclateront, pas seulement du fait d'aspect Soleil-Lune négatif possible entre leurs thèmes de naissance, mais aussi de certaines qualités propres à leur personnalité solaire individuelle. Ces conflits exigeront divers degrés de transactions.

Il est concevable que la question d'argent puisse soulever des vagues considérables dans une relation entre deux natifs de Signes d'Eau. D'ordinaire, les Poissons considèrent l'argent comme un tracas nécessaire mais affligeant, un mal inévitable à traiter avec le moins possible d'effort, puis à oublier autant que faire se peut, jusqu'à ce que, manquant, il exige de nouveau qu'on lui prête attention. Les gens régis par Neptune sont peu soigneux à ce sujet, rarement économes et peu intéressés à amasser des biens sous formes de crédits à la banque, à compter pièces et billets, et les recompter, les enfermer dans un coffre, calculer des détails aussi oiseux que les intérêts, les profits, les pertes, etc. Ces sujets, aussi peu récréatifs que créateurs, ne font pas appel à l'imagination et, pour tout dire, sont parfaitement fastidieux. De leur côté, les Crabes considèrent les affaires financières avec beaucoup plus de révérence que ne le font les Poissons. Pour un Cancérien typique, le tintement des pièces d'argent est une musique apaisante, le craquement des billets de banque neufs ou des certificats d'actions est presque une symphonie. Le Crabe comprend parfaitement les complications de l'intérêt composé et peut s'efforcer de faire entrer ses théories dans l'esprit brumeux des Poissons mais il n'y parvient jamais. Prudence et économie sont les mots de passe du Cancer. Toutes les personnes gouvernées par la Lune sont affligées d'une crainte subconsciente de la misère qui parfois leur donne des habitudes étranges et risibles.

Un Poissons de ma connaissance fut baptisé Grover Cleveland (prénom et nom d'un président des États-Unis d'autrefois) comme son père cancérien, aujourd'hui mort depuis bien des années. Le Poissons se rappelle avec précision les visites qu'il faisait avec son père dans les magasins quand ce dernier achetait son complet annuel (en janvier de chaque année, durant les soldes d'après Noël). Le papa Cancer demandait toujours aux vendeurs stupéfaits un complet deux tailles au-dessus de la sienne. L'affaire ne durait guère, car le Crabe commandait toujours un vêtement de même style, même couleur, même tissu de laine pure chaque année. Vêtu de neuf, il quittait le magasin en tenant son petit garçon par la main, heureux comme un roi; drapé dans trop de tissu, ses bretelles réduites au minimum pour empêcher le bas du pantalon de traîner sur le trottoir et son veston ressemblant à une couverture jetée sur les épaules d'un naufragé. Il serrait sous son bras avec amour sa tenue de l'année précédente.

Un de ces jours-là, le petit Grover Cleveland rassembla tout son courage pour demander au grand Grover Cleveland pourquoi il achetait toujours des vêtements beaucoup trop grands pour lui, étant donné qu'il n'était plus d'âge à grandir. Le père lui fit une réponse tout à fait logique et sensée pour un Crabe. «Tu vois, mon fils, répondit-il tout à fait sérieusement, la laine coûte très cher. Étant donné que le prix du complet est le même, j'ai pour le même prix une plus grande quantité de tissu.» Le jeune Poissons médita sans rien dire sur ce mystère. (Il ne l'a pas encore élucidé.)

Si la prudence et l'économie sont les deux vertus majeures du Cancer, désinvolture et générosité, allant parfois jusqu'à la prodigalité, sont celles de Neptune (sauf pour les quelques Poissons dont l'horoscope contient d'importantes positions planétaires en Cancer, Vierge, Taureau et Capricorne). La seule sécurité qui retienne vraiment l'attention des Poissons, c'est celle du caractère privé de son existence et de la liberté de vivre sans être dérangé… ni déranger les autres non plus, d'ailleurs. Les Poissons «vivent et laissent vivre», attitude semblable à celle du Verseau, quoique encore plus accentuée. La plupart des Poissons ne penseraient jamais à indiquer à une autre personne comment elle doit vivre sa vie, mais il faut avouer que certains sont assez curieux en ce qui concerne la vie personnelle de leurs amis et parents. Ils se garderaient bien de sonder, d'épier et d'espionner, mais ils inclinent à saisir toute feuille volante de cancans qui pourrait flotter à la portée de leurs oreilles.

Hommes et femmes du Cancer sont plus possessifs et exigeants, plus enclins à façonner les autres pour leur donner une forme plaisante à leurs yeux. Ces Crabes se délectent aussi à fouiner pour découvrir les secrets d'autrui, tout en enfermant les leurs à double tour à l'abri des curieux. D'une manière ou d'une autre, toujours subtile, ils se débrouillent pour apprendre ce que vous pensez mais, quand vous cherchez à savoir ce *qu'ils* pensent réellement, ils se réfugient dans leur carapace, refusent d'avouer ou d'admettre quoi que ce soit. Leur tirer les vers du nez est presque impossible. Toutefois, le Poissons est plus heureux que les natifs des autres Signes solaires (à l'exception du Scorpion) quand il s'agit de percer les secrets d'une fille ou d'un gars Crabe. Ils écoutent tellement bien et en manifestant tant de sympathie! Dans une association avec Cancer, l'oreille compatissante de Neptune obtient d'excellents résultats. Personne n'a autant de cauchemars, souvenirs envoûtants de beauté et de tristesse, de craintes, personne n'a autant de rêves, d'espoirs frémissants... à débiter que le natif ou la native du Cancer. Ces deux partenaires entretiendront des dialogues au sujet de la maman du Crabe (qu'elle ait traité son enfant lunaire avec douceur ou cruauté, qu'elle fût pécheresse ou sainte). Si secret qu'il soit avec d'autres, le natif du Cancer se plaindra, prétendra que «personne ne le comprend», il versera des cataractes de larmes, il rira de son rire d'oiseau loufoque, il fera des plaisanteries et sanglotera... il posera des questions et répondra à tout... il présentera chaque jour de nouveaux dilemmes.

Quelle joie! Quelle joie extatique que d'avoir enfin quelqu'un qui *écoute,* qui *s'intéresse* sincèrement, qui *sait ce* que signifie ne pas être aimé, manquer de sécurité... être aussi esseulé et incertain... quelqu'un d'assez peu égoïste pour se réjouir des succès, des triomphes et pour partager le chagrin des échecs et des déceptions. La tasse du Cancérien débordera de pur soulagement. L'humilité et la bonté du Poissons déborderont vraisemblablement aussi jusqu'à ce que l'énergie de Neptune (bien minime, il est vrai) soit épuisée. Mais elles renaîtront toujours, et le plus important de l'affaire, c'est que Neptune n'en voudra pas à son interlocuteur, sauf en quelques rares occasions comportant circonstances atténuantes. Le Poissons ne feint jamais de s'intéresser aux confidences du Crabe. Son intérêt est réel, sa compassion sincèrement éprouvée et pas exprimée simplement par politesse. Bien sûr, les natifs des douze Signes solaires raffolent de s'asseoir sur le confortable canapé de Neptune pour lui faire des confidences. Mais aucun ne peut se complaire à des sessions de vingt-quatre heures par jour, sept jours par semaine, dans ce confessionnal piscéen, aussi sincèrement que le Crabe qui éprouve alors une gratitude pathétique.

Un des plus graves périls qui planent sur cette association d'autre part facile et extraordinairement affectueuse (hormis les bouderies périodiques au sujet des finances), c'est le danger de l'alcool et des drogues ou d'évasions moins graves vers la rêverie diurne et la nonchalance. L'un et l'autre fréquentent beaucoup d'amis, les revoient souvent, mènent une vie mondaine assez intense, ce qui favorise les excès de boissons. Ils doivent aussi toujours se tenir sur leurs gardes en ce qui concerne les attraits séducteurs des désirs de la chair. Ils feront bien également de se tenir à saine distance de tout ce qui concerne les expériences de magie noire, l'hypnose, toutes les variétés d'occultisme. Les vibrations conjointes de leurs Signes d'Eau peuvent facilement les amener à se noyer dans ces domaines qui offrent un intérêt trompeur et peuvent se révéler tragiques.

Le grand amour du Cancer, c'est celui qu'il voue à son foyer. Dans ce couple, c'est donc le Poissons qui répondra le plus vraisemblablement à l'appel envoûtant de l'errance, du voyage, du changement de décor. Mais le Crabe peut aussi se laisser fasciner (moins souvent, il est vrai) par ce qui brille à distance de sa grotte; il rampera alors, titubera, pour voir de quoi il s'agit, et se perdra sur les dunes de sable, incapable de trouver le chemin du retour vers le foyer qu'il (ou elle) a abandonné. Quand cela arrive, la Lune elle-même fronce les sourcils et refuse d'éclairer le sentier du Cancer, éclipsant sa ravissante face lunaire jusqu'à ce que le Crabe esseulé, errant, éprouve la contrition qui convient. Quoi qu'ils puissent prétendre, gars et filles du Crabe sont misérables lorsqu'ils mènent une vie nomade, car ils ont été les uns comme les autres apportés en ce monde pour nicher confortablement chez eux, entourés du parfum familier d'hier, de vieux amis, d'un voisinage habituel (aussi près que possible de maman, papa, des enfants et de toute la famille).

Parfois, il arrive qu'un Crabe troque le berceau confortable du connu auquel il se fie pour l'enthousiasme de l'ambition. L'appât de l'argent peut précipiter un Cancérien typique dans une espèce de transe, un état d'esprit catatonique pendant des mois et même des années. L'espoir de gagner et d'accumuler un avoir énorme incite nombre d'entre eux à s'éloigner de l'âtre et du pommier de leur arrière-cour. Mais leur cœur ne suit pas leur corps, il reste obstinément en arrière et les appelle doucement dans leurs rêves, leur demande de retourner à la maison.

Le foyer ne suscite pas le même attachement sentimental chez le Poissons que chez la plupart des Cancériens. Certes, il apprécie la sécurité confortable d'une base de départ, mais Neptune fait sans cesse retentir les cymbales d'une musique lointaine dans l'oreille interne du Poissons, quelque prosaïque que puisse être la vie de ce dernier. Un rien provoque sa remontée vers un autre lac, il accepte même le risque de flotter sur l'immense océan, plutôt que d'emprisonner son imagination créatrice et de la paralyser par le retour monotone de ce qui est toujours pareil à soi-même.

Pendant un certain temps, le Crabe et le Poissons passeront des moments merveilleux en voyageant ensemble n'importe où. Puis le cœur du Crabe resté en arrière se mettra à tirailler le personnage lunaire la nuit (surtout à la Pleine Lune) pour le faire revenir. Le Poissons reviendra probablement sur ses pas, lui aussi (pour faire plaisir à son partenaire), mais à regret. Pour celui qui est régi par Neptune, la vie n'est faite que de changements. Les fils brillants de l'imagination tissent les rêves des Poissons hommes ou femmes. Puis ils se laissent prendre par les soucis d'autrui ou par d'autres devoirs séculiers, et se voient forcés de ranger leurs rêves sur une étagère où la poussière les couvrira, en attendant quelque matin magique où ils seront enfin libres de les réaliser. Chose bizarre: à l'instant crucial, le Poissons incline à hésiter, il se demande si le tissu du rêve est assez vigoureux pour le protéger au cours d'un voyage dans les profondeurs de l'inconnu. Si l'hésitation se prolonge, l'occasion de se libérer dérive, s'éloigne, puis salue de la main!... et disparaît avant que le Poissons ait frétillé. Alors il (ou elle) se trouve échoué sur les récifs d'une existence banale et doit attendre de nouveau quelque autre matin étincelant. Parfois il revient, parfois il n'y en a plus jamais. Mais le Poissons ne cesse d'attendre et de souhaiter. Pendant cette attente, sa vie ne sera pas morne. Il se passionnera pour les histoires que le Crabe lui écrit ou lui téléphone de là-bas au loin où il (ou elle) est perdu, en proie au mal du foyer, esseulé, regrettant le fauteuil dans lequel il passait ses journées sur le porche devant sa maison. Il y a aussi les histoires de Cancériens plus proches: copains, amis, compagnons... L'une ou l'autre pourra inciter le Poissons à saisir la prochaine occasion dorée avant qu'elle ne s'évanouisse, à plonger sans se demander si ce ne serait pas un mirage. Le Poissons sourira. Après tout, n'est-ce pas lui qui enseigna au Crabe à ne pas s'inquiéter du lendemain?

Femme POISSONS • CANCER *Homme*

Lorsque ces amoureux sont soumis à cette attraction réciproque dans leurs bons moments, c'est une bénédiction enchantée et enchanteresse. Néanmoins, aux mauvais moments, quand ils sont séparés temporairement durant les périodes noires disons-nous, cet attrait réciproque devient plus une malédiction qu'une bénédiction.

Les souvenirs alors torturent ces deux êtres, et, pis encore, la communication télépathique entre eux leur permet de savoir avec une exactitude stupéfiante à peu près tout ce que l'autre est en train de faire et de penser. Ce que l'autre pense, dans ces cas-là, est presque toujours favorable. Mais ce qu'il *fait* peut bouleverser considérablement celui qui reçoit le message télépathique, car, lorsque ces deux personnes se querellent, chacune cherche à signifier à la moitié absente du couple que cette dernière ne l'intéresse pas. Étant donné que Cancer et Poissons sont de très bons simulateurs et même d'excellents comédiens ou acteurs dramatiques, les scènes qu'ils jouent pour tromper leur partenaire peuvent être épouvantablement troublantes. Considérez, en outre, que la fille Poissons et son gentil Crabe sont doués l'un comme l'autre d'une imagination luxuriante. Cette imagination — neptunienne chez Madame et lunaire chez Monsieur — falsifie le message et lui donne une coloration fallacieuse qui provoque d'inutiles crève-cœur.

Tout mâle du Cancer se plaît à être dorloté et parfois exige de l'être. Il veut être chéri comme Maman le chérissait (ou aurait dû le chérir, peut-être). C'est vraiment très simple. Si, tout en l'aimant affectueusement, cette chère maman l'a habitué à ranger ses chaussettes lorsqu'il se déshabille, à laver sa vaisselle après chaque repas, à faire face à toutes les urgences qui se présentent à lui, bref, à vivre indépendant en toutes circonstances, émotionnellement et à tous autres points de vue, quand il partagera la vie de la femme qu'il aime ou quand il se mariera, il s'attendra à être traité avec affection et fidèlement, mais en échange il prendra sa part de toutes les corvées du ménage, de même qu'il acceptera sa part de responsabilité dans les tensions et les orages émotionnels qui se produisent toujours de temps en temps entre deux partenaires unis dans des relations étroites, qu'il s'agisse d'amant et maîtresse, d'époux et épouse, de parent et enfant ou d'associés quelconques. Alors, tous deux vivront d'une manière générale à jamais heureux, comme le promet Andersen à ses héros à la fin de ses contes. Néanmoins, s'il a été gâté par sa maman, il s'attendra que la femme qu'il aime à l'âge adulte le gâte également. Elle devra le chérir affectueusement et lui être fidèle, bien sûr, mais elle devra aussi ramasser ses chaussettes sur le plancher lorsqu'il se sera déshabillé, ne pas lui demander de participer aux corvées du ménage, faire la cuisine, être son esclave, l'adorer, le vénérer, lui dire qu'il a raison même quand il a tort, le défendre contre ses ennemis, le soutenir émotionnellement et ne jamais lui demander d'admettre la moindre responsabilité en cas de désaccord entre eux.

Par bonheur, la fille des Poissons est admirablement équipée pour ce genre de mission. Elle le comblera de tendres soins, d'attentions affectueuses, et, dans l'ensemble, elle réussira à le satisfaire, bien que cela l'oblige à étouffer sa propre personnalité et à adopter un style de vie qui n'est pas le sien. Ses rêves passeront au deuxième rang, après ceux de son partenaire, et c'est elle qui devra toujours faire les premières avances en vue d'une réconciliation après une querelle. Il pleurera sur l'épaule de sa partenaire beaucoup plus souvent qu'elle n'aura l'occasion de pleurer sur celle de cet homme quand elle sera troublée ou croira manquer de sécurité. Parce qu'elle est douée d'une superbe humilité, d'un cœur plein de compassion et qu'elle éprouve un besoin sincère de répandre le bonheur autour d'elle, enfin, parce qu'elle est foncièrement dénuée d'égoïsme, tout marchera assez bien... *si* elle lui enseigne petit à petit, avec la plus grande douceur, à mûrir au point de vue émotionnel, à le traiter comme une personne qui, elle aussi, éprouve des sentiments et a besoin occasionnellement d'être comprise. Si elle néglige de le former ainsi, de l'amener à comprendre les besoins qu'elle éprouve, elle se trouvera dans la même situation que s'est trouvée autrefois Madame Mère lorsqu'elle s'est rendu compte de la situation qu'elle avait créée entre son fils et elle. Il est malheureusement trop facile à une dame de Neptune de franchir la ligne de démarcation très étroite entre l'humilité et le masochisme, entre la soumission et le martyre.

Et puis, il y a l'autre genre de Crabe, celui qui fut franchement rejeté par son entourage lorsqu'il n'était que petit Crabillon. Peut-être s'agit-il d'un orphelin, d'un enfant adopté, ou bien ses parents avaient-ils trop à faire pour lui donner les attentions dont ont besoin tous les jeunes Cancériens. Sa mère peut avoir été une femme émotionnellement froide. Il ne se serait alors endormi qu'en pleurant, affamé de marques tangibles d'affections: la lecture d'un conte au moment où on le met au lit, des étreintes, un baiser de bonsoir sur le bout du nez. Peut-être a-t-il grandi dans la misère et se mêlèrent à ses rêves les voix inquiètes d'adultes discutant d'argent, se demandant comment joindre les deux bouts, ce qui lui inspirait un sentiment à demi conscient de culpabilité parce qu'il leur occasionnait des dépenses supplémentaires, du seul fait qu'il *existait,* qu'il était né en ce monde.

Si telle fut l'enfance du Crabe qu'elle aime, la femme du Poissons a du pain sur la planche. Elle devra assumer toutes les tâches à la fois, celle de psychologue, de psychiatre, de meilleure amie, de mère et de père (oui tous les deux), de maîtresse, tout en lui offrant la ravissante image de la féminité sur un piédestal. Un ange, voilà ce qu'elle devra être, un ange qui ne le déteste pas et ne lui tourne pas le dos lorsqu'il se conduit comme un diable. Bref, il lui faudra soigner toutes les blessures lunaires avec une patience constante, avec compassion, jusqu'à ce qu'agisse enfin la magie de l'amour dans sa mystérieuse alchimie… Alors, un jour, les yeux de cet homme s'ouvriront sur une découverte: il aura lentement mais sûrement acquis une confiance permanente en lui-même et la foi dans son propre destin. Alors seulement pourra-t-il l'aimer avec aussi peu d'égoïsme qu'elle l'aime. Une loi inflexible de la nature humaine se vérifiera: il faut s'aimer et se respecter soi-même pour pouvoir aimer quelqu'un d'autre.

La fille Poissons ne sera pas prise de panique lorsqu'elle constatera que l'homme de son cœur appartient à l'une des deux dernières catégories de Cancériens décrites ci-dessus. Elle est plus douée que la plupart des gens pour y voir clair dans les complications de toutes relations entre êtres humains. Se rendre compte des données des problèmes, importants ou minimes, et décider de les traiter patiemment et calmement, voilà encore un de ses talents neptuniens. Sa tranquillité et sa sérénité lui permettent de ne pas se laisser bouleverser à l'avance par la perspective de difficultés et d'avancer à grands pas dans sa tâche en ne faisant que le minimum d'efforts sur elle-même. Elle est toujours prête à accepter qu'une intelligence supérieure à la sienne la guide vers l'issue finale de ses espoirs et de ses rêves. Elle fera ce qu'elle doit faire pour surmonter les obstacles qui se présentent sur son chemin. Que peut-on faire de plus? À ses yeux, continuer à se ronger les sangs au sujet d'un problème à la solution duquel on a vainement appliqué toute son énergie n'est que perte de temps. Les Poissons n'ont pas la réputation de broyer indûment du noir. N'allez pas en conclure que le Poissons femelle soit complètement à l'abri des crises de chagrin et de larmes, qu'elle ne désespère jamais, qu'elle soit immunisée contre la peur et le sentiment d'insécurité. De temps à autre, elle cède à la dépression, mais elle ne tarde pas à s'en libérer d'un haussement d'épaules fataliste. Il s'agit d'un fatalisme positif qui lui restitue sa sérénité. Elle accepte simplement l'inévitable et compte qu'une destinée plus sage conduira le déroulement de sa vie à une fin heureuse.

Sa perspicacité s'ajoute à son instinct neptunien. Elle est, en effet, assez perspicace pour voir briller un diamant avant qu'il ne soit taillé et poli. Voici où son imagination l'aide considérablement. Elle peut aussi percevoir avant qu'elles se manifestent les solides vertus du Crabe qu'elle aime, ses possibilités aux nombreuses facettes, en qualité de compagnon de vie. Elle se sent à l'aise auprès de lui parce qu'il n'est ni agressif ni excessivement porté à la critique (sauf ses mauvais lundis et vendredis, il boude en raison d'un mouvement de la Lune). Il est d'une douceur qui la touche. Sa ténacité bien connue lui confère une constance de but. En outre, il a un sens évident de ses responsabilités; cela rassure sa compagne au sujet de son avenir, de son amour, ainsi que de sa propre féminité. C'est un homme doux et tranquille, elle est aussi une femme douce et tranquille. Il se trouve que la proximité de son partenaire inspire à cette femme un sentiment de paix et la certitude de bien faire ce qu'elle doit faire. Il est intelligent, et il a un sens merveilleux de l'humour. Il la fait rire et pleurer... il raconte des histoires passionnantes... il a de l'esprit et de l'astuce... il est assez changeant pour l'intriguer. Il présente un mélange bien dosé de stabilité et de caprices imprévisibles qui rend la vie intéressante, qui empêche leur amour de moisir à force d'habitudes routinières. Outre toutes ces qualités, c'est un amant galant et charmant. Il est capable de lire dans l'esprit de sa compagne (comme elle lit dans le sien) et paraît toujours savoir à quel instant il doit la prendre par la taille... quand elle aspire à s'échapper en sa compagnie vers leur monde privé de passions et de secrets, d'une intimité qu'ils partagent.

Sans prononcer un seul mot, ces deux partenaires sauront exactement quand l'heure est venue où l'expression sexuelle de leur amour doit les envelopper et apaiser les eaux troublées, de même que le fait toujours l'union naturelle de l'homme et de la femme. Un problème n'apparaîtra dans leur compatibilité physique que s'il l'amène à se retirer en elle-même et à devenir momentanément frigide, faute de lui faire comprendre combien il a besoin d'elle parce qu'il prête trop d'attention à ses craintes et à ses soucis inexprimables. Mais quand il prendra le temps de se montrer tendre, elle réagira en s'épanouissant comme une fleur sous une ondée printanière. Ce pourra être *lui* qui s'enfermera dans une carapace d'indifférence affectée si elle a été un peu sarcastique ou ferme à la fin d'une discussion. La femme des Poissons se montre en effet si rarement railleuse et «ferme» qu'une telle attitude peu choquer le Crabe trop sensible et l'incliner à se sentir rejeté. Mais ce sont là de bien petites choses, et, au bout d'un certain temps, le puissant magnétisme qui attire l'un vers l'autre Cancer et Poissons en viendra à bout et les ramènera à la plénitude, l'un dans l'autre.

Chacun à sa façon, le Crabe et le Poissons sont tenaces. La ténacité de la femme Poissons dérive du fait qu'elle refuse de croire au caractère définitif de l'échec. À ce point de vue, elle est soutenue spirituellement par un pressentiment: lorsqu'on se débat dans la confusion de difficultés, on ne saurait soupçonner que, d'une étrange manière contradictoire, ces difficultés seront les racines du bonheur quand auront mûri les fruits de l'arbre d'expérience.

La ténacité du Crabe s'explique du fait qu'il n'abandonne jamais sa quête d'une chose qu'il désire vraiment. Sa pince serrera un objet, un rêve, une personne qu'il veut intensément, avec une persévérance incroyable, que l'objet de ses désirs soit proche ou au-delà des océans. Il est difficile d'échapper à son étreinte, même lorsqu'elle s'exerce à distance… et que dire quand elle est à proximité! La fille Poissons aura beau frétiller, elle ne s'en libérera pas pour longtemps.

Mais d'ordinaire, elle ne dilapide pas son énergie à résister aux poussées et aux tractions de son homme du Cancer. Qu'il ait tellement besoin d'elle la comble. C'est même une des choses les plus ravissantes qui puissent arriver à une Poissons typique. Pourtant, il peut arriver exceptionnellement au cours de certains moments d'intimité que cette dame se sente obligée d'expliquer gentiment à son aimable oiseau loufoque que, si elle est ravie de constater qu'il a tant besoin d'elle, se sentir possédée l'opprime. L'homme de la Lune lui tournera le dos et pleurera silencieusement... il se sentira alors esseulé et doutera d'être aimé, sans jamais soupçonner que c'est sa propre maussaderie qui a incité sa partenaire à prendre la parole pour défendre sa personnalité. Elle s'empressera de le consoler en disant: «Je regrette. Je n'avais aucune intention de te peiner. Tu es, crois-moi, la seule personne que j'aime en ce monde. Viens, allons ensemble faire un vœu sur la Nouvelle Lune!» Le Crabe se détendra visiblement, rira, le saisira de nouveau dans sa pince tenace et dira joyeusement: «D'accord, allons-y. Je parie que j'ai deviné ce que tu vas souhaiter.»

Alors la femme Poissons sourira tendrement et dira: «Évidemment. Tu devines toujours tous mes secrets. Je sais, moi aussi, ce que tu vas souhaiter.» Le Crabe en frémira d'extase et soufflera: «Chut! N'en dis rien à personne.» Elle promettra sur son honneur d'être aussi muette qu'une tombe... et les voilà partis vers la prairie où ils lèveront leurs regards vers le ciel et chanteront une incantation à la Nouvelle Lune.

Mais le Cancer ignorera qu'il s'est trompé au sujet du vœu que formule mentalement sa compagne. Il est bien des choses que Neptune ne confie jamais à la Lune. Oui, c'est ainsi, les Poissons ne disent jamais tout ce qu'ils ont sur le cœur et ne se l'expriment à eux-mêmes que dans un langage codé. Son partenaire cancérien fait d'ailleurs de même. Il ne partage pas toutes ses pensées avec elle. Il se contente de feindre la franchise absolue.

Maintenant, je vais vous révéler à tous le secret le plus étroitement gardé de cet homme et de cette femme. S'ils aiment tant à jouer ensemble au jeu des énigmes, c'est parce qu'ainsi chacun est sûr que son (ou sa) partenaire ne cessera jamais de s'intéresser à lui (ou elle).

Homme POISSONS • CANCER *Femme*

La double influence de Signes d'Eau sur ceux qui s'aiment, tels que la Demoiselle de la Lune et l'homme de Neptune, exerce de bien des façons un attrait magnétique et insistant, plus vigoureux que les autres associations dans les mêmes Éléments. L'essence mystique de l'Eau qui fait partie de leur nature est sensible, absorbante… elle reflète les images de l'un à l'autre… de telle sorte que souvent leur idylle prend une qualité onirique, quel que soit le nombre d'années qu'ils passent ensemble. S'il leur arrive de se quereller et de se séparer pendant un certain temps, ils se manquent l'un à l'autre beaucoup plus que dans le cas d'autres amoureux séparés momentanément… Le vide est plus grand pour eux. Le besoin de retourner l'un vers l'autre et de se pardonner réciproquement se fait sentir d'une manière intense. Un Crabe et un Poissons récemment séparés l'un de l'autre sont deux personnes extrêmement tristes et déprimées.

Qu'ils reprennent courage, parce que leurs chances de réconciliation sont excellentes… pourvu qu'elle cesse de bouder et qu'il cesse de rechercher à s'échapper de lui-même: solution vouée à l'échec, évidemment. Il est impossible d'échapper à soi-même, aussi impossible que d'éviter d'une manière permanente le contact avec l'autre *moitié* de soi-même. S'il y avait plus d'un aspect négatif entre leurs Luminaires et Ascendants, Mars et Vénus, dans leurs thèmes de naissance, peut-être resteraient-ils séparés. Mais le souvenir subsisterait…

L'Eau est le plus mystérieux de tous les Éléments. Depuis quelque temps une petite «méditation sur l'Eau» étincelle dans mon esprit, sans que je la sollicite. Voilà une chose qui présente une importance symbolique pour tous les amoureux Cancer-Poissons assez perspicaces pour lire entre les lignes et voir leurs propres relations se refléter dans cette allégorie. C'est une espèce de test de leur sensibilité à la leçon cachée du macrocosme et du microcosme, le premier étant ma méditation sur l'Eau et le second leur propre idylle ou leur ménage. La réponse figure à la fin de ce chapitre. En général, ces éclairs de révélation qui sillonnent mes réflexions se produisent lorsque je bois un verre d'eau glacée alors que j'ai exceptionnellement soif, quand je nettoie les taches d'encre d'une plume ou d'un ruban de machine sur mes mains avec du savon et de l'eau, puis que je les essuie sur une serviette, ou encore que, sous la douche, je rafraîchis, ravigore mon âme autant que mon corps avec l'eau tiède qui coule sur moi. Lorsque cette «méditation sur l'eau» apparaît soudain dans mon esprit, c'est comme une lumière blanche, éclatante, pourtant verte aussi, qui apporte une odeur enivrante. Je pense alors aux ruisseaux de Scorpion, Cancer et Poissons coulant dans les bois paisibles. Puis je réfléchis sur le miraculeux pouvoir de l'eau *qui renouvelle* notre *besoin* fondamental et urgent de ce breuvage. Que deviendrais-je sans cette eau? Comment pourrais-je supporter de savoir qu'il n'y a plus d'eau pure? Plus d'eau à boire pour apaiser sa soif, plus d'eau pour se laver les mains, plus d'eau qui nous coule sur le corps lorsqu'on est sous la douche. L'eau! L'eau fraîche au chant mélodieux et doux, l'eau qui efface tout ce qui est négatif, laid, sale... qui laisse tout neuf, propre et brillant. Je pense aux frêles aiguilles d'une pluie légère au parfum frais, qui tombe du ciel sur le visage que je lève vers lui. Ensuite, je passe aux dernières horreurs de la Terre: pluies acides et neige. Voilà la pire menace qui pèse sur notre environnement en ce siècle ou dans un autre. Danger dû à la pollution par les fumées industrielles, les tuyaux d'échappement des automobiles, les déchets nucléaires, le charbon sulfureux... pollution sans cesse croissante. Dès aujourd'hui, bon nombre de lacs ne contiennent plus que des poissons morts, tués par les pluies «acides»... plantes mortes aujourd'hui et qui naguère vivaient et verdoyaient... pluies qui tombent sur d'innombrables arpents de terre. Voilà moins de dix ans, la «pluie acide» ne présentait de danger que pour certains pays européens dont le sol montagneux ne pouvait maîtriser les acides, pour quelques parties du Canada et certains secteurs du nordest des États-Unis. Désormais, virtuellement, *toutes* les pluies qui tombent à l'est du Mississippi et dans certaines parties de la Californie méridionale présentent un pH inférieur au niveau de sécurité et approchant rapidement du degré fatal aux poissons et aux plantes. L'érosion atmosphérique des bâtiments et des monuments de métal et de pierre s'accélère d'une manière alarmante sous ces pluies.

Humains... qui expédiez poisons et pollutions dans les nuages... aujourd'hui dans une proportion tellement monumentale que les nuages ne peuvent plus combattre pour nous et que nous sommes impuissants devant les «pluies et les neiges acides»... pareilles à des précipitations de mort lente mais absolument certaine. Et pourtant... on ne fait rien pour y mettre un terme, cependant bon nombre de parlementaires grattent symboliquement «la harpe de Néron». À cause de leur apathie et aussi de l'apathie publique, nous allons peut-être perdre Sœur Eau et Sœur Air, et il ne nous restera plus que Frère Terre et Frère Soleil qui, à eux seuls, ne sauraient nous sustenter quand la «douce pluie du ciel» ne nous apporte plus que destructions et n'est plus capable de purifier. La réalité de la «pluie acide» est effrayante.

Ce tableau épouvantable nous fait sentir que nous sommes en train de perdre quelque chose de précieux... C'est exactement ce que ressentent Mᵐᵉ Cancer et M. Poissons lorsqu'ils se perdent l'un l'autre après s'être profondément aimés. Que diable ferait-il en ce monde s'il la perdait? Que se passerait-il si la douce pluie de ses larmes de joie devenait la pluie acide de l'amertume? Comment pourrait-elle vivre sans lui? Le Crabe femelle et le Poissons mâle ressentent des émotions d'une intensité qui dément leur aspect extérieur plein de réticences et de calme. De même que dans ma nouvelle et sincère idylle avec l'Eau, quand l'énormité d'une telle perte frappe la dame lunaire et l'homme de Neptune d'une manière épouvantable et choquante, celle de la réalité, quand soudain elle frappe *dur* pour prouver qu'elle est réelle et *pas seulement* un «peut-être brumeux». Alors leur esprit, leur cœur et leur âme sont tous trois submergés inopinément par une telle poussée d'émotions difficiles à exprimer, parce que l'idée de cette possibilité étouffe leur intelligence et paralyse totalement leurs sentiments.

Raison de plus pour que la Demoiselle de la Lune et son Poissons fassent un effort pour empêcher leurs quelques différences de personnalité de grandir au point d'oblitérer l'intérêt qu'ils se portent l'un à l'autre. Heureusement, les différences sont relativement minimes et peuvent être effacées en douceur à partir du moment où elles sont avouées et légèrement adoucies. Étant donné qu'ils aiment tous les deux les fins heureuses, nous nous pencherons d'abord sur leurs difficultés puis, tout à fait à la fin, nous leur rappellerons les océans de bonnes choses qu'ils partagent et qui rendent si puissante leur chimie romanesque.

Le premier épouvantail que nous apercevons lorsque nous jetons un coup d'œil dans leur jardin est fait de choses étranges. De quoi pourrait-il s'agir? À coup sûr pas de paille, matériau qui par tradition sert à façonner des épouvantails. C'est vert, légèrement souillé, ridé, passé, avec quelques morceaux de métal attachés de-ci de-là. Savez-vous ce que c'est? L'argent. En réalité, il vaut mieux à longue échéance que la paille et le foin. L'épouvantail de l'argent peut épouvanter quelques dames du Crabe et le Poissons de leur cœur, car il est capable de dresser un mur entre eux.

Elle aime à le garder, l'épargner, l'accumuler, en fourrer des quantités à la banque, comme elle en bourrait des sacs, puis elle le regarde grandir, grossir, se multiplier en vertu de la loi de l'investissement. Si

elle est une représentante type de son Signe solaire, elle est normalement plus qu'un peu économe, et elle pourrait reprocher avec acrimo-
nie à son partenaire de ne pas assez s'affairer à en rafler des masses, de
peu s'en soucier, de le répandre autour de lui, parmi ses amis qui en ont
besoin, de dépenser de grosses sommes pour ses multiples rêves, ses
nombreux projets... Et pourquoi se montrer aussi généreux en pourboires aux garçons, aux serveuses, aux chasseurs, aux portiers, aux porteurs... à tous ceux-là?

Si la Lune ou l'Ascendant de Monsieur sont en Cancer et si ceux de
Madame sont en Poissons, il se montrera moins prodigue et elle moins
prudente. L'épouvantail sera moins effrayant. S'il n'en est pas ainsi, il
devra s'efforcer de comprendre qu'en réalité elle n'est pas avare, mais
seulement soucieuse de leur sécurité dans un monde qui devient, il faut
bien qu'il l'avoue, de plus en plus inquiétant. De son côté, elle devra
s'efforcer de comprendre qu'un souci excessif de l'argent nuit à la liberté
créatrice et à l'imagination de son partenaire. Chacun doit donc avoir
son propre compte courant et ne pas se mêler de celui de l'autre.
(Même ainsi, il s'inquiétera probablement moins du relevé mensuel de
sa partenaire qu'elle se souciera du sien.)

Un autre épouvantail pointe au clair de lune. Toute chose est toujours plus mystérieuse et effrayante ou ravissante au clair de lune. Cet
épouvantail s'appelle Caprice: défaut que chacun reprochera à l'autre.
Il se retire dans le silence neptunien pour méditer, elle se fâche parce
qu'il refuse de lui dire à quoi il pense. Ou bien... elle retourne en ram-
pant dans sa carapace de Crabe pour bouder, en proie à une mélancolie
inexplicable à la Lune décroissante, et ceci déprime son partenaire parce
que l'homme des Poissons, comme je l'ai déjà indiqué, est une «éponge
psychique» qui ne peut s'empêcher d'absorber tous les sentiments des
gens qui l'entourent. De son côté, la dame cancérienne est un «réflec-
teur» de sentiments influencés par les phases lunaires. Elle restitue les
sentiments des gens qui l'entourent comme une plaque photographique.
(Ce n'est pas par hasard que la plupart des Crabes, s'ils ne sont pas
photographes, s'intéressent à la photographie.) Elle *reflète* donc les silences de son partenaire, et il *absorbe* la mélancolie de sa compagne.
Quand elle se tait, il est curieux de ce qu'elle pense, bien que sa curiosité
soit plus voilée que celle de Madame. Ces deux personnes aiment à garder
leurs secrets, tout en désirant connaître ceux d'autrui. Chacun est habile à
tirer les vers du nez des autres tout en bouclant leurs propres secrets à

l'abri des questions. Quand ils reconnaissent ce trait de caractère qu'ils partagent, ils peuvent apprendre à en rire et l'empêcher de susciter des tensions entre eux. La fille Crabe possède un sens aigu de l'humour propre à l'oiseau loufoque de la Lune, voilà une grâce salvatrice contre bon nombre de leurs problèmes.

À moins d'afflictions exceptionnellement graves entre leurs Luminaires et Ascendants dans leurs thèmes de naissance comparés, aucun «épouvantail sexuel» ne pourrait les effrayer dans leurs amours. Normalement, Cancer et Poissons sont admirablement appareillés au point de vue physique. Leur union sexuelle leur donne une joie rare, celle qui ne consiste pas seulement à recevoir et à donner, mais à échanger le don de satisfaction. Bien des amoureux ne saisissent pas cette nuance. Or, ces deux personnes sont si étroitement accordées l'une à l'autre, même par télépathie, que leurs besoins, désirs, passions leur apportent une paix profonde, apaisent leurs frémissements... et par la suite, quand ils sont redevenus deux individus distincts, leur unicité subsiste dans leur regard, comme le souvenir d'une magie trop profonde pour être communiquée en paroles et qu'il vaut mieux réserver à une connaissance intime et silencieuse.

Il prête sincèrement l'oreille avec une extrême patience, aux craintes et aux appréhensions saisonnières de Madame. Elle recouvre les hivers de doute de soi qui tenaillent Monsieur, avec une couverture chaude et tendre d'attentions. Se rappeler ma «Méditation sur l'Eau» peut protéger leurs relations. De même, ils doivent se rappeler combien ils ont besoin l'un de l'autre et avoir conscience de la possibilité impensable de perdre la sécurité de leur interdépendance particulière. Chacun est extraordinairement sensible aux idées de l'autre, littéralement capable de lire dans son esprit. La nature réfléchissante de Madame et la nature absorbante de Monsieur sont un danger constant de pollution mentale et émotionnelle. S'ils permettent à leurs frustrations de s'élever ou de tomber au-dessus ou au-dessous du pH de sécurité qui assure la tranquillité, les nuages de tension peuvent déverser sur eux une «pluie acide» de ressentiments, dépit, recherches égoïstes qui tuent le bonheur tout aussi sûrement que la pluie acide anéantit dans la nature poissons et plantes. La nouveauté rafraîchissante de l'amour, comme la bénédiction d'une averse d'été qui sent délicieusement l'herbe, mérite protection.

POISSONS
Eau - Mutable - Négatif
Régi par Neptune
Symbole: les Poissons

Forces nocturnes - Féminin

LION
Feu - Fixe - Positif
Régi par le Soleil
Symboles: le Lion et
le Timide Minet
Forces diurnes - Masculin

Les relations

Avant de nous engager dans ce chapitre, autant préciser clairement qu'aucun Poissons, ni mâle ni femelle, ne parviendra jamais à conquérir un Lion ou une Lionne. C'est tout simplement impossible et contre tous les préceptes de l'astrologie et de la nature. Alors comment se fait-il que nous voyons tant de Poissons fréquenter des natifs de Lion? Parce que se laisser conquérir n'est pas tellement désagréable pour les Poissons, quand les Gros Chats sont les vainqueurs. Voilà l'explication.

Les Lion sont normalement généreux envers les vaincus, ils se conduisent en monarques bienveillants, exempts de cruauté et de malice (qualité qu'ils compensent souvent par l'arrogance). Le Poissons, quant à lui, préfère être dominé, pourvu que ce soit affectueusement, ce que font presque toujours les Lion. Se soumettre à une domination, vous voyez, rend la vie plus facile. Quelqu'un leur dit ce qu'ils doivent faire; cela leur laisse beaucoup de temps pour s'abandonner à des rêveries neptuniennes et les libère de leurs responsabilités, de leurs obligations. Le Poissons se plaît à nager librement en laissant à une autre personne le soin d'établir le programme de ses voyages à venir vers l'amont ou vers l'aval, pourvu que cette autre personne le fasse de bon gré. Les Poissons n'y tiennent pas, au contraire. Ils considèrent que conquérir et dominer sont des occupations fastidieuses dans lesquelles on dépense beaucoup d'énergie et pour lesquelles il faut un ego plus vigoureux que le leur en général.

Il y a des exceptions, évidemment. Quelques Poissons rêvent, dans leurs moments de bizarrerie, de conquérir un Lion ou une Lionne. Cela s'explique sans doute par le fait que l'horoscope de ces Poissons présente une position planétaire comportant Mars en Bélier et ce serait pourquoi ils préfèrent commander plutôt qu'obéir. Il est en effet parfaitement exact que Mars exerce une influence formidable par l'intermédiaire de son Signe naturel Bélier, et qu'une telle conjonction rend les Poissons moins humbles, moins accommodants. Mais en dépit de sa puissance, de son courage et de son audace, Mars ne vaincra jamais et ne dominera évidemment pas Apollon le rayonnant, le Dieu Soleil. Reprenez votre mythologie grecque et étudiez-la de nouveau. Aucune planète, pas même le terrible Pluton ni le sévère Saturne, ne possède la force qui donne la vie comme le Soleil. Si ce puissant Luminaire exerce son autorité dans la zone des Poissons au moment de la naissance, on a affaire à un Poissons, un point c'est tout… et qu'importent les bouffées périodiques de bravades martiennes. Foncièrement et essentiellement, quand on a compté les points et que la partie se termine, le Poissons n'est jamais qu'un Poissons.

La position du Soleil au moment du premier souffle, telle est la clé de la véritable essence de chaque personne pour la simple raison que le Soleil détient la plus puissante influence du ciel et, par conséquent, de l'horoscope. En outre le Soleil se trouve être le véritable maître du Lion. Nous voilà à notre point de départ après avoir décrit un cercle complet en ce qui concerne la question de qui dominera l'autre dans ce couple. Quelle que soit la manière dont vous considérez le tableau, vous voyez, c'est évident, que le Lion gouvernera le Poissons. Le Poissons dont le thème de naissance comporte des vibrations plus positives (telles que Mars en Bélier ou Lune en Bélier) pourra opposer quelques défis au Lion ou à la Lionne. Mais quel espoir pourrait leur conférer une telle assistance planétaire à la naissance contre le roi ou la reine Lion. Même ceux qui à leur naissance avaient le Soleil en Bélier (comme moi) doivent finir par se soumettre à la supériorité léonine pour conserver la paix. Appréciation et admiration ne manquent jamais de rehausser la nature ensoleillée des natifs du Lion. Or personne n'apprécie et n'admire avec plus de charme que les Poissons. Réciproquement, les chauds rayons du Soleil léonin ne manquent jamais de faire éclore les fleurs délicates de la personnalité neptunienne propre aux Poissons, à laquelle il faut la tendresse et les attentions que les Lion savent leur prodiguer affectueusement et en les protégeant. Il résulte de tout ce qui précède que — sauf en cas de graves conflits entre leurs Signes lunaires, leurs Ascendants ou leurs aspects Soleil-Lune — chacun de ces deux partenaires encouragera l'autre à révéler ce qu'il y a de meilleur en lui; ils se compléteront réciproquement et trouveront ensemble abondance de joies et de confort.

De tels couples ne sont pas rares, car le Poissons peut apporter beaucoup de tendresse et de perspicacité dans la vie du Lion alors que ce dernier peut fournir une large mesure de sécurité, émotionnelle particulièrement, mais aussi sur d'autres plans dans la vie des Poissons. Mais un Lion peut avaler un Poissons quand il est las de jouer. Ces deux personnages ne sont donc pas compatibles par nature et ne trouveront l'harmonie que s'ils la cherchent en s'efforçant sincèrement de la trouver. Lion se sent chez lui dans une jungle chaude et sèche; Poissons, dans des eaux fraîches et ombragées. Voilà des différences considérables. L'un des deux doit donc abandonner, au moins symboliquement, son environnement familier pour rester auprès de son partenaire. Prenons le cas du Lion. Si son Ascendant ou sa Lune se trouvent dans un Signe d'Eau, il lui sera plus facile de renoncer à la vie dans la jungle pour plonger dans les eaux profondes de Neptune. De son côté, si l'Ascendant ou la Lune du Poissons se trouvent dans un Signe de Feu, il lui sera plus facile de respirer librement sur une terre sèche et de rôder auprès de son noble Lion ou de sa noble Lionne sans aspirer à s'échapper, pour plonger dans l'océan de l'oubli émotionnel.

L'association Poissons-Lion offre la possibilité de créer des relations satisfaisantes, comportant tout l'attrait que la puissance extérieure exerce sur la puissance intérieure... et vice versa. Étant donné que le Poissons possède une noblesse spirituelle intérieure comparable à la noblesse et à la dignité fort apparentes de la personnalité léonine, ils peuvent, s'ils s'y efforcent, fort bien se débrouiller ensemble, sur n'importe quelle scène de l'existence, que ce soit celle des affaires, de l'amitié, du cercle de famille ou de l'union conjugale.

Pour le Poissons, le Lion présente la sixième maison, celle du service. On conçoit donc que le Lion éprouve un besoin exceptionnel de servir le Poissons d'une manière quelconque, ce qui n'est pas un comportement normal pour les Gros Chats et qu'il ne manifeste jamais envers les natifs des autres Signes solaires. Cela ne contredit évidemment pas son syndrome de supériorité mais le dilue quelque peu. Après tout, les monarques servent leurs sujets avec grâce et continuellement, mais ils n'en restent pas moins majestueux.

La plupart des Poissons ne décident qu'à grand-peine ce qu'ils désirent être ou faire. Ils écoutent volontiers les conseils d'à peu près tout le monde et ne les suivent que pendant quelque temps... ou pas du tout. Voilà le point précis où commencent les ennuis. Le Lion doit être obéi ou souffre énormément. Étant donné que le Poissons ne peut supporter de voir quelqu'un souffrir, et que le Lion supporte aussi mal de voir qui que ce soit errer sans but, nous nous trouvons au fond d'une impasse. Où le Lion boude et le Poissons pleure.

Poissons est souvent tenté par deux possibilités à la fois qui l'attirent et l'intriguent autant l'une que l'autre. Lion devrait lui permettre de tenter sa chance dans les deux voies simultanément si nécessaire, parce que le Poissons a besoin de temps et d'une grande liberté de mouvements pour procéder à des expériences multiples, afin de se trouver lui-même (ou elle-même). Le Lion (ou la Lionne) fait preuve de sagesse quand il accorde de telles permissions au Poissons, mâle ou femelle. Or nous savons qu'outre sa dignité innée, le Lion est doué de sagesse. (Il m'a semblé utile de plaider ici pour les Poissons qui ne sont pas particulièrement adroits à défendre leurs points de vue.)

Quelle que soit la nature de leurs contacts quotidiens avec les Lion, les Poissons ne doivent jamais oublier que des manifestations sincères d'appréciation (flatteries) apaiseront plus facilement le fauve que bouderies, larmes ou silence. De son côté, le Lion doit se rappeler que la gentillesse est l'appât le plus sûr pour attirer le Poissons hypersensible et qu'affolent les rugissements majestueux; il bat alors frénétiquement les nageoires et ne respire plus qu'à grands efforts. Il n'est pas difficile à ces deux personnes de s'ajuster l'une à l'autre et de trouver ensemble le bonheur, à condition que chacun manifeste ses qualités positives au lieu de ses défauts.

Le Lion s'attend évidemment à avoir la haute main dans les questions d'argent et il l'exigera même à juste titre puisqu'il est un organisateur-né. Mais il est aussi dilapidateur. D'autre part, le Poissons est souvent étonnamment habile à pénétrer l'imbroglio des affaires financières. Cependant il n'éprouve pas un respect immodéré pour l'argent. Il serait donc préférable que chacun tienne à son tour la caisse pour en régler les entrées et les sorties. L'attitude neptunienne envers à peu près tout présente un caractère plus intuitif que rationnel. Cela irritera infailliblement les gens gouvernés par le Soleil, pour qui la raison seule présente un fondement sensé de toute opinion et de toute action. Voilà une pierre d'achoppement. Il y en a d'autres. Organiser sa vie selon une routine sans accroc, voilà ce qui vient naturellement à l'esprit du Lion, né sous un Signe fixe d'organisation. Pour le Poissons, cependant, l'ordre et la discipline indispensables à la bonne organisation ne viennent pas naturellement à l'esprit.

Un Poissons peut parfois trouver l'issue correcte d'une situation tellement embrouillée que le Lion en perd la tête. Loin d'être reconnaissant, ce dernier sera outré et même furieux. L'indigne tout autant le carnet de chèques sur les talons duquel on n'a rien marqué, le bureau en désordre, la maison mal tenue. Il veut une place pour chaque chose et chaque chose à sa place. Au contraire, le Poissons estime qu'organiser chaque chose dans ses moindres détails à chaque heure de la journée et tous les jours, en un système rigide, équivaut à gâcher son existence. Il se sent toujours plus à l'aise quand il est entouré d'un décor confortablement chaotique. Pour ne pas le vexer nous dirons seulement: pas trop ordonné.

Il est rare que, placé devant une situation conflictuelle, un natif des Poissons accepte et encore moins provoque la confrontation. Malgré leur caractère aquatique, hommes et femmes de Neptune se noient dans l'insécurité. Les Poissons dont nous avons parlé plus tôt, ceux dont l'horoscope présente quelques vibrations positives, telles que Mars ou la Lune en Bélier, peuvent subir quelque temps sans dommages l'assaut de vagues furieuses ou les outrages de la torture ou encore un traitement injuste. Mais cela ne dure pas. Même ceux-là finiront par nager vers des baies et des anses plus calmes. L'évasion, telle est inévitablement leur solution finale. Il est difficile d'épingler un Poissons; Neptune gouverne entre autres choses les gaz, impossibles à confiner quand ils veulent se libérer.

L'astrologie chuchote que certains Poissons deviennent des orques dévorantes. C'est exact. Neptune organise en effet des mutations inexplicables. Mais ces rares Poissons carnivores, capables d'avaler à l'occasion quelques Crabes ou du menu fretin, ne pourront imposer aux Lion le rôle de Jonas. Ou bien le Lion sort du combat triomphant ou bien le Poissons file à la nage. Bien que dans leur ensemble, les Poissons nous donnent l'impression d'être évasifs et prompts à la fuite, les Gros Chats sont habiles à traquer les créatures qui se croient en sécurité hors de leur portée...

jusqu'à ce que la patte léonine les cloue inopinément au sol. La fin de tout affrontement sérieux entre Lion et Poissons est donc prévisible.

Les Lion qui désirent vivre paisiblement et harmonieusement avec un Poissons doivent aider ces derniers à venir à bout de la dualité propre à Neptune, les consoler tendrement, appliquer des baumes apaisants sur leurs insécurités émotionnelles et les conduire gentiment hors des brouillards ténébreux où ils rêvassent, pour les mener au soleil de la vérité et de la réalité. Vous voyez combien les astres sont sages? Comme je l'ai dit au début de ce chapitre, le Lion devra être le maître du ménage ou de l'association, et cela vaudra mieux pour les deux partenaires. Les Poissons ont besoin d'une solide épaule sur laquelle ils s'appuient, d'une main à tenir quand ils cherchent leur chemin à travers les fourrés de l'existence, par crainte des dangers tapis dans le sous-bois et qui pourraient bondir sur eux inopinément. Qui est le plus fort pour faire face à de tels périls sinon le Lion? Le Lion protège. Les Poissons admirent... avec une gratitude touchante N'est-ce pas ravissant? Quelle belle journée! Il ne pleut pas. Et s'il pleuvait, le Poissons, mûr spirituellement, peut enseigner au Lion comment on évite d'être trempé par les averses inattendues de l'existence. Après tout, un service en vaut un autre.

Femme POISSONS • LION *Homme*

Naturellement, toutes les natives des Poissons ne se soumettent pas en tremblant à l'autorité de leur mari ou amant Lion; mais la plupart d'entre elles éprouvent au moins un respect salutaire pour leur Lion et ne cherchent guère à susciter ses rugissements. Cela vaut également pour les filles Poissons dont le thème de naissance présente une Lune ou un Mars en Bélier, c'est-à-dire le Poissons femelle du type orque carnivore. En ce qui concerne ces dernières, ce n'est pas par crainte qu'elles agissent prudemment mais parce qu'elles sont fermement déterminées à éviter à tout prix les scènes épuisantes, les rugissements spectaculaires et assourdissants suivis par des bouderies glaciales: comportement du Lion lorsqu'il ressent dans sa patte la piqûre du manque de respect.

La native type des Poissons (pas la carnivore), liée à un mâle du Lion, sait d'instinct qu'elle doit se soumettre à Sa Majesté. Quoi qu'elle en dise, elle en est consciente et ne se soucie nullement des conseils des amis bien intentionnés qui lui reprochent de ne pas «lui tenir tête une bonne fois pour toutes». Les Poissons sont trop sages et connaissent trop bien le cœur humain pour recourir à des méthodes qui pourraient leur aliéner l'affection de leur partenaire.

Considérez l'exemple d'Anna, l'institutrice anglaise qui défia avec succès le roi de Siam. Peut-être son horoscope présentait-il Mars en Bélier, car elle combattit vaillamment pour défendre sa personnalité contre l'arrogance d'un monarque léonin d'ailleurs chaleureusement généreux. Cela ne lui servit pas à grand-chose, au moins apparemment, au cours de ses nombreuses confrontations avec Sa Majesté. Le roi admirait secrètement le cran de la belle. Néanmoins il resta le maître de leurs relations jusqu'à la fin. Il faut plus que du cran pour venir à bout d'un monarque. Il faut sentir — comme le montra clairement notre Poissons Anna — la vulnérabilité touchante tapie derrière le besoin parfois pathétique d'autorité des Lion. Je pleure toujours des seaux de larmes à la fin du film (ou du livre) où le monarque mourant ordonne à Anna de se soumettre servilement en signe d'adoration et de respect, comme l'un de ses plus humbles sujets, quand bien même son cœur s'adresse à elle par le regard. Or elle se soumit. Oui, Anna était sûrement un Poissons avec Mars en Bélier. Elle conservait sa dignité tout en comprenant ce qui se passait chez l'homme orgueilleux qu'elle aimait. Elle se soumit donc.

Très sentimental, le Lion est aussi un incurable romanesque. Seul le Taureau mâle peut l'être plus que lui. Cela explique pourquoi la féminité du Poissons femelle peut frapper le Chat, le séduire et l'amener jusqu'à l'adoration. Ce n'est qu'un phénomène passager, car il n'abdiquera jamais le trône définitivement et ne lâchera jamais son sceptre d'or. Cela vaut autant pour les Timides Minets que pour les Lion rugissants. On peut les manœuvrer, les diriger… mais jusqu'à un certain point seulement, au-delà on sent le choc de leur vigoureuse patte griffue.

Il est bon de garder présent à l'esprit le fait que le Lion est un Signe de Feu et le Poissons un Signe d'Eau. Comme je l'indique au chapitre *Le mélange des Éléments*, à la fin de cet ouvrage, le Feu craint secrètement d'être éteint par l'Eau. Quel que soit l'acharnement du Lion à gouverner en seigneur la native des Poissons qu'il aime, il tremble en son for intérieur par crainte qu'elle éteigne son enthousiasme enflammé. Or le même phénomène agit en sens inverse: le Signe d'Eau Poissons sent qu'il peut être déshydraté par trop de Feu. Si l'amour dure entre ces deux personnes, il finira par s'établir dans un sentiment de respect réciproque, comme dans tous les cas des combinaisons Feu-Eau, étant donné que chacun sait que l'autre peut détruire son essence. En dépit de cette réserve réciproque vous pouvez parier que le Gros Chat restera le même sur le plan émotionnel, au moins superficiellement.

En raison de sa nature intime, cette femme ne cherchera guère à diriger un homme, surtout pas brutalement. Elle recourra beaucoup plus vraisemblablement à la persuasion insistante, agrémentée de flatteries subtiles. Si elle n'obtient pas satisfaction, elle se retranchera dans un silence distant, indiquant qu'elle est vexée ou blessée; le résultat pourra fort bien être fâcheux car le Lion est trop franc, trop ouvert pour comprendre de telles manœuvres et l'attitude de sa partenaire peut le précipiter dans des fureurs de frustration. Mieux vaut donc qu'elle s'en tienne à la flatterie adroite qui convient parfaitement au Lion. Dans le cas contraire, il y a risque de rage frénétique et cataractes de larmes.

Le Lion incline à idéaliser l'objet de son amour au-delà de l'imaginable, s'il ne va toutefois pas jusqu'à en faire une déesse. Hélas! il entend que la malheureuse se montre digne de l'image qu'il se fait d'elle. Pis encore, il lui est difficile de reconnaître en sa partenaire une personnalité distincte de lui-même. Il la considère plutôt comme son propre reflet, embelli encore par l'idéalisation. Cela amène parfois sa Poissons à désespérer d'être capable de rester sur le piédestal où il l'a posée. Qu'arriverait-il s'il remarquait ses pieds d'argile? Seuls un Scorpion ou un Bélier mâles peuvent attendre autant d'une femme qu'un natif du Lion.

Comme tous les sujets d'un Signe de Feu, le Lion a le sens du drame et possède en général l'heureuse aptitude à exprimer verbalement ses sentiments avec délectation et perspicacité. La femme Poissons ne s'exprime pas aussi aisément. Après s'y être efforcée en vain pendant un certain temps, elle abandonnera la partie et prendra la ligne de moindre résistance, autrement dit l'évasion. Sous une contrainte émotionnelle trop accablante ou sujette à une désapprobation constante, le Poissons, mâle ou femelle, incline à disparaître purement et simplement. Plus d'un Lion, après avoir prononcé une insolente admonestation, daigne abaisser son regard vers sa victime tremblante pour vérifier si elle a été châtiée et humiliée à souhait... et ne voit plus que vide à l'endroit où la fille Poissons se tapissait en souriant avec patience. Où est-elle passée?

Elle est partie. Loin, très loin.

Je connais en Ohio un Lion dont la brillante et douce épouse Poissons finit par ne plus pouvoir supporter une seule admonestation léonine de plus. Elle décida donc en larmes de le quitter pour préserver sa personnalité bien qu'elle l'aimât tendrement. Trop imbu de lui-même, il remarqua à peine son départ et s'en aperçut seulement quand, arrivée à New York, son épouse engagea une procédure de divorce.

Certes, la perte de cette «sujette», jolie, soumise et délicieusement féminine, qu'il aimait tendrement désola notre Lion, mais il fut beaucoup plus affecté par le fait qu'avant de prendre une mesure aussi grave elle ne lui avait pas demandé son avis. Il souffrit sincèrement et on ne pouvait s'empêcher d'être touché par sa défaite. Nul n'est plus pathétique qu'un Lion blessé par la désertion de la compagne qu'il adorait. Seul, le cœur vraiment brisé, il caresse son amour-propre froissé aussi discrètement que le fauve blessé lèche ses plaies. Elle lui manquait et il croyait qu'elle ne s'en rendait pas compte. Il avait tort, évidemment. Étant une Poissons, elle savait quelle douleur il endurait et elle en souffrait elle-même. Comme l'entend le destin des natifs du Lion, celui-là ne resta pas seul longtemps. Sa native des Poissons fut remplacée après un délai respectable par toute une succession d'adoratrices heureuses de trouver auprès de lui une épaule protectrice à laquelle s'appuyer et un cœur chaleureux.

Toutefois ses amis intimes constataient qu'il n'était plus tout à fait le même. Sa ravissante épouse piscéenne aux cheveux noirs possédait les qualités neptuniennes élevées au maximum dans leur sens positif: intelligence, esprit, douceur, compassion, tressés avec les fils d'or de son honnête admiration et de son respect pour le Lion de son cœur: admiration et respect qui lui permirent de passer outre à ses défauts... jusqu'à ce qu'elle en eût ras le bol.

Sans tenir compte des idylles de ce Lion avec ses consolatrices, je me surpris à espérer que sa femme reviendrait à la nage pour lui tomber dans les bras. Voyez comme sont les Lion. Ils parviennent à s'assurer votre sympathie, même quand ils ne la méritent pas. Les vœux sincères pour un miracle de bonheur que je faisais à l'intention de ce Lion abandonné furent exaucés d'une manière inattendue, *pas* par la réconciliation avec sa dame neptunienne. Abracadabra... magie! Il trouva une autre femme menue, jolie, aux cheveux noirs, qui possédait presque le même mélange d'esprit, intelligence, douceur et compassion, tissé de même avec les fils d'or d'une admiration et d'un respect sincères, pour ses talents, son caractère et ses possibilités. Certes ce n'était pas un fantôme de son ancien amour mais un rayon de soleil vibrant et admirable... elle pénétra discrètement, petit à petit dans sa vie... et finalement dans son cœur... pour y soigner de vieilles plaies.

Espérons que sa mésaventure lui servira de leçon, car c'est un Gros Chat cordial, aimable, dont le sourire chauffe le cœur de ses proches, doué d'un courage admirable et d'esprit créateur. Le profond chagrin qu'il a éprouvé lui donne droit à la grâce d'amour: une paix et une satisfaction durables... et aussi toujours l'épice d'un défi sans lequel les natifs de ce Signe fanent *littéralement.* Sa nouvelle compagne est nettement capable de lui fournir tout cela et même plus sans doute. Quant à sa fille des Poissons, vive et tendre d'autrefois, il y a bien longtemps... elle a flotté vers d'autres eaux étincelantes, semées d'arcs-en-ciel qui promettent le bonheur pour demain.

Les fins heureuses sont tellement admirables! Nous devrions tous prier pour que chaque Lion qui a perdu sa compagne piscéenne en raison de son arrogance et de son orgueil se voie accorder par la sagesse des étoiles une chance d'acquérir l'humilité: qualité que les Poissons enseignent si bien et que les natifs du Lion ont tant besoin d'acquérir. Espérons que les amoureux ou époux Poissons-Lion qui lisent ce chapitre ouvriront leur cœur à temps... assez tôt pour que le Soleil de Monsieur et le Neptune de Madame se remettent à chanter à l'unisson harmonieusement.

Un domaine où il n'y aura guère de conflit entre ces deux partenaires, c'est celui du sommeil. Ceux qui étudient ces questions assurent que le lion de la jungle dort dix-sept heures sur vingt-quatre. On peut presque en dire autant des Lion humains. Quant à la dame des Poissons, elle, n'est pas non plus de celles qui se lèvent à l'aurore. Ils aiment autant l'un que l'autre le repos les yeux fermés. Le réveille-matin ne provoquera donc pas de querelles entre eux, surtout quand le premier baiser de la journée donne lieu à des caresses, préludes à une intimité plus poussée comme cela arrive souvent entre eux. Pas seulement un prélude, mais vraisemblablement un écho des accords d'une musique idyllique, celle de la veille au soir.

Pour le Lion, le Poissons représente la huitième maison astrologique, entre autres choses celle de la sexualité. Il est donc normal que le Lion incline à trouver dès leur rencontre la fille des Poissons exceptionnellement attrayante. La vibration amoureuse est même tellement intense qu'elle peut déterminer une capitulation en coup de foudre... Plus tard ils commencent à s'interroger. Ce n'est pas par hasard que la locution «froid comme un Poissons» a pénétré dans le langage. Après tout, n'oublions pas que le Poissons est en effet un animal à sang froid. Cela ne signifie pas que la native des Poissons soit frigide, mais seulement qu'elle n'aura peut-être pas une ferveur passionnelle aussi intense que celle du Lion et aussi constante que le Lion le souhaiterait... ou l'exige. Il devra donc unir le romanesque à la sensualité dans leur union sexuelle. À ce point de vue, la fille des Poissons ne fera pas défaut, car elle aussi peut apporter autant de romanesque qu'il est souhaitable. Elle introduit dans leurs moments d'intimité une qualité mystique transcendantale.

La jalousie sexuelle se manifeste fréquemment entre les conjoints ou amants de cette nature astrologique. Si la sujette type des Poissons est assez flirteuse, le Lion rugit, bien sûr puissamment dès qu'il soupçonne le moins du monde qu'un rival porte son regard sur l'hôtesse de son antre. Mais de son côté, il exige qu'elle ferme les yeux sur ses peccadilles, provoquées par sa vanité et son besoin insatiable d'être admiré.

Le caractère des natives des Poissons varie largement du dévergondage à la fidélité confiante, dévouée et totale à un seul homme. Quant au mâle du Lion, nous n'en doutons pas, il peut appartenir au type Casanova qui se vante volontiers de plusieurs conquêtes sexuelles par semaine ou à celui du noble mari léonin qui place son épouse sur un piédestal et lui reste aussi fidèle et loyal que le roi Arthur en personne. Mais voyons, voyons... pendant que le roi Arthur lui était si fidèle, la reine Guenièvre faisait de l'œil à Lancelot, n'est-ce pas? Cela signifie que les Lion et les Poissons femelles doivent être parfaitement sûrs de leur dévouement avant de s'engager à long terme. Toute infidélité outragera le Lion et blessera profondément la dame Poissons. Néanmoins, contrairement à ce qui se passe entre les Bélier et les Scorpion, ces deux partenaires toléreront à peu près tout sauf l'adultère caractérisé. La dame des Poissons et le monsieur du Lion admettent en général des flirts sans conséquence alors qu'un Bélier et un Aigle de n'importe quel sexe considèrent le moindre sourire si peu suggestif qu'il soit échangé d'un bout à l'autre d'une pièce ou d'un côté à l'autre d'une rue, comme un crime d'infidélité aussi impardonnable que le pire dévergondage sexuel.

Poissons et Lion attachent l'un comme l'autre une telle importance à l'amour qu'il devient chez eux une des plus hautes exaltations spirituelles. On conçoit donc qu'ils ne dégradent pas un tel sentiment par des amours occasionnelles. Mais leurs réactions dans ce domaine sont souvent imprévisibles. Les natives des Poissons peuvent aussi bien être des nonnes que des prostituées, des coureuses ou de douces épouses, si parfaites qu'on doute de leur sincérité. Les natifs du Lion offrent à peu près la même gamme de possibilités. Bref, la question de la fidélité est une de celles que le Lion et le Poissons femelle doivent mettre au point par une discussion sincère *avant* de s'engager profondément.

La native des Poissons aspire à une fusion émotionnelle totale comportant une part de mystère dans la consommation sexuelle de l'amour. Ce désir correspond chez elle à un besoin impérieux. Le natif du Lion a besoin de satisfactions plus palpables: chaleur, affection, passion. Il faut échanger des expressions verbales de sentiments avant et après l'union. Or un excès de communications verbales supprime toute possibilité de *mystère* dont la femme neptunienne a besoin. Le degré d'harmonie et de bonheur qu'atteindront ensemble cet homme et cette femme dépendra beaucoup de la position du Signe de Lune dans chacun de leurs horoscopes. Si la Lune de Madame est dans un Signe de Feu et celle de Monsieur dans un Signe d'Eau ou si leurs Lunes à tous les deux se trouvent dans n'importe quel Élément, pourvu que ce soit le même, ils comprendront sans doute et parviendront à satisfaire réciproquement leur désir d'une manière idéale. Faute de cette assistance, il leur faudra de la patience et de la tolérance.

Le Lion et le Poissons éprouvent tous deux le besoin de liberté émotionnelle à grandes rasades abondantes et fraîches (ce qui ne coïncide pas nécessairement avec la liberté de mouvements). Plus chacun accordera cette liberté chérie à l'autre, plus ils seront intimement proches. Mais une telle liberté doit évidemment toujours s'assortir à la fois de confiance et de fidélité ou bien elle n'aboutit qu'à des escapades d'un côté et à de terribles tourments de l'autre. Une recherche poursuivie d'un bout à l'autre du monde aboutit toujours à son point de départ, car la Terre est ronde. L'amour voyage toujours en rond, s'il est sincère... après tout, quelle autre espèce d'amour nous manquerait quand il s'éloigne en promettant de revenir, sinon le véritable amour, l'amour sincère.

Homme POISSONS • LION *Femme*

Il vous viendra spontanément à l'esprit que les attitudes hautaines, glaciales, royales de la Lionne type envers les étrangers qui sollicitent sa main ou son cœur effraieront le Poissons mâle; vous le voyez s'enfuir avant que cette belle ait eu l'occasion de le ferrer. C'est bien ce que vous pensez. Vous vous trompez; vous oubliez que la Lionne présente un autre aspect. Elle peut, quand il lui convient, rayonner de dispositions joyeuses, enjouées, aussi chaleureuses et bienveillantes que son maître le Soleil. En outre, tous les natifs des Poissons ne sont pas pris de tremblote en présence des majestés astrologiques. Si vous vous rappelez le dernier chapitre, vous savez qu'il existe des Poissons carnivores qui gobent les gens — symboliquement, bien sûr. Aucun ne parviendra jamais à gober une Lionne, c'est évident. Mais il ne sera pas forcément terrifié quand la Lionne répond par une attitude frigorifique à ses premières avances.

Cependant la plupart des Poissons mâles ne sont pas des épaulards. Ils ont donc besoin d'une certaine assistance quand une Lionne les a ferrés. Nous allons donc considérer cette situation de leur point de vue. Les Gros Poissons, fauves des océans, peuvent se tirer d'affaire sans nous. Alors considérons le problème du Poissons typique ou moyen dans ses relations avec une femme du Lion. Épouvantable! Absolument épouvantable. La Lionne en bonne santé vous a des airs d'autorité et de vitalité qui paraissent lancer un défi à tout être enclin à la courtiser et à la conquérir. «Tâche d'être à la hauteur pour me mériter», tel est le message silencieux de ce fauve.

Que cela ne paralyse pas notre Poissons surtout. Si elle fait ainsi la fière, c'est seulement sa manière royale d'écraser et de chasser le vulgaire plébéien qui ose lever les yeux vers le trône avec envie. Alors, la solution s'impose à l'évidence pour notre Poissons: il doit prouver qu'il n'appartient pas à la plèbe. Reste à savoir comment s'y prendre.

Eh bien! pour commencer, il peut la traiter royalement dans les meilleurs restaurants et lui offrir des cadeaux qui, s'ils ne sont pas somptueux reflètent au moins son bon goût. Une bouteille de vin bon marché, un bracelet de laiton serti de verre filé, qui lui ferait verdir le poignet, une de ces poupées en matière plastique qu'on gagne à la foire ne sont pas des présents qui révèlent le bon goût. Mais certains bijoux peu coûteux présentent une valeur artistique évidente. Il n'y a pas besoin d'une fortune pour se les procurer. On peut s'en tirer pour pas trop cher et le Poissons est prêt à le faire pour impressionner la femme qu'il craint d'aimer. D'ailleurs ce qui compte le plus, c'est l'écrin. S'il porte la marque d'un bijoutier assez connu elle l'acceptera avec son plus brillant sourire, le remerciera gracieusement et ses yeux refléteront une promesse d'été ensoleillé.

Il peut d'ailleurs lui offrir d'autres présents de bon goût. Un chaton perdu. Sa propre photo à six ans, bien encadrée. Un bouquet de pâquerettes représentant toutes les femmes avec une rose d'un jaune d'or au milieu qui la montre les dominant toutes. Le bon goût n'implique pas nécessairement l'argent mais seulement l'éducation du cœur et la sensibilité de l'âme. Quoi qu'il offre, il doit le lui présenter à l'occasion d'une fête banale ou même un jour de semaine. La Noël, les anniversaires et autres festivités à grand tapage doivent être évités. C'est ce jour-là que les gens de la plèbe présentent leurs offrandes.

Il glissera sous le joli papier d'emballage une carte portant simplement par exemple cette mention: «Parce que nous sommes jeudi matin et que je vous aime.» Il peut aussi indiquer qu'il célèbre le jour, l'heure, la minute à laquelle ils se sont rencontrés un an plus tôt (ou cinq ans ou n'importe quel nombre d'années)... peut-être pour fêter la journée de Guy Fawkes (mais qu'il s'arrête à une bibliothèque en chemin et qu'il vérifie de qui il s'agit parce qu'elle froncera les sourcils avec mépris s'il n'est pas capable de lui dire qui était ce Guy Fawkes et ce qu'il a fait... non, non, il n'a pas combattu Joe Louis à Chicago). Voilà une bonne occasion: commémorer le couronnement de la reine Elizabeth: ça plaira à la Lionne; tout ce qui touche à la majesté la ravit. Elle trouvera cette idée amusante. N'oublions pas qu'elle est douée d'un merveilleux sens de l'humour. (Mais du bon goût, comme toujours tout ce qui la concerne. Pas de grosses farces. Pas d'anecdotes graveleuses.) Elle est sentimentale et, avec elle, il ne faut pas prendre les détails à la légère. Qu'il n'ignore pas surtout combien elle incline à l'intellectuel, au romanesque, à l'exceptionnel. Cette dame est vraiment une *dame*, littéralement. Le banal, l'ordinaire, le vulgaire l'ennuient aux larmes. Bref il lui faut du merveilleux.

S'il a bien d'autres manières de lui prouver qu'il n'appartient pas au *vulgum pecus,* mais au gratin, aux classes dominantes, et qu'il mérite, par conséquent, son attention, voire son respect, il peut manifester son talent neptunien (au moins son goût) en fait de musique, de poésie. Elle trouvera cela littéralement délicieux. Il se rappellera qu'une véritable majesté ne gémit jamais, conserve toujours un maintien digne, même dans les situations les plus bouleversantes. Il doit surtout se garder de la vexer en parlant ou en se conduisant d'une manière brusque, grossière, irrévérencieuse, même lorsqu'elle mérite une bonne fessée verbale ou physique… ce qui arrivera souvent.

Dans de telles circonstances, il doit y aller franchement et lui administrer ce qu'il lui revient mais pas grossièrement… comme un gentleman. C'est plus facile qu'on ne le croit; il suffit de trouver le truc et de saisir la différence entre les procédés des classes inférieures et ceux de la classe dominante. Seul un véritable aristocrate armé chevalier par la reine oserait remettre cette dame à sa place en lui frappant les fesses quand elle se conduit mal. Vous comprenez? Non, vous ne comprenez pas! Alors je vais présenter l'affaire autrement: la native du Lion ne se soumet *jamais* à un homme qui n'est pas son pair, qui est incapable de la contrôler quand elle le mérite. Elle ne tombera pas non plus amoureuse trop longtemps d'un individu dont la conduite l'oblige à s'excuser auprès de ses amis, qui l'humilie ou la vexe, soit publiquement, soit dans l'intimité. Alors j'ai peut-être eu tort de dire qu'il est relativement facile de se débrouiller avec une Lionne. Apprivoiser et dresser les fauves, s'imposer à la noblesse, exige du savoir-faire. C'est un art.

L'homme des Poissons trouvera le truc plus rapidement que n'importe quel mâle des autres Signes solaires, pas parce qu'il nourrit des ambitions de grandeur personnelle mais parce qu'il est doué d'une aptitude extraordinaire à charmer les animaux les plus sages en combinant une aimable compassion avec la résistance passive. En outre, il écoute admirablement et cette dame fera travailler en heures supplémentaires ses oreilles sympathisantes. La native du Lion a besoin d'un auditoire. Le mâle des Poissons devient adorable dans ce rôle de témoin muet et attentif. Il est d'ailleurs facilement fasciné par les manifestations de la nature humaine présentées sur les scènes de la vie et de l'amour.

S'il lui arrive de faire un faux pas devant Sa Majesté, qu'il ne s'attende pas en tremblant à être exécuté. En vérité, une des teintes les plus ravissantes du nimbe en arc-en-ciel de la native du Lion n'est autre que sa gracieuse aptitude à pardonner à ceux qui demandent sincèrement leur pardon. Sa nature est tellement ensoleillée, rayonne une chaleur si cordiale que, sauf au cours de ses crises de mégalomanie (terme employé par les psychiatres pour désigner la banale enflure du citron), on est heureux d'être auprès d'elle. Si on lui rend le respectueux hommage qu'elle exige et qu'elle mérite très souvent, ses dispositions s'épanouissent en une générosité vivace à laquelle on ne saurait résister plus qu'au parfum d'une rose. Mais elle a une manière toute particulière de se figer dans son amour-propre si un amoureux, un mari, ou n'importe qui d'autre cherche à lui imposer sa volonté. Le Poissons ne s'y risquera d'ailleurs pas trop souvent. Cet homme courtisera plus vraisemblablement sa reine léonine par son charme, sa vivacité d'esprit, son intelligence et une intuition stupéfiante qui lui permet de deviner à l'avance les changements d'humeur de la belle.

La native du Lion présente parfois des exigences littéralement impossibles en amour. Elle désire s'unir avec un homme soumis à ses moindres lubies et pourtant assez doué intellectuellement et en fait d'assurance pour être son égal à tout moment. Voilà des conditions contradictoires. Mais l'homme régi par Neptune a de bonnes chances d'y parvenir. N'oublions pas que le Signe des Poissons est double et que la dualité ne l'effraie donc pas. Jouer le rôle du serviteur ne gêne nullement la plupart des Poissons. Il est d'ailleurs enclin à s'effacer au moins superficiellement, ce qui lui facilite les choses. Quant à être l'égal d'une Lionne, ses talents télépathiques et la myriade de facettes que présente son intelligence le rendent assez étincelant pour qu'il attire l'attention, voire l'admiration de la Lionne et l'amène à croire qu'elle a enfin trouvé le mélange parfaitement dosé qu'elle cherche chez un homme… au moins pour un certain temps.

Quand les premières roses de l'idylle faneront, ils commenceront à remarquer la différence entre leurs Éléments respectifs: Feu et Eau. Comme nous l'ont enseigné les premières leçons élémentaires de physique, l'Eau et le Feu ne se mélangent pas sans risque d'anéantissement de l'un, de l'autre ou des deux. En raison de sa nature aqueuse, Monsieur a besoin de beaucoup de temps de réflexion dans la solitude; le tempérament extraverti de sa Lionne lui semblera parfois abrasif pour le sien qui est tellement délicat. Sociable, certes elle l'est, et sa nature enflammée exige des prises de bec spectaculaires, aboutissant aux baisers et aux réconciliations; il est trop introverti pour s'élever à de tels sommets d'éloquence quand elle flamboie de toutes ses fureurs et elle pourra considérer ce refus comme pernicieux pour ses propres harmonies. La retraite du Poissons dans la morosité quand son esprit a été écrasé n'a d'égale que les fières bouderies de la Lionne quand elle a été dédaignée ou vexée.

Une des plus grandes raisons de conflits entre eux sera la répugnance spontanée du Poissons à partager toutes ses pensées intimes avec sa Lionne. Le Lion entend tout savoir et qui aurait le droit de taire ses secrets à la reine? Eh bien! lui, tout simplement et il le fait très souvent, lors elle enrage ou se fige, l'un ou l'autre, jusqu'à ce qu'il cède. Le Poissons devra se garder de trop lâcher de corde à la Lionne qui pourrait s'en servir pour le pendre.

Le chemin du cœur de Madame en ce qui concerne l'harmonie sexuelle... voilà qui nous ramène à la musique et à la poésie. C'est par ces deux arts que Cléopâtre, qui à coup sûr était une Lionne, fut courtisée et conquise successivement par César et Marc-Antoine. («Si la musique nourrit l'amour, joue donc.») La Lionne raffole des sérénades, même en sourdine et même symboliquement seulement. Comme la grande tentatrice des bords du Nil, la native du Lion adore les huiles partumées et tous les accessoires de l'idylle... Plus ils sont exotiques, mieux ça vaut. Que le Poissons en prenne bonne note: elle ne trouvera jamais une satisfaction véritable dans une rencontre occasionnelle. À partir du moment où la native du Lion a trouvé un prince consort digne d'elle, elle se livre rarement au dévergondage. D'esprit aussi monogame que sa sœur de la jungle, elle dévorera un mari ou un amant infidèle en rugissant de jalousie. Elle entend être adorée et admirée par tous les mâles à sa portée, mais affirme que cela n'a aucun rapport avec l'infidélité. Attirer les regards fait partie de ses privilèges royaux. Elle est capable d'arracher un homme à une autre femme en vertu de ces mêmes droits et puis elle s'indigne, outragée, s'il se montre aussi infidèle envers elle qu'envers sa compagne précédente. Le soulier blesse lorsqu'il est chaussé par quelqu'un d'autre que son propriétaire. Que cet homme se permette un clin d'œil inoffensif à la meilleure amie de sa partenaire et il le regrettera amèrement. (Bien sûr, étant native du Bélier, Signe de Feu, je ne vois pas comment un *clin d'oeil* pourrait être *inoffensif* mais...) En tout cas, que le Poissons le sache, sa Lionne ne tolérera pas le moindre flirt, même le plus léger. Il lui doit TOUTES ses attentions. Désolant mais vrai: la moindre vexation, même la plus bénigne dans ce domaine rendra souvent une Lionne type incapable de réagir dans l'expression physique de son amour.

La jalousie peut transformer cette reine en une déesse de glace d'un instant à l'autre, et il ne lui reste plus la moindre chaleur à donner, ni au point de vue sexuel ni au point de vue émotionnel. D'autre part, trop d'ad-monestations arrogantes de Sa Majesté peuvent provoquer la même espèce de paralysie physique chez le Poissons mâle. La température de leur inti-mité sexuelle commune peut donc passer de la chaleur au froid et vice versa. La Lionne sera d'une loyauté rare avec son Poissons s'il la mérite et il devra lui en être reconnaissant, éviter de provoquer son déplaisir ou de la rendre malheureuse en se montrant malhonnête ou déloyal. Peut-être quelque chose leur manque-t-il dans leurs vibrations sexuelles. Il pourrait se montrer trop éthéré, mystique, lointain ou trop évasif au cours de leur union, ce qui empêcherait la femelle de la jungle d'être tout à fait satis-faite. Elle pourrait aussi être trop exigeante et trop insistante dans son besoin de passion débordante et de servitude romanesque constante, ce qui rendrait son partenaire encore plus lointain, éthéré, mystique, insai-sissable et fuyant durant leurs pratiques amoureuses. Et ainsi de suite, nous nous trouvons devant un cercle vicieux sans commencement ni fin. Qui y enferme ce couple? Nul ne le sait.

Toutefois avec ces deux personnes, nous avons au moins un indice. Il s'agit de vibrations sismiques de Signes solaires et, avec la native du Lion et le natif du Poissons, cela signifie qu'il représente pour elle la huitième maison astrologique du magnétisme sexuel, des mystères et des affaires profondément spirituelles (sauf dans le cas possible d'afflic-tions planétaires réciproques dans leurs thèmes de naissance, ce qui pourrait diluer le puissant attrait sexuel… pas le supprimer, rien que le diluer). D'autre part, elle représente pour lui la sixième maison astro-logique de service (entre autres choses). Il se pourrait que le Poissons espère trop de «services dévoués» de cette femme trop fière, et la Lionne ne restera pas longtemps indûment servile au moins sans rugir de mécontentement. Qu'ils méditent tous deux ces vérités.

En cas d'harmonie du Soleil et de la Lune ainsi que d'autres planè-tes dans la comparaison de leurs horoscopes, ou de conjonction de leur Lune, toutes les tensions peuvent se dissoudre en une union lyrique, ravissante, chantante du Soleil et de Neptune, ce qui enrichira leur union sexuelle par la délicatesse, la romance et la tendresse qu'il y ap-porte ainsi que par la chaleureuse affection et la passion qu'elle y in-troduit.

Sans une telle assistance planétaire dans leurs thèmes de naissance, elle devra être extrêmement prudente et ne pas laisser les puissants rayons solaires de sa sexualité intense (ou de sa frigidité possible) carboniser ou congeler tous les désirs chez cet homme. De son côté, il doit être extrêmement prudent et ne pas permettre que les rêveries neptuniennes de sa sexualité et son manque d'engagement *total* dans leurs pratiques amoureuses réfrigèrent la nature ensoleillée de la Lionne et la laissent avec une impression de vide, comme si elle n'avait pas été touchée par la véritable profondeur de l'amour... mais seulement par une douce brise qui ne laisse guère de souvenirs derrière elle.

La racine la plus vigoureuse et la plus féconde du mouvement de libération de la femme ne figure jamais dans les discours des militantes. Il s'agit de l'égalité *émotionnelle* de l'homme et de la femme. Quand les manifestations tapageuses seront terminées, il n'en restera pas moins une récompense à l'intention des *deux*. Il sera *bon* en effet que l'homme possède certaines des qualités féminines en fait de sentiment, d'impulsion et de sensibilité. De même il sera *bon* que la femme possède certaines des qualités masculines: courage, franchise et indépendance. Oui, voilà une bonne, une *très* bonne chose. Une chose divine et sainte.

Cependant, dans des relations amoureuses telles que celles-ci — où la femme est née sous un Signe masculin, régi aussi par le Soleil éminemment masculin, ce qui la soumet à une *double* influence masculine, et où l'homme est né sous un Signe solaire féminin, régi aussi par la planète féminine Neptune, ce qui le soumet à une double influence féminine — les deux amoureux devront constamment et consciemment prendre garde à conserver leur équilibre émotionnel.

Féminine ne signifie ni «mijaurée» ni «efféminée». Néanmoins il se pourrait que la double influence féminine qui pèse sur le Poissons engendre trop de passivité. De même, masculin ne signifie ni «agressif» ni «brutal». Pourtant, la double influence masculine qui agit sur la Lionne peut engendrer un excès de vigueur, voire de virilité. Nous constatons là un danger de déséquilibre, de part et d'autre.

On se rend rarement compte des vérités ésotériques latentes dans les contes de fées. Si on les percevait, l'astrologie et les contes de fées suffiraient à supprimer le besoin de traitements psychiatriques. (Les hommes de Neptune trouveront cela logique.) Prenons un exemple, d'ailleurs capital: *Boucles-d'or et les Trois Ours* a une signification beaucoup plus profonde qu'on ne le soupçonne. La Lionne et les Poissons (ainsi que tous les couples natifs de n'importe quel Signe solaire) devraient méditer la leçon de cette vénérable fable. Le fauteuil et le lit de Papa Ours étaient trop *durs* (déséquilibre dû à l'excès de vigueur masculine). Le fauteuil et le lit de Maman Ours étaient trop *doux* (déséquilibre dû à la passivité féminine). La soupe de Papa Ours était trop *chaude*; celle de Maman Ours était trop *froide*. Mais le porridge, le fauteuil et le lit de Bébé Ours étaient... juste à point.

La sagesse amoureuse la plus efficace que les étoiles puissent offrir à cet homme et à cette femme et qu'ils doivent tous deux se rappeler, c'est le parfait équilibre de passivité et d'agressivité de Bébé Ours. Je n'hésite pas à répéter le conseil planétaire le plus important de tous à l'usage de ces deux personnes: *elles doivent veiller consciemment et constamment à maintenir un échange émotionnel équilibré.*

Il ne serait pas bon que la Lionne incline trop vers l'essence de Papa Ours (bien qu'un petit peu de cette qualité lui convienne à merveille, ainsi qu'à toutes les femmes). Il serait mauvais que le Poissons mâle incline trop vers l'essence de Maman Ours (bien qu'un petit peu de cette qualité lui convienne magnifiquement, ainsi qu'à tous les hommes). Il peut sembler que ces deux partenaires se trouvent devant un problème insoluble. Il n'en est rien, à aucun point de vue. La solution est vraiment simple. Ils doivent se la rappeler tous les deux et surtout ne pas oublier Boucles-d'or.

Les mêmes thèmes de difficultés amoureuses se présentent sous diverses variantes dans les symphonies des soixante-dix-huit combinaisons de Signes solaires. Le syndrome de Boucles-d'or suscite des tensions dans l'amour entre un homme et une femme qui sont *tous les deux* soumis à des influences «doublement masculines» ou «doublement féminines». Le même problème apparaît entre l'homme *doublement masculin* et la femme *doublement féminine*. À première vue, il semble que ces deux partenaires constitueraient un couple idéal, mais il n'en est rien car cette situation suscite à divers degrés un danger de sadisme chez l'homme et de masochisme chez la femme. En fin de compte, il n'est pas de «solution sexuelle» mais une seule réponse à cette question, une seule: la leçon qui nous est donnée par l'équilibre du Bébé Ours.

Aimer une native du Lion et en être aimé n'est pas une petite affaire et représente un défi épineux; il faut pour y faire face toute la connaissance du cœur humain accordée aux hommes des Poissons par un bienveillant décret des astres. Tantôt notre Poissons combat une tigresse aux outrances émotionnelles, qui crache et feule comme un chat en fureur. Puis, la fureur épuisée, elle se transforme mystérieusement en un doux et gracieux Chaton qui ronronne pour s'assurer son affection et qui demande à être gratté derrière l'oreille en signe d'approbation. La native du Lion présente un mélange déconcertant et même étourdissant de glace, de dignité majestueuse, de chaleureuse gaieté et de générosité bon enfant. Elle peut être d'une arrogance exaspérante et d'une fidélité inébranlable. Elle secoue sa splendide crinière en éclatant d'un rire sonore et sain puis, son orgueil blessé, elle fond en larmes... le tout avec une souple grâce féline.

Le Poissons ferré par cet être splendide d'une froide supériorité ne s'étonnera pas que le Chat fut autrefois, dans d'anciennes cultures, révéré à l'égal d'un dieu. Par moments, il se croira revenu parmi les constructeurs de pyramides, à genoux devant la déesse à tête de chat créée par les Égyptiens parce qu'ils identifiaient la silhouette et la grâce de cet animal à celle de la femme. Ils avaient raison. La Lionne n'est pas seulement toutes les femmes mais aussi toute la femme. (Réfléchissez-y.) Depuis que je parle du Lion et de la Lionne, il m'est venu plusieurs fois à l'esprit de rappeler une particularité de ces superbes animaux. Le mâle s'isole en général de ses semblables en compagnie de ses épouses, parfois jusqu'à cinq et six, qu'il suffit à rendre heureuses et qui chassent pour lui. Mais il arrive parfois que plusieurs lions se groupent en une «fierté». Cette famille ou groupement de familles équivaut à la «horde» de daims et de cerfs, le «harpail» de biches et de jeunes cerfs, la horde de loups ou de guerriers nomades mongols. Chez les lions il s'agit donc de «fierté». Nous pouvons considérer comme une «fierté» tout couple dont un au moins des partenaires est un natif ou une native du Lion. Dans le cas qui nous intéresse, une association ou un ménage ou un couple d'amants Poissons-Lionne, c'est elle qui gouvernera la «fierté» pour peu qu'il lui en laisse la moindre possibilité.

Aimer un natif des Poissons et en être aimée représente un défi et, pour le relever, la native du Lion devra faire appel à toute la chaleur et à la sagesse ensoleillée que lui ont conférées les étoiles. Si elle cherche avec trop d'insistance à pénétrer ses secrets ou à l'arracher à sa solitude, il manifestera son propre genre d'emportement neptunien ou un détachement glacial. Il est doux, prompt à servir avec une superbe humilité d'esprit, mais il ne se laissera pas dévorer par les rages jalouses de Madame ni ses admonestations constantes. Plutôt que d'y céder, il s'en ira à la nage en quête d'une femme plus plébéienne après avoir décidé que le sang bleu des majestés est trop riche pour le sien.

Les deux amoureux dont nous étudions le cas dans ce chapitre auraient tout avantage à tirer une utile leçon de l'échec d'un autre couple Poissons-Lion qui n'est, hélas! pas parvenu à surmonter ses difficultés et les différences qui séparaient les deux partenaires. Il s'agit de la princesse britannique Margaret Rose, reine Lionne typique et de son mari, Antony Armstrong-Jones, comte de Snowdon, natif des Poissons.

D'abord cette princesse Lionne trouve impossible de pardonner à sa noble famille d'avoir contrecarré son premier amour: la malheureuse idylle qui l'unissait à Peter Townsend. Toutefois, son mariage avec le beau Poissons «Tony» aurait pu apporter à ce drame une fin heureuse. L'élu était un artiste de la caméra, heureux coup du sort qui joua un rôle important dans l'attrait initial entre les deux partenaires, car les natives du Lion adorent la photographie, surtout les prises de vue sur lesquelles elles figurent. Mais ce Poissons photographiait d'innombrables modèles autres que sa femme coiffée de sa tiare. Tel fut le début des difficultés entre cette Lionne jalouse et son époux, car les natives du Lion ne peuvent manquer de régler les comptes de ce genre. En outre son travail l'obligeait à voyager seul d'un bout à l'autre du monde, ce qui ne lui permettait pas d'assister en compagnie de sa femme à toutes les cérémonies mondaines de la famille royale.

Des vacances conjugales occasionnelles sont parfois utiles à bien des couples, mais pas dans le cas d'une femme Lion et d'un homme Poissons. Cela ne fait que les pousser vers l'indifférence. Les natifs de ces deux Signes, amants ou conjoints, qui lisent ce chapitre, verront dans la fin malheureuse de l'idylle princière quelles erreurs ils doivent éviter dans leurs relations. Pas de vacances séparées pour ces deux personnes.

D'une part la Lionne est imbue d'un tel orgueil, pas toujours justifié, et d'autre part son homme neptunien en a si peu, qu'il peut facilement apaiser les blessures d'amour-propre qu'elle subit souvent. Par ailleurs, le Poissons a si peu de confiance en lui et dans la vie, et la Lionne en a tant, qu'elle peut, par sa tendresse, calmer ses craintes secrètes. Voilà qui est excellent pour l'amour: que chacun prenne chez l'autre la vigueur qui lui manque et que chacun ait assez de compassion pour les faiblesses de l'autre.

POISSONS
Eau - Mutable - Négatif
Régi par Neptune

Symbole: les Poissons
Forces nocturnes - Féminin

VIERGE
Terre - Mutable - Négatif
Régi par Mercure
(aussi par la planète Vulcain)
Symbole: la Vierge
Forces nocturnes - Féminin

Les relations

Les Poissons naissent sous une double influence féminine; le Signe solaire des Poissons est féminin et aussi gouverné par une planète féminine: Neptune. Les Vierge subissent de même une influence doublement féminine (mais avec une légère différence, comme nous le verrons); la Vierge est aussi un Signe solaire féminin dont le véritable maître est également féminin (et puissant): la planète Vulcain qui n'a pas encore été découverte mais le sera bientôt. En attendant cette découverte, la Vierge est gouvernée par un maître intérimaire, Mercure, planète *masculine*. Vous voyez donc immédiatement que le Signe de la Vierge se placera au-dessus des Poissons en fait d'initiation active ou positive, c'est-à-dire masculine. Croyez bien que les Poissons n'ont pas l'impression d'y perdre quoi que ce soit. Ils considèrent toute initiation active comme une perte de temps qui consomme de l'énergie et qui, au mieux, les fatigue inutilement. Ils préfèrent ne pas se compliquer la vie par une nécessité astrologique d'«initiation active» quelconque. Ils laissent donc volontiers les vibrations masculines de Mercure à la Vierge.

Néanmoins, ces Poissons ne doivent pas perdre de vue que les Vierge peuvent recourir aussi bien aux armes masculines (Mercure) que féminines (Vulcain), à leur gré. Voilà qui leur permet bien des astuces. (Il faut admettre que les Poissons peuvent aussi être plus qu'un peu rusés en raison de l'influence évasive et élusive de Neptune.) Ce n'est pas par hasard que j'ai employé le mot «armes». Cela ne signifie pas qu'ils soient en guerre l'un contre l'autre, mais que l'un possède des qualités qui manquent à l'autre et (ne serait-ce qu'à un niveau subconscient) qu'il envie et voudrait acquérir.

D'abord le cerveau des Vierge fonctionne comme un ordinateur capable de trier, classer vivement et efficacement, afin de les retrouver en un instant lorsqu'il le faut, des données détaillées sur toutes sortes de gens, de situations, de soucis, de problèmes, d'inquiétudes, de frustrations. Tout est enregistré chez les natifs (et natives) de ce Signe. Tout est en ordre. Ils tiennent leurs comptes impeccablement, ne se trompent jamais en soustrayant le montant d'un chèque du solde précédemment inscrit sur le talon du carnet. Admettons toutefois quelques exceptions qui prouvent la règle, telles que les Vierge dont le Signe lunaire ou l'Ascendant est en Poissons. Ces derniers paient leurs factures à la date prévue, arrivent à leur travail à temps ou quelques minutes en avance, s'accordent exactement le nombre d'heures de sommeil qu'il leur faut par nuit (quand ils ne sont pas constipés ou que leurs soucis ne les agitent pas trop), entretiennent une correspondance suivie, soit par affection, soit par intérêt, s'habillent correctement, rangent leurs vêtements et toutes autres choses selon un ordre systématique. Ils s'assurent que leur voiture, leurs dents sont examinées à temps pour que, repérée à l'avance, une déficience ou une carie ne s'aggrave pas. Ils (ou elles) repèrent un col trop usé à deux carrefours de distance, dosent correctement détergent et chlore dans leur machine à laver, afin de ne pas en utiliser trop ni trop peu. On leur inflige rarement des contraventions pour s'être mal garés ou avoir roulé trop vite. Ils (ou elles) ne perdent pas leur temps à rêvasser ni à se reposer indûment. (Rares sont ceux [ou celles] d'entre eux [ou elles] que l'on remarque pour leurs dépenses excessives.)

Les Poissons types, hommes ou femmes, se présentent comme un reflet diamétralement opposé des natifs et natives de la Vierge. Le désordre est tel autour d'eux que tout y prend l'aspect d'un tableau abstrait de Picasso. Quant à leur habitat, qu'ils vivent dans une seule pièce, un appartement, une maison ou un manoir, on y trouve le même chaos que dans les œuvres de Salvador Dali: une confusion totale mais charmante et striée d'arcs-en-ciel. Tout cela ne concerne que l'ordre. À d'autres points de vue, ils donnent une impression indiscutable de paix et de

tranquillité attirante. De temps en temps, bien sûr, on rencontre un sujet de Neptune pareil au Poissons mâle et célibataire du Colorado que je
connais, dont la maison est toujours prête à accueillir reporters et
photographes des *Plus Beaux Foyers et Jardins,* mais son horoscope
présente un Ascendant et plusieurs planètes en Vierge. Laissons de côté
cet ami, Dick Johnson, il n'est qu'une exception; l'astrologie affirme que
la plupart des maisons habitées par des Poissons sont pareilles à des
imbroglios de rubans multicolores: un tricot de cordialité, de confort aimable, de thé et de sympathie dans un désordre distrait, pas toujours
épousseté soigneusement dans tous les coins et sous tous les meubles.
Mais qui se soucie de quelques grains de poussière dans les coins et
sous les meubles? (Les Poissons cachent toutes sortes de secrets de di-
mensions diverses dans les coins et sous les meubles; ils ne tiennent pas
trop à ce que le plumeau de la Vierge les dérange.)

Les Poissons n'ont aucune envie consciente d'acquérir les qualités
virginales et les habitudes énumérées à l'avant-dernier paragraphe.
Néanmoins, en leur for intérieur, ils savent qu'ils auraient avantage à
moins rêvasser, se détendre, moins atermoyer, mettre de l'ordre dans
leurs idées et leurs émotions, qu'il s'agisse de leur voiture, leurs dents,
leur carnet de chèques et tout ce que vous voudrez. Mais il leur déplaît
de l'avouer. Ils s'en rendent compte, et c'est pourquoi la Vierge fascine
les Poissons. Disons plutôt que les Poissons sont attirés par les sujets du
sexe opposé au leur appartenant au Signe solaire de la Vierge également opposé au leur, mais ils se sentent un peu nerveux en présence de
la Vierge du même sexe qu'eux qui semble leur lancer un défi muet et
les inviter à rivaliser. Rien au monde n'inquiète plus les Poissons, hommes ou femmes, et ne les met plus mal à l'aise, que de se sentir d'une
manière quelconque invités à rivaliser avec qui que ce soit. Toute
concurrence leur paraît non seulement inutile mais même nuisible, car
elle représente un gaspillage d'énergie. Toutefois Vierge et Poissons
sont tous deux des Signes mutables, et ils s'étonnent souvent de constater qu'ils parviennent à communiquer très bien l'un avec l'autre, même
lorsqu'ils rivalisent, malgré les grosses différences entre leurs personnalités polarisées. Autre particularité commune: ils se montrent assez ré-
ticents avec les gens qu'ils ne connaissent pas.

Il serait injuste (tiens, que vient faire la Balance par ici? Peut-être
veut-elle nous aider à établir la paix entre Poissons et Vierge?). Comme
je le disais, il serait injuste (la Balance hoche la tête avec un sourire

rayonnant d'approbation) de ne pas signaler que les *Poissons* possèdent aussi des qualités que les *Vierge* auraient avantage à acquérir ou, pour le moins, à imiter. Nous ne risquons rien à dire que, contrairement aux Poissons, la Vierge s'en rend compte au niveau de la conscience. Les Vierge ont l'esprit si vif et si actif qu'ils n'abandonnent pas grand-chose au niveau inférieur, celui du subconscient. Ils font remonter idées, pensées et sentiments de la cave, pourrait-on dire, afin de les inventorier périodiquement et s'assurer qu'ils ne négligent rien et n'égarent rien. C'est donc d'ordinaire tout à fait consciemment, et parfois de manière pénible, qu'ils éprouvent plus qu'une vague envie en présence de Poissons et qu'ils en connaissent la *cause*. Ce qu'ils envient, c'est l'aptitude à rêver et à formuler des souhaits qui se *réalisent* par quelque étrange alchimie neptunienne, de telle sorte, par exemple, qu'une place libre pour se ranger au bord de l'avenue apparaît par magie, qu'ils font un mariage heureux, qu'ils reçoivent le prix Nobel de la paix ou le prix Goncourt... La Vierge fronce les sourcils. Mais comment ces gens-là parviennent-ils à réaliser tout cela? Tout simplement en se saupoudrant de poussières féeriques, peut-être?

Eh bien! ma chère Vierge, vous avez tapé en plein dans le mille. Votre hypothèse est parfaitement exacte (et Dieu sait qu'elle doit l'être, étant donné toutes les analyses et calculs de probabilités auxquels vous vous livrez avant de hasarder une réponse à quoi que ce soit). Les Poissons suscitent la manifestation sous forme de réalités de leurs rêves et de leurs vœux, par ce simple procédé: affirmer constamment leur foi dans la bonté du «tout» (le subconscient collectif des masses) et dans la sagesse éternelle de la patience *sans plainte*. Je regrette d'être obligée de vous le dire, Vierge, mais s'ils réussissent tellement bien, c'est parce qu'ils ne se tracassent pas, ne se soucient pas, ne transforment pas leurs espérances en ombres de futilités à force de les tracasser et de les fourbir. Ces traits de caractère neptunien sont tout simplement le principal composant de la poussière féerique.

La Vierge admire, elle (ou il) est intéressée et aussi intriguée. Où donc peut-on acheter un ou deux sachets de cette poudre féerique? Est-elle épouvantablement coûteuse? Quelle bévue! Excusez-moi, chères Vierge, je sais qu'il vous déplaît toujours de commettre des erreurs. Mais c'est ce que vous venez justement de faire. D'abord, ou bien on *naît* muni de poudre féerique, ou bien on n'en a *pas*. Si vous en possédez (comme les Poissons en ont), vous avez de la chance... mais c'est aussi peut-être une malchance parce qu'une certaine couleur apparaît dans le nimbe de celui qui en possède une réserve invisible, et les coquins, les vilaines petites entités de l'astral, repèrent aisément cette couleur. Alors, ils vous harcèlent de problèmes par millions, par milliards, afin d'évaluer votre valeur. Ils cherchent aussi à vous voler cette poudre. Cela vérifie la vieille loi métaphysique selon laquelle la lumière attire l'obscurité, vous voyez. Ensuite, si vous n'êtes pas née munie de cette poudre, il vous faudra évidemment vous débrouiller pour en acquérir quelques grains, voire un scrupule, afin de faire face aux urgences. Or, le plus sûr moyen de ne pas en obtenir consiste à en demander le prix et à se tracasser au sujet de la dépense. Dès que vous commencez à barguigner un tant soit peu, cette matière disparaît, car la poudre féerique est très contrariante (presque aussi contrariante que les fées elles-mêmes qui peuvent se montrer extrêmement décevantes lorsqu'elles sont d'humeur malicieuse). La meilleure manière de se procurer de la poudre féerique consiste à s'associer avec un ami, un partenaire en affaires, un parent, un amant ou une maîtresse, un époux ou une épouse Poissons.

Maintenant il faut que je sois parfaitement franche et que je m'en tienne aux faits, sinon la Vierge ne me le pardonnerait pas. J'avoue donc: bien que les Poissons soient amplement pourvus de poudre féerique magique et bien qu'ils refusent en général de laisser leurs rêves et leurs vœux «se dissoudre dans l'ombre de la cupidité», ils sont à l'occasion coupables de céder à des appréhensions et des craintes inexprimables et à la timidité. Voilà qui est bien confus, ne m'en veuillez pas, Vierge. Le Signe des Poissons est un Signe solaire double. Eh oui! encore un de *ceux-là*. Il est représenté par *deux* Poissons, pas un seul, et, pis encore, les Poissons symboliques nagent dans deux directions différentes. La vie n'est pas facile quand on se sent tiré dans deux directions différentes à la fois. Vous, Vierge, telles que vous êtes, cela vous rendrait absolument folles. Vous ne sauriez quelle direction analyser la première. Alors, accordez donc aux Poissons que vous connaissez toute votre sympathie. Dieu sait combien ils en prodiguent à tout le monde autour d'eux; elle s'écoule d'eux littéralement. Ils ont bien le droit d'en garder un petit peu afin de se ragaillardir mentalement de temps en temps. Pour être brève, j'espère que la Vierge nous pardonne notre terminologie: la dualité peut être une pénible pierre d'achoppement.

Considérons, par exemple, la sensibilité des Poissons. L'acuité de leurs perceptions et de leur prescience est stupéfiante. Sans que vous disiez un seul mot, ils ont lu ce qui se passe dans votre esprit et votre cœur, que vous soyez un ami ou un étranger. Ils reçoivent les vibrations et s'imprègnent des émotions — joies et chagrins, enthousiasmes ou dépressions — de tous ceux qui se trouvent à quelques pas d'eux. Considérée d'un certain point de vue, c'est une bénédiction. Cela les rend accessibles à la pitié, sages, compréhensifs et intuitifs. Considérée d'un autre point de vue, ce peut être une malédiction. L'aptitude à percevoir pensées et sentiments d'autrui, même à une assez forte distance, représente un danger constant pour une raison astrologique saine. Un tel don de sensibilité n'est jamais présent sans s'assortir d'un trait caractéristique jumeau: une imagination vivace et une faculté de création exceptionnelle. Cela vaut non seulement pour les Poissons, mais pour tous les natifs de Signes solaires prédisposés à une telle sensibilité par des configurations planétaires dans leurs thèmes de naissance. Même si cette imagination n'est pas encouragée à se développer au cours de l'enfance et qu'elle s'endorme, elle n'en existe pas moins à l'état latent chez tous les natifs des Poissons, ainsi que de n'importe quelle personne sensible appartenant à n'importe quel Signe. En raison de leur sensibilité aiguë, les Poissons doivent donc toujours se garder de leur imagination puissante et des talents créateurs qu'ils possèdent à des degrés divers, qu'ils le sachent ou non, et qui peuvent déformer des «images» qu'ils perçoivent constamment. De telles déformations peuvent embrumer leurs impressions, les égarer, donner à ces images des tonalités négatives. Comme le feu, l'imagination est «un bon serviteur, mais un mauvais maître».

Il n'est guère à craindre que de telles déformations se produisent chez les Vierge. Ces dernières peuvent donc être très utiles aux Poissons; or la possibilité d'être utiles attire toujours les Vierge, car c'est une de leurs missions sur notre Terre. Avec gentillesse et courtoisie, elles (ou ils) peuvent signaler aux Poissons quelle image, quelle impression ou idée ne sont pas tout à fait aussi négatives que ces derniers le pensaient de prime abord. Elles aident ainsi ces gens gouvernés par Neptune à faire ressortir les couleurs les plus brillantes de leurs idées après avoir retouché le négatif avec le pinceau de la réalité (réalité toujours plus grosse d'espérance qu'il peut sembler superficiellement). Quand les Vierge font cela, il leur arrive la chose la plus merveilleuse! Après une séance de réconfort au bord d'un canapé avec un Poissons (qui en a grand besoin de temps en temps, comme ils en apportent eux-mêmes gratuitement et humblement à leur entourage), les Vierge se sentent heureuses, joyeuses et ont l'impression de se porter mieux que d'ordinaire. Puis, au milieu de la nuit, la Vierge remarque que ses mains la (ou le) démangent. Ça lui met la puce à l'oreille, et elle (ou il) constate que tout son corps, de la tête aux orteils, n'est... eh bien! ma foi, pas tout à fait parfaitement propre. Comment cela se pourrait-il puisqu'elle (ou il) a pris une douche avant de se mettre au lit? Notre Vierge se précipite à la salle de bains pour se laver les mains, et... voyez ce qui se passe! Un miracle! Les mains de la Vierge sont couvertes d'une substance brillante, une espèce de poudre très fine pareille à de la poussière d'étoiles. Eh bien! c'est tout simplement de la poussière féerique. Le Poissons la leur a communiquée. Elle n'a rien coûté, pas un sou. Voilà cette (ou ce) Vierge un peu magicienne, comme les natifs des Poissons. Voilà qui sera agréable! Et tout ça parce qu'elle (ou il) a donné à un Poissons affligé et solitaire un rien de compassion et d'intérêt sincère, dont ce dernier a tellement besoin et qu'il distribue généreusement autour de lui (ou d'elle). Voilà comment on se procure de la poudre féerique. Ce n'est pas une marchandise, qu'on ne trouve pas dans les magasins.

Maintenant que la Vierge possède sa dose du mystérieux élixir neptunien, elle (ou il) doit se rappeler ce qui va se passer inévitablement ensuite. De même que celui du Poissons, son nimbe sera instantanément strié des étranges couleurs qui signalent aux entités coquines de l'astral la possession de cette poudre précieuse, et, en un rien de temps, la Vierge affrontera les mêmes épreuves que le Poissons, elle sera prise dans l'écheveau embrouillé de divers crève-cœur, intrigues, problèmes compliqués de ses amis, de ceux qu'elle (ou il) aime, des voisins et des étrangers. Superbe! Le Poissons ne pouvait lui faire un cadeau mieux approprié. *Rendez-vous compte.* Une centaine de nouveaux problèmes à résoudre, de nouveaux sujets de souci à analyser, à régler efficacement comme seule une (ou un) Vierge peut le faire. Vous voyez? À peine sortie de la salle de bains, elle se précipite à son bureau et écrit un billet de remerciement au Poissons.

Cher Poissons... Merci pour l'enchantement de la P. F.
Êtes-vous bien sûr que je ne vous dois rien? Il ne faut pas
tout donner, comme ça, inconsidérément. C'est gentil,
c'est généreux, mais rappelez-vous qu'un «centime épar-
gné vaut un sou gagné». En tout cas, je ne peux m'empê-
cher d'exprimer ma gratitude pour tous les soucis que
vous me permettez ainsi de partager avec vous et vos
amis. Personne ne m'a fait un cadeau aussi merveilleux
depuis la Noël où j'avais trois ans et où j'ai trouvé un
puzzle géant sous le sapin. Il m'a fallu littéralement des
mois pour mettre toutes les pièces en place. Ce fut le temps
le plus heureux de toute mon existence jusqu'à ce soir.
J'espère que notre petite conversation vous a fait du bien.
Je passerai chez vous d'ici à quelques jours pour voir si
vous avez besoin de quoi que ce soit. D'ailleurs, c'est peut-
être moi qui aurai besoin d'aide. Encore merci.

Sincèrement vôtre,
La Vierge

P.-S. Je viens de me rendre compte combien la vie était
passionnante, autrefois, quand je croyais au père Noël,
au lièvre de Pâques, aux druides, aux farfadets, aux elfes
et aux vœux sur les étoiles. Vous m'avez rappelé mes
vieux rêves, et je me demande s'ils ne vaudraient pas
quelque chose, même après que tant d'années se sont écou-
lées. Je vais peut-être les épousseter un peu. Quelle énor-
me quantité de poussière a dû s'accumuler sur eux, au
fond de la cave. J'espère au moins qu'ils ne sont pas bri-
sés. Évidemment, de toute façon, je pourrai peut-être les
recoller soigneusement. Croyez-vous que quelqu'un re-
marquera les fêlures? Je dois terminer, maintenant. Il
s'en faut de deux minutes et demie pour que nous soyons
arrivés à minuit, et je mets mon réveil sur 5 heures du
matin, car je travaille à 8 heures. Savez-vous ce que je
pourrais faire? J'ai bien envie de prendre un jour de
congé demain, de me détendre et de feuilleter des livres
que j'ai envie de lire. Mon Dieu! Cette P. F. est vraiment
puissante. Elle m'enivre. Probablement est-ce bon aussi
pour la santé. Je parie qu'elle contribue à la régularité et

qu'elle pourrait supprimer mes indigestions nerveuses.
Non, vraiment, il faut absolument que je vous paie
quelque chose, ou bien alors permettez-moi de donner à la
prochaine collecte de votre association de charité préférée.
Je me sentirais tellement coupable si j'acceptais gratuite-
ment ce cadeau.

Femme POISSONS • VIERGE *Homme*

L'astrologie se montre peut-être un peu indiscrète en révélant certains secrets de Neptune. Mais cela aidera l'homme de la Vierge à mieux comprendre sa fille des Poissons et ils s'en réjouiront tous les deux plus tard. Vous voyez, cette femme qui se conduit la plupart du temps comme une fillette angélique, qui a peur d'être grondée, qui est toujours tellement reconnaissante pour la moindre gentillesse, cette femme si timide, si hésitante, si dépendante, qui a tellement besoin des vigoureuses épaules de cet homme pour s'y appuyer... sait exactement ce qu'elle fait en rusant ainsi. (Les natives des Poissons sont en effet très rusées.) Elle est Ève en personne, le plus beau cadeau que la nature offre au sexe masculin, enveloppé d'une manière adorablement féminine sous des rubans d'un rose délicat.

Il a répondu avec désinvolture à une question qu'elle lui a posée et c'est en connaissance de cause qu'elle se retire dans le coin le plus reculé de la pièce. Il y a toujours une ruse sous ses folies apparentes et sa sensibilité excessive ne lui fait jamais perdre le sens de la stratégie. Nous expliquerons plus tard pourquoi elle s'est assise dans un coin comme une pauvre petite Cendrillon. Il importe d'abord de donner à l'homme peu soupçonneux de la Vierge quelque idée de ce qu'il trouvera dans le joli paquet entouré de rubans d'un rose délicat. Ainsi y verra-t-il plus clair dans les stratagèmes de celle qui se retire dans un coin.

Douze femmes. Voilà ce qu'il peut s'attendre à trouver lorsqu'il dénouera les rubans prudemment. Le Vierge fait tout prudemment. À elle toute seule cette femme douce, et qui feint de se soumettre si aisément, est un harem. S'il se rappelle ses leçons d'astrologie, comme il sied à un Vierge, il se souviendra que le Signe solaire Poissons contient les graines des onze autres Signes qui se succèdent autour de la roue du

Zodiaque. Voilà pourquoi elle écoute avec une attention aussi exquise. (C'est d'ailleurs ce qui a éveillé l'intérêt de Monsieur.) Elle écoute parce qu'elle est sage. Il n'est pas une chose au monde qu'on ne puisse lui confier, par exaspération par exemple, ni lui avouer par sympathie. Rien, même ce qui paraît le plus extraordinaire aux autres, ne lui fera écarquiller les paupières de surprise.

Natifs et natives des Poissons sont semblables à ce point de vue. Mais, étant donné qu'il s'agit ici d'une double influence féminine (Signe solaire féminin, planète dominante, Neptune, féminine), la femelle de l'espèce est nettement plus rusée que le mâle, surtout en fait de ruses féminines. Voilà du bon et sain sens commun astrologique. L'homme Vierge s'en rendra compte à coup sûr après un rien de méditation. Il devrait aussi être capable de saisir pourquoi, rien que par son charisme de caméléon, elle sème le désordre dans son esprit et ses émotions, pourtant d'habitude si ordonnés. Certaines natives des Poissons, très rares, se montrent agressives, ou jouent les enfants gâtées, exigeantes, ce qui arrache notre Vierge à sa placidité terrienne. Mais c'est parce qu'il leur reste un zeste de Bélier. Si à l'occasion elle se montre entêtée et refuse de céder un centimètre (même plus entêtée que lui et ce n'est pas peu de chose), c'est parce qu'un relief de Taureau dans sa nature rend son esprit momentanément aussi ferme que du ciment et elle devient alors inaccessible à la persuasion. Puis quand il parvient à écorner le ciment grâce à son charme paisible de Vierge, elle devient aussi instable qu'un papillon géminien, si vive que Mercure aux pieds ailés en personne (maître intérimaire de la Vierge) paraît lent et hésitant. Puis elle éclate en sanglots et verse des torrents de larmes qui tournent inopinément à l'éclat de rire chaleureux, riche; d'abord elle lui tient des propos désobligeants puis elle s'agite autour de lui comme une mère poule autour d'un dernier poussin... vraiment la voilà bien capricieuse. À ce moment-là, elle révèle seulement la Demoiselle de la Lune qui siège en son âme. (Sans doute est-ce au cours d'une phase cancérienne qu'elle commença à penser à lui maternellement.) Capricieuse? Peut-être ne l'est-elle pas tellement mais elle a accumulé tant de souvenirs au cours de ses métamorphoses karmiques.

Et puis il y a aussi cette semaine extraordinaire où elle espérait insolemment qu'il la servirait à la baguette, parce qu'elle s'était foulé une cheville mais était trop fière pour avouer combien elle en souffrait. (Elle était alors sous l'influence du Lion.) Puis, pendant tout un mois, elle fut à la fois humble et courtoise, pourtant chacun de ses mots était une critique, à tel point qu'il eut l'impression de se trouver en face de sa propre image dans un miroir. Il l'était. Elle jouait alors dans son drame en douze actes son rôle de Vierge.

Quand il est allé lui présenter fièrement la vieille Ford *araignée* qu'il avait remise en état et fait briller comme neuve après de longues heures de bricolage du moteur et de la carrosserie... elle ne savait si elle était ravie ou exaspérée. D'abord elle voulut qu'il l'emmenât en promenade dans ce véhicule puis elle déclara que cette voiture noire la déprimait, qu'il aurait dû la peindre d'une couleur plus gaie, peut-être en mauve, en harmonie avec sa robe neuve. (Elle éprouvait alors une brève bouffée de balancement propre aux plateaux de la balance.) Il arriva au Vierge de s'endormir et d'oublier de lui téléphoner comme il l'avait promis; dès le lendemain, elle fit changer son numéro de téléphone en demandant que le nouveau ne figure pas à l'annuaire et elle refusa de répondre lorsqu'il sonna à sa porte. Elle lui donnait une piqûre de représailles à la manière du Scorpion pour le punir de n'avoir pas tenu parole. Ensuite elle lui pardonna, et lui donna un long baiser sensuel. Les genoux de son partenaire en fléchirent presque et il faillit s'évanouir sous l'impact d'une passion aussi violente que celle du même Scorpion.

Il y a aussi ce matin où il était avec sa mère et deux de ses meilleurs amis et où elle lui a dit tout de go qu'il avait besoin d'aller chez le coiffeur, à tel point qu'elle avait envie de lui passer un collier de chien autour du cou et de le tenir en laisse comme un cocker. (Ce n'était qu'une flèche cuisante de son arc de Sagittaire: une des flèches de vérité qu'elle décoche rarement mais seulement quand l'Archer émerge en elle.) Pendant un certain temps ensuite elle se montra si calme et réservée qu'elle lui rappela une fille du Capricorno qu'il avait connue autrefois. Et puis, un beau jour, elle lui dit froidement, sans la moindre émotion, qu'elle ne voulait pas l'épouser parce qu'elle se proposait de parcourir l'Europe pour étudier les Beaux-Arts et que son avenir professionnel comptait plus pour elle qu'une simple idylle... autrement dit que lui. Il fut choqué devant cette glaciale manifestation d'ambition saturnienne chez cette personne normalement humble, effacée, qu'il croyait connaître car il avait attentivement étudié son caractère.

Tout était redevenu paisible, familier et confortable entre eux quand elle déménagea inopinément et laissa à sa propriétaire à l'intention de son Vierge une adresse erronée. Il lui fallut trois mois pour la retrouver, encore dut-il s'adresser à la mère qui était alors dans l'Ohio. Quand il y parvint, elle fricotait avec son professeur de yoga. (Elle était alors sous l'influence du Verseau, caractérisée par des crises soudaines d'amnésie et d'excentricité.) Finalement — et essentiellement — la voilà de nouveau elle-même: une douce Poissons. Il faut se faire une raison, elle passe ainsi par douze personnalités différentes. Mais ce ne sont que des phénomènes temporaires. La plupart du temps, il n'y a pas plus gentil, sympatique, calme et paisible de ce côté du paradis. Sentimentale et tranquille. Sereine et sûre. Il est bon toutefois que l'homme de la Vierge sache à qui il a affaire et si elle se conforme à l'idée qu'il se fait d'une compagne pour la vie entière.

Revenons maintenant au début de ce chapitre. Il est temps de vous dire pourquoi elle s'est réfugiée dans le coin le plus éloigné de la pièce après qu'elle lui eut demandé ce qu'il éprouvait exactement pour elle et qu'il lui eut répondu d'une manière décevante. Elle était vexée et entendait pleurer sans qu'il vît ses larmes? Non. Elle était furieuse et allait bouder dans un coin en mangeant une galette dont elle ne lui offrit même pas une bouchée? Absolument pas. Elle alla au coin *extrême* de la pièce. Rappelez-vous ce que je vous ai dit: elle est avisée. Elle savait consciemment ou sentait (c'est la même chose pour les Poissons) la puissante polarité des Signes solaires régnant entre eux, parce que leurs Soleils de naissance sont opposés. Elle sait ce que cela signifie. Au bout d'un moment une telle polarité devient tellement magnétique qu'on ne peut lui résister. (Rappelez-vous l'expérience des aimants au début de ce chapitre.) Alors, vous voyez, elle savait très bien qu'en quelques minutes seulement ce magnétisme de leur «opposition astrologique» les attirerait l'un vers l'autre et que, si elle se mettait *physiquement* en opposition extrême avec lui dans la pièce... eh bien! les choses deviendraient «physiques» plus rapidement. Il lui dirait quelque chose de beaucoup plus intéressant que sa première réponse. Elle devinait qu'il s'exprimerait mieux par ses actes qu'il ne l'avait fait un instant plus tôt. Les natifs de la Vierge se lèvent de bonne heure le matin, mais celui-là devra se lever très tôt, en vérité, pour ne pas se laisser distancer par la fille des Poissons.

Elle avait raison évidemment. Sa stratégie neptunienne réussit à merveille. Victoire aussi douce que le satin et aussi rose que les rubans. En moins de dix minutes (attente silencieuse plutôt désagréable), il se conduisit d'une manière étonnamment impulsive pour un Vierge, traversa la pièce à grandes enjambées et la prit dans ses bras, pleura littéralement en lui disant qu'auprès d'elle il se sentait pareil à Alexandre le Grand brûlant de conquérir le monde... le monde mystérieux qu'il devine en elle. Enfin, merveille des merveilles! il la demanda en mariage. Notre native des Poissons rougissait, redevenue féminine, modeste, et même soumise, semblait-il. Il y avait dans son regard la brume d'une rêverie neptunienne.

Très naturellement, les Signes de Terre et d'Eau se mélangent sexuellement dans l'extase la plus pure. Leur passion, à peu près toujours profonde, est enrichissante, réconfortante, comme dans la Nature le mélange de la terre et de l'eau. Elle se sent en sécurité dans les bras de ce partenaire qui a l'impression d'acquérir par leur amour une nouvelle conscience de luimême. Souvent l'homme de la Vierge perd son sang-froid habituel avec la fille des Poissons qui a conquis son cœur et il ne peut rien lui arriver de mieux. Quant à elle, le seul fait de savoir quelle paix elle lui apporte suffit à la satisfaire. Il était en effet obsédé jusqu'au désespoir par sa solitude jusqu'à ce qu'il découvrît l'intensité des sentiments emprisonnés en lui lorsqu'ils se manifestèrent auprès de cette femme à qui il peut se fier, sûr qu'elle n'abusera pas de sa vulnérabilité, ne ternira pas l'image toute faite de pureté qu'il se fait secrètement de l'amour. Peut-être s'aiment-ils tous les deux aussi complètement parce qu'ils sentent que leurs rêves sont chaleureux et sûrs. Leurs corps réagissent donc librement, avec la sagesse qui leur est propre, dans leur intimité et dans toute leur vie familiale. Il n'y aura guère de dos-d'âne ni de nids-de-poule dans leurs relations. Il est tellement intelligent et elle est si sage (ne confondons pas) que s'ils s'y efforcent réellement, ils pourront aplanir leur route, mutables l'un et l'autre, il leur sera facile de parler entre eux de tous leurs soucis, ce qui est toujours excellent. Elle flirte. Inutile de nous le cacher: elle flirte. Peut-être a-t-elle commencé dès l'âge de six ans. Les hommes se sentent attirés magnétiquement vers elle et elle ne peut s'empêcher de réagir avec affection. Mais il aurait tort de considérer comme infidélité la charité chrétienne avec laquelle elle prête une oreille attentive à ses amis des deux sexes. Il n'a rien à craindre à ce sujet, sauf s'il boude continuellement par ressentiment et provoque lui-même l'infidélité de sa partenaire. (Ce que nous craignons nous arrive infailliblement.) Elle doit aussi éviter de le crisper et l'inquiéter inutilement par son attitude distraite envers l'argent. Elle devrait s'efforcer un peu plus de tenir ses comptes en équilibre et de ne plus donner au premier venu qui, pense-t-elle en a besoin, les économies qu'ils ont faites en vue de leurs vacances. D'autre part, il aurait tort d'étouffer les impulsions généreuses de cette femme parce qu'il est d'une parcimonie obsessionnelle. Qu'il fasse donc un effort sincère pour être bon perdant, tant au point de vue financier que sentimental.

Elle ne pourra rester amoureuse d'un homme qui est avare en fait d'argent et d'émotions. Elle ne saurait respecter ni apprécier physiquement un poing crispé, un compte en banque trop méticuleux, une personnalité trop raidie dans ses convictions. Cela la rendrait petit à petit frigide et nous savons que certains neptuniens en ces cas-là tombent dans la boisson, rien que par dépression et frustration. S'il veut les garder toutes les douze heureuses, il devra s'habituer à se détendre, à prendre les choses plus à la légère, à cesser de la critiquer, surtout au moment où elle s'efforce de lui faire plaisir. Il devra se montrer plus simple et plus généreux. Quant à la fille des Poissons, il lui faudra simplement cesser de cacher les revues et les chandails préférés de son partenaire derrière le canapé quand quelqu'un arrive chez eux; de mal assortir ses chaussettes, d'oublier de mettre le réveil à l'heure.

Homme POISSONS • VIERGE *Femme*

Je sais que cela peut paraître peu conformiste, voire ahurissant, mais la première chose dont cet homme et cette femme discuteront peut-être ensemble lorsqu'ils auront été attirés l'un vers l'autre pour la première fois, c'est… ma foi, ce n'est vraiment pas romanesque, mais ils se sont peut-être engagés aussitôt dans une conversation passionnante au sujet de leurs pieds.

Ils s'y intéressent l'un comme l'autre. Et, à ce propos, ils ne manquent pas de sujets de conversation: les mérites de leur pédicure préféré, la difficulté de trouver des chaussures exactement à leur taille et bien d'autres points tout aussi intéressants. Le Signe des Poissons, vous voyez, «gouverne» les pieds. Chaque Signe solaire est aligné sur une certaine partie du corps. Parce que le Signe des Poissons est associé avec les pieds, les souliers, toutes les idiosyncrasies pédestres intriguent le Poissons type. C'est aussi vrai pour la Vierge type. Elle se soucie des pieds et des souliers pour plusieurs raisons, notamment parce que sa véritable planète dominante, Vulcain, est la «déesse infirme du Tonnerre» (ainsi dénommée pour des raisons que je n'ai pas la place d'exposer dans cet ouvrage). Il se trouve aussi que la plupart des natifs de la Vierge sont plus ou moins obsédés par l'idée de *chaussures pratiques.*

Si vous ne vous êtes jamais demandé ce qu'il est advenu du «p'tit cordonnier» du coin de la rue, sachez qu'il est toujours là-bas et qu'il rapetasse les chaussures de ses dernières clientes natives des Poissons et de la Vierge ainsi que d'une petite pincée de Chevrettes. Les Vierge, en général, n'achètent pas leurs chaussures à la légère. Elles entendent que les souliers pour lesquels elles se séparent de leur bon argent soient pratiques et dignes de nombreuses réparations, que ce ne soient pas de ces fragiles bottines de fantaisie qui tombent en morceaux au bout d'une dizaine d'années. Il existe évidemment quelques Vierge exemptes de ce tic, mais la plupart d'entre elles sont nettement fétichistes de la chaussure. Elles lésinent peut-être sur leurs vêtements, meubles, plaisirs, loisirs, tout superflu, mais, quand il s'agit d'aliments de santé, médicaments, papier de toilette et souliers, elles nous étonnent par leur prodigalité. La commode de leur salle de bains déborde du tissu de papier le plus fin, qu'elles achètent par caisses entières, et de savons médicaux à gogo. Les étagères de leur pharmacie fléchissent sous le poids des flacons, des boîtes, des bandages, du sparadrap. Dans leur cuisine, les éléments de rangement sont bien pourvus de vitamines; le réfrigérateur contient tant de boîtes de germes de soja et de blé qu'on les prendrait pour des serres. Quant aux tiroirs de leur commode dans la chambre à coucher, ils sont souvent bourrés de souliers. Il ne s'agit pas de gaspillage. (Vierge gaspilleuse? Dieu nous garde!) Elles n'achètent pas tellement de paires de chaussures, mais elles les *épargnent* au point d'en accumuler des quantités alarmantes; elles les font réparer et les conservent pour leurs enfants, leurs petits-enfants dont elles mesurent soigneusement les pieds chaque année en espérant qu'ils atteindront bientôt la taille voulue pour qu'elles leur repassent ces laissés-pour-compte.

La Vierge sera enchantée de voir le Poissons s'intéresser autant à ses histoires de godasses que si elle lui parlait de Cendrillon et de son chausson de vair. Quant à lui, il sera tout aussi ravi en constatant qu'elle est nettement fascinée par ce qu'il lui raconte au sujet de ses pieds. Le Poissons a tellement l'habitude d'écouter les autres qu'il est aux anges lorsqu'il rencontre, pour une fois, quelqu'un capable de s'intéresser à ce *qu'il* raconte. Il se rapprochera lentement de la belle (je vous ai dit au début de ce chapitre que les sujets de Neptune sont assez rusés; la stratégie qu'il met en action ne vise pas seulement les orteils de la Vierge). Ainsi, il s'approche subreptice-ment d'elle. Il lui dit que lorsqu'il se promène pieds nus sur la plage, même l'été, il est toujours obligé d'aller ensuite se chauffer les pieds devant le feu parce qu'ils sont glacés. Il avoue que ses pieds exceptionnellement grands (ou bien exceptionnellement petits pour un homme) le gênent. Les Poissons, en effet, ont toujours les pieds trop grands ou trop petits, jamais entre les deux. Elle lui marquera sa sympathie d'une manière charmante. Puis il lui parlera du temps où il payait ses études en posant (anonymement bien sûr) pour une marque de bandages souples contre les cors aux pieds... Elle éclate-ra du petit rire argentin de Mercure... Il s'approchera encore un peu plus près, encouragé par des étoiles de gaieté qui brillent dans leur clair de Vierge. Il lui confiera que ses pieds sont toujours froids la nuit, à tel point qu'il est parfois obligé de se lever pour aller cher-cher une bouteille d'eau chaude ou bien de brancher son chauffe-lit électrique. Elle murmurera que cela lui arrive aussi parce que la nuit, quel que soit le nombre de couvertures ou d'édredons sous les-quels elle dort, elle a les pieds froids. S'il s'est rapproché cette fois, c'est peut-être parce qu'elle murmurait trop bas.

«Voilà un des malheurs les plus fréquents des célibataires, dit-il d'une voix encore plus douce. C'est comme ça quand on dort seul. Je suis sûr que les amoureux ignorent cet ennui. Ils se tiennent chaud l'un l'autre, toute la nuit... de la tête aux pieds.»

Malgré toutes ses inhibitions et sa réserve, voilà comment notre Poissons remporte sa première victoire. La Vierge la plus froide, la plus détachée, ne peut s'empêcher de fondre en entendant ces mots. Mais ce n'est possible, évidemment, que si elle est déjà assez renseignée sur lui et si elle a secrètement envie de le mieux connaî-tre depuis assez longtemps. Ça ne se produit jamais la première soi-rée, disons plutôt: presque jamais. Le Poissons mâle peut se révéler d'une séduction inattendue, surtout pour une femme née sous le Si-gne solaire opposé au sien. Or, cette opposition joue exactement son rôle, comme une paire d'aimants. Achetez-en à la première quin-caillerie venue, vous verrez comment ils s'attirent. Présentez-les l'un à l'autre, extrémité négative en face de l'extrémité négative, et de même pour les extrémités positives. Essayez de les faire coller l'un à l'autre. Ah! Mais si vous en retournez un, nos deux aimants se font face en polarité ou opposition (négatif-positif). Ils se précipitent aussitôt l'un vers l'autre, même si vous vous efforcez de les retenir. Acheter une paire d'aimants et en faire l'expérience à temps perdu (il est vrai qu'elle n'en perd guère d'habitude) serait fort utile à la Vierge amoureuse d'un Poissons mâle. Disons même que ce serait un investissement pratique. Cette expérience lui montrera d'une manière spectaculaire ce qui se passera le plus vraisemblablement lorsqu'elle sera seule avec cet homme et qu'ils en viendront à parler de leurs pieds. Qu'elle le sache n'empêchera rien et ne la protégera pas de l'inévitable à partir du moment où il s'est enroulé autour de son cœur. Mais il vaut toujours mieux être prête, c'est une affaire de bon sens. (Les Vierge sont toujours extrêmement sensées.)

La sympathie que Vierge et Poissons inspirent l'un à l'autre a un caractère latent nettement sexuel. Ils sont faits pour s'aimer. Même en cas d'aspect défavorable de leurs Luminaires dans la comparaison de leurs thèmes de naissance, ils ne se tourneront pas le dos. Ils se disputeront à peu près sur tous les sujets, *sauf* sur leurs pratiques amoureuses. Voilà un cas de chimie polarisée extrêmement puissante. La manière délicate dont il aborde l'amour amènera la Vierge à réagir totalement, comme elle ne le ferait pas avec un amant ou époux plus agressif. Il y a quelque chose de tendre et de poétique dans le désir neptunien de cet homme, qui agit de manière irrésistible sur le cœur éthéré de la Vierge. D'autre part, le calme de la Vierge, le caractère terre à terre de sa passion, le tonnerre retentissant de Vulcain étonneront et exciteront le Poissons, éveilleront ses aspirations secrètes, et il retrouvera auprès de la femme qu'il aime des rêves d'extase presque oubliés... et qui l'ont pourtant hanté, comme une mélodie familière autrefois. D'instinct, ils font l'amour d'une manière désintéressée, de telle sorte que leur union sexuelle se montre rarement exigeante, mais plutôt comme une chose douce où l'on se donne réciproquement, où l'on se satisfait paisiblement l'un l'autre, à l'aide d'une affection sincère et d'un désir de considérer les besoins du partenaire en fait d'intimité et d'expressions physiques de ses sentiments.

Mais la sympathie pourra être moins vigoureuse et bénie entre eux lorsqu'il ne s'agira plus seulement de partager leur cœur et leur corps... mais leur argent. Lui, il partage volontiers le sien, mais elle, elle y répugne. De temps à autre, vous trouverez un rare spécimen de Poissons avare ou de Vierge exceptionnellement dépensière ou trop généreuse, qui traite les affaires financières à la légère. Mais elles seront bien peu nombreuses. Peut-être le considérera-t-elle comme immature au-delà du possible et trop négligent en ce qui concerne les affaires matérielles, et elle n'hésitera pas à le critiquer quand il risquera de perdre de l'argent dans des projets qui, selon elle, ne reposent pas sur des fondations saines et solides... ou simplement lorsqu'il donnera de l'argent à des amis, des parents, des voisins qui peuvent ne jamais être capables de le lui rembourser. (Il ne l'espère d'ailleurs pas. Les Poissons prêtent rarement de l'argent mais le donnent plutôt.) Peut-être pensera-t-il, sans en rien dire d'abord, qu'elle se soucie trop et le tracasse trop lui-même au sujet de la sécurité financière. Puis il lui paraîtra que ses soucis la transforment, que ses yeux brillent d'une lumière moins douce, que sa voix n'est plus un carillon argentin, mais évoque plutôt le tocsin annonçant une restriction de sa liberté d'être lui-même.

La Vierge est une femme presque parfaite, c'est-à-dire qu'elle a des défauts. Le plus remarquable n'est autre que son esprit excessivement critique et chamailleur avec l'homme qu'elle aime. Voilà qui est regrettable, car le défaut féminin que cet homme supporte vraiment le moins n'est autre précisément que le goût de la chamaillerie. Il se sent frustré quand il a l'impression de lui avoir manqué d'une manière quelconque — ou d'aucune manière, d'ailleurs — et il sera tenté d'user de représailles: maussaderie, irritabilité constante, réponses acerbes... ou l'évasion par d'autres moyens, tels que prendre l'habitude de s'arrêter au bistrot au retour du travail, de raconter ses histoires de pieds à des oreilles étrangères mais sympathisantes, puis de rentrer à la maison à la nage parce qu'il ne tient pas bien sur ses jambes. Pis encore, il pourrait se réfugier dans la drogue. Peut-être aussi se retirera-t-il dans la rêverie jusqu'à ce que leurs communications intimes, autrefois partagées, glissent vers l'ennui, le silence, et que s'élève entre eux un haut mur d'amertume et de ressentiment réciproque.

Étant donné que la fille de la Vierge a tant de respect pour le bon sens, elle ferait bien de se rappeler, avant qu'il ne soit trop tard, pourquoi elle est tombée amoureuse de cet homme. Elle voyait en lui une sorte de magicien qui l'emmenait naviguer dans un merveilleux Pays-de-nulle-part, où tous les rêves qu'elle faisait semblaient devoir se matérialiser, pourvu qu'elle les crût réalisables. C'est donc lui qui les lui présentait comme féconds, à condition qu'elle eût assez de confiance et de patience. Son bon sens montrera à notre Vierge qu'il est insensé de faire disparaî-tre l'enchantement qui l'émut autrefois jusqu'aux larmes. Ni la perte d'ar-gent, ni l'accumulation de biens terrestres n'en valent la peine. Trop de critiques peut faire perdre au Poissons mâle le respect de lui-même, chose toujours désolante pour les natifs de ce Signe. Qu'elle se rappelle donc les merveilles qui l'ont rendue amoureuse et qu'elle oublie le reste!

Quant à lui, il devra réaliser que cacher des secrets à cette femme peut la blesser profondément. Les natifs des Signes de Terre ressentent tout profondément. Parfois, ceux et celles des Poissons gardent des se-crets sans raison précise, sauf qu'ils ont pris l'habitude de le faire en-vers des étrangers. Mais sa partenaire n'est pas une étrangère. C'est la fille aux yeux clairs, étincelants, qui comprend à son sujet des choses que personne n'avait jamais comprises, qui l'écoute avec une attention affectueuse, quand personne d'autre ne lui prête l'oreille. La plupart de ses soucis dérivent du fait qu'elle voudrait le rendre heureux. En outre, le Poissons doit convenir qu'il ne perd rien à la présence auprès de lui d'une femme très soucieuse de lui assurer la paix de l'esprit. Quand on y regarde de près, on constate qu'il n'a guère de talent pour veiller à ses propres intérêts. Cela suscite chez elle une grande anxiété, car elle en vient à se demander si leurs relations ont vraiment un but clairement défini. Il ne perdra rien non plus à lui confier la barre, au moins pen-dant l'orage qui menace. Ainsi elle sera heureuse de sonder avec lui les mystères neptuniens et les chutes d'eau qui l'attirent. Mais pour cela il faudra qu'elle se sente en sécurité. Dans l'ensemble, elle préfère qu'ils paient comptant au lieu de recourir sans cesse à leur carte de crédit, ce qui augmente le montant de leurs dettes.

Étant donné qu'ils sont tous les deux mutables, Poissons et Vierge se plairont à voyager ensemble et à s'entretenir. En général, ils communi-quent très bien. Il y a donc tout lieu d'espérer qu'ils discuteront de leurs ennuis et de leurs désaccords, les analyseront afin d'y apporter des solu-tions. Quand tout va bien, qu'ils sont de nouveau heureux entre eux, la confiance du début revient, et ils échangent des cadeaux pour l'anniversaire de leur première conversation au sujet de leurs orteils. Par sentiment, elle lui offrira une paire de sandales permettant de marcher sur le sable humide de la plage, et il lui donnera une paire d'aimants dans une jolie petite boîte… pour lui rappeler, à la manière subtile de Neptune, combien il lui manquerait s'il la quittait parce qu'elle est si inquiète et turbulente au Pays-de-jamais avec lui, à tel point qu'il en a le cœur brisé et qu'il préfère s'en aller plutôt que de la rendre malheureuse. À peine aura-t-elle vu ce petit cadeau qu'elle comprendra le sens du message. Après tout, elle est Vierge. Elle a donc l'esprit vif et alerte. Elle est aussi sensée. Elle sait que le chauffe-lit électrique sous les couvertures et l'édredon n'est qu'un bien triste succédané pour quatre pieds tièdes et confortables… et vingt orteils, devenus tellement intimes, à longueur d'année, qu'il leur suffit de s'effleurer à peine… pour se communiquer n'importe quel désir.

POISSONS
Eau - Mutable - Négatif
Régi par Neptune
Symbole: les Poissons
Forces nocturnes - Féminin

BALANCE
Air - Cardinal - Positif
Régi par Vénus
Symbole: la Balance
Forces diurnes - Masculin

Les relations

Parce que le Poissons est lié avec la vérité mystique latente derrière toute religion et la Balance à l'équilibre de la justice et de la charité qui équivalent à la paix, leur association est souvent (pas toujours, mais souvent) étrangement apaisante. Une influence à longue portée se manifeste non seulement sur la vie des deux sujets en cause mais aussi de manières diverses sur celle de leur entourage, selon les liens qui les unissent à ce Balance et ce Poissons particuliers, leur manière de vivre, leurs buts et ambitions… leurs rêves.

Dans un livre précédent, j'ai traité du théorème astrologique d'après lequel la Balance est *le pacificateur*. En effet, rappelons la vieille vérité astrologique d'après laquelle tous les gens de la Balance (absolument chacun d'eux) possèdent le sourire étourdissant de Vénus ainsi que la formidable aptitude à faire fondre toute opposition. Ce n'est pas seulement une observation de symbolisme astrologique mais littéralement un adage concernant l'estampille puissante, quoique invisible, des planètes et des Luminaires (Soleil et Lune) sur l'aspect physique (de même que sur le comportement) des humains: une estampille tellement reconnaissable que même les sceptiques qui refusent de reconnaître le caractère sacré de l'astrologie sont forcés d'en convenir, bien que de mauvais gré. Eh bien, maintenant, ils doivent de nouveau le remarquer.

Comme Sa Sainteté Paul VI avant lui, Sa Sainteté le pape Jean-Paul qui régna, hélas, trente-quatre jours seulement à la tête de l'Église catholique, à la fin de l'été et au début de l'automne 1978, était né sous le

Signe de la Balance. Entre autres choses particulières, ce Signe est associé traditionnellement avec les bibliothèques, les livres, l'édition (lien que partagent avec lui, mais à un moindre degré, Gémeaux et Sagittaire). Quelques jours seulement après avoir été élu pape, Jean-Paul Ier révéla au monde la nature de son menu trésor personnel de littérature: des petites lettres, éloquentes, sages, spirituelles, adressées à toutes sortes de gens, Marc Twain, les Beatles, Shakespeare et Charles Dickens. Pendant les longues années de sa vie fort occupée et consacrée au dévouement, ce natif de la Balance avait écrit à ceux qui, de nos jours et jadis, ont réalisé, créé. Il y apportait l'amour typique de son Signe pour la littérature et un sens également typique des «belles lettres». Je fus à la fois touchée et amusée en voyant ces lettres imprimées simultanément avec les détails de sa prise de pouvoir temporel sur les affaires de l'Église comptant des millions de fidèles. Je savais en effet quelle joie éprouvait ce pasteur (il préférait ce titre à celui de pape ou de pontife) en qualité de Balance, ce qui lui donnait enfin l'occasion de laisser le public jeter un coup d'œil sur son humour subtil et ses réflexions philosophiques adressées à ses bien-aimés «enfants créateurs».

Il n'avait jamais espéré évidemment que ces modestes lettres constitueraient un best-seller ou quoi que ce soit de ce genre. Il était seulement ravi de les voir imprimées et lues par un si vaste public: réalisation du rêve secret d'un gamin. Remettre ces lettres à la presse fut à peu près la première chose qu'il fit en accédant au trône de saint Pierre, et je suis certaine de sa profonde satisfaction en voyant l'humble vœu de ses jeunes années ainsi exaucé. Les nombreux natifs et natives de la Balance, qui écrivent en secret des poèmes ou des textes en prose ravissants et n'ont jamais l'occasion de les partager avec un public dépassant quelques rares intimes, comprendront le doux bonheur timide de Jean-Paul Ier.

Mais ce qui me toucha encore plus, chez ce pape natif de la Balance, fut le premier rapport que je lus dans un journal au sujet de sa mort à la suite d'une crise cardiaque soudaine le 29 septembre. Ainsi se terminait en moins de deux mois son règne aimable, joyeux et bienveillant ainsi que ses projets (n'en doutons pas de paix et de justice, selon la volonté de Vénus). À la première page du *Times* de Los Angeles, ce jour-là, dans une seule colonne de l'article décrivant le deuil de Rome, je trouvai trois références indiscutables au Signe solaire du pape défunt. D'abord l'article révélait qu'il était mort au lit, à 23 heures, d'une crise cardiaque et précisait: «La lumière était allumée, un livre de méditations ouvert se trouvait près de lui et un cardinal avait remarqué que son visage avait *le même sourire que d'habitude.*»

Quelques paragraphes plus loin, dans ce même article, les lecteurs apprenaient que: «Une femme en larmes qui priait à la basilique Saint-Pierre avait dit à mi-voix que *toute sa vie était dans son sourire.*»

Enfin, une citation de propos tenus par l'archevêque Aurelio Sabattani se trouvait dans les dernières lignes de l'article. Il disait à des milliers de chrétiens assistant à la messe pontificale à Saint-Pierre: «Jean-Paul était un homme *qui portait avec lui le sourire de Dieu... son sourire demeurera pareil aux rayons lumineux d'un phare.*»

Oui. Le sourire que Vénus prête à la Balance est une puissante source d'énergie et de lumière que peuvent voir les fidèles, les croyants et aussi les sceptiques. Nul n'y résiste. Nul ne le nie. Nul ne manque d'en être ému. Le sourire de Vénus rendit superbe Eleanor Roosevelt, native de la Balance, malgré ses traits banals. C'est grâce à lui que le Balance Eisenhower accéda à la présidence et il contribua pour beaucoup au succès du Balance Jimmy Carter. Il inonde et illumine les souvenirs de tous ceux qui regrettent le joyeux et bon Jean-Paul Ier. Le pape Jean XXIII, son prédécesseur, lui aussi natif de la Balance, usait plus parcimonieusement de son sourire vénusien, mais il était pourtant toujours là, prêt à éclairer le monde quand il avait besoin de persuader par la douceur.

Le sourire de la Balance... les yeux des Poissons qui recèlent les rêves neptuniens. Voilà deux indications, timbres indélébiles de l'influence planétaire sur les traits des Terriens. Puisque nous parlons des Poissons, en passant, je signale que la basilique Saint-Pierre où l'archevêque Sabattani loua le souvenir du dernier pontife défunt et son sourire porte évidemment le nom de l'apôtre Pierre qui (bien que né sous le Signe solaire du Bélier) n'est pas moins connu selon la tradition comme le *Grand Pêcheur.*

Chaque partenaire du couple Poisson-Balance n'a pas la moindre idée des raisons pour lesquelles l'autre pense et agit comme il (ou elle) le fait. Les mobiles, les attitudes, le caractère, la personnalité de la Balance sont totalement étrangers aux Poissons et les rendent perplexes. De même, le Poissons est une énorme énigme pour la Balance. Ces deux personnes ne seraient probablement jamais allées assez près l'une de l'autre pour se dire bonjour si elles n'avaient pas été mises en rapport l'une avec l'autre par «quelque force extérieure». Que sont ces forces extérieures? La salle de classe, le bureau, l'atelier, le travail, la carrière, un ami ou un parent, une amie ou une parente qui se plaît à assortir les gens, un accident quelconque, ne serait-ce que le fait de naître dans le même cercle de famille ou d'habiter deux maisons ou deux appartements contigus. Ces situations parviennent à rapprocher suffisamment Balance et Poissons pour qu'ils fassent connaissance ou que quelqu'un les présente l'un à l'autre. Ensuite, tout dépend d'eux. Ils ne choisiraient vraisemblablement pas de constituer une association quelconque. Mais du moment que le destin les met en contact, que chacun remarque les différences qui les séparent, constate combien le comportement de l'autre est étrange, après avoir atermoyé quelque temps, chacun décide de son côté d'élucider le mystère que représente l'autre et ces recherches deviennent une préoccupation permanente.

Une des raisons qui poussera la Balance à s'intéresser ainsi aux Poissons, c'est qu'elle remarque combien ce dernier lui rend volontiers service de toutes sortes de façons. Pas forcément en qualité de maître d'hôtel, bonne à tout faire ou valet de pied mais de manière subtile. De toute façon, les Poissons «rendent service» aux gens de la Balance, que ce soit d'une manière visible, tangible, palpable ou bien de façon subreptice et invisible. La Balance s'en rend toujours compte et constate alors qu'elle (ou il) en a besoin. Le syndrome du «service» est encore plus puissant entre les Poissons et la Balance pour la simple raison que les premiers, même sans que s'exerce cette influence, inclinent à se rendre utiles aux natifs de tous les Signes solaires. Quand les Poissons rencontrent quelque sujet de la Balance, Signe qui représente pour eux la sixième maison astrologique, celle de l'humilité et de la soumission à tout le monde en général, la tendance à constituer une force utile et bénéfique dans la vie de la Balance se trouve renforcée. Malheureusement, un rien de masochisme se glisse pour des raisons évidentes dans cette tendance à servir. Quelles raisons évidentes? Le syndrome de l'enfant gâté, tout simplement. Les Poissons doivent donc se méfier car la Balance pourrait abuser de ces vibrations doubles de «service» et les ferait nager dans tous les sens, en rond, vers l'amont et vers l'aval, pour rendre leur existence plus agréable et facile. Or dans cette affaire, le Poissons n'aurait que le petit bout du bréchet. Peut-être est-il nécessaire de rappeler que si, après avoir mangé le poulet, deux personnes tirent chacune de son côté l'extrémité du bréchet, celle qui remporte la jointure verra ses vœux exaucés mais l'autre, qui a le petit bout du bréchet, se mariera la première.

C'est injuste. C'est aussi fâcheux parce que la Balance — et pas les Poissons — est dévorée par le désir de se marier et d'équilibrer sa vie avec quelqu'un d'autre. Disons même que les natifs de la Balance riment si mélodieusement avec les fleurs d'oranger et la marche nuptiale de Lohengrin que les plateaux de leur balance sont déséquilibrés et qu'ils souffrent de graves dépressions s'ils sont obligés de vivre seuls pendant trop longtemps. D'autre part, les Poissons types redoutent le mariage qu'ils considèrent comme aussi dangereux qu'un hameçon fait pour accrocher leur liberté de mouvements. Ils l'évitent avec succès, sinon ils (ou elles) se débrouillent pour échapper au filet marital chaque fois qu'ils sont pris. Nombre de Poissons, hommes ou femmes, sont donc des solitaires portés à la méditation, en vertu de leur propre choix parce qu'ils attirent toujours les gens du sexe opposé. Ceux ou celles qui ne restent pas célibataires se marient trop, c'est-à-dire trop souvent. Rares sont en effet les natifs de ce Signe qui se marient une seule fois. Il y en a mais ils sont aussi rares que le merle blanc. On constate la même tendance chez les natifs et natives des Gémeaux. Toutefois, je me répète afin de ne pas vexer les Poissons heureux en mariage et qui entendent le rester: ils en ont bien le droit; faire exception n'est ni crime ni délit.

Chacun son morceau de bréchet à la main, ils sont aussi dépités l'un que l'autre. Le Poissons va se marier le *premier* et c'est probablement la *dernière* chose qu'il souhaite. Vraisemblablement la Balance est aussi déçue parce qu'elle (ou il) souhaite se marier; elle (ou il) a le plus gros bout du bréchet; son vœu se réalisera donc mais plus tard. Elle (ou il) devra attendre plus longtemps que les Poissons. Zut alors! la Balance est frustrée et pourtant elle a tiré dur sur son morceau de bréchet. C'est ce qui lui a valu l'extrémité la plus longue, bien fait pour eux, pour les Poissons et pour la Balance. Ils n'auraient pas dû s'amuser avec ce bréchet, parce qu'ils n'auraient pas dû manger de poulet. La volaille n'est pas sur la planète pour que les humains la mangent. Graines, noix, noisettes, céréales, herbes, fruits, légumes sont bons à manger. Poissons, gibier, oiseaux et tous autres animaux ne le sont pas. Nous sommes tous plus ou moins légers; l'astrologie est sérieuse lorsqu'elle nous déconseille de manger de la chair. Mais quelle que soit la conviction de ceux qui s'en abstiennent, ils ne convaincront pas les autres en les grondant. Les choses s'arrangeront mieux grâce à la charité du Poissons et au sourire de la Balance avec un rien d'humour (et peut-être une pincée de franchise du Bélier). Maintenant que nos deux partenaires ont fait connaissance, peut-être choisiront-ils le végétarisme comme sujet de discussion dès le mardi suivant. Voilà le programme qui convient parfaitement pour cette équipe d'orateurs. Le Poissons pourra considérer l'aspect religieux de l'affaire alors que la Balance sera le juge et pèsera sur les plateaux de sa balance le droit moral des poissons, de la volaille, du gibier, de tous les animaux d'exister sans être forcés d'entrer dans la chaîne alimentaire, étant donné que leur chair n'est pas du tout utile aux hommes. Ils auront de quoi s'occuper. Le point de vue religieux des Poissons comporte de multiples facettes, une douzaine de pour et de contre sujets à controverse. Les plateaux de la Balance oscilleront au fur et à mesure qu'elle (ou il) énumérera les arguments pour ou contre afin d'arriver à un honnête équilibre. Le Poissons y contribuera en ajoutant d'abord quelques gouttes de son point de vue sur un des plateaux puis quelques gouttes sur l'autre plateau, pour aider dans sa tâche son ami, associé, parent, amant, maîtresse, conjoint, conjointe. Ils *commenceront* cette discussion religieuse et spirituelle du végétarisme le mardi suivant mais ils n'auront pas fini avant bien longtemps.

Cependant, durant leurs chamailleries (excusez: discussions) la Balance l'emportera sur quelques points particuliers en faisant rayonner son sourire à fossettes vénusiennes. Les Poissons se prépareront une bouillie de caroube pour renouveler leur énergie et en serviront une part sur une assiette de porcelaine délicate, peinte à la main, avec une petite serviette bleu ciel. Tout ira bien, en douceur, dans l'harmonie; ils s'entretiendront gentiment sans élever la voix. Mais voilà qu'un ami Taurin passe chez eux et leur suggère innocemment une pause dans leur débat, au cours de laquelle ils iront déguster un steak au restaurant voisin. Notre Taureau reculera (il est difficile de faire battre en retraite une telle masse de vigueur et de courage) en voyant sur les visages du Poissons et de la Balance combien il les a choqués. Mais le natif (ou la native) de la Balance se servira de son sourire comme d'un laser pour retenir le Taureau. Les Poissons offriront gentiment une assiette de bouillie de caroube… et que pensez-vous qu'il arrivera? Qu'est-ce que vous pariez? Je dis qu'à eux deux, Poissons et Balance baptiseront un nouveau converti.

Femme Poissons • Balance *Homme*

Ah! oui… le tintement des clochettes d'or. Ils les entendent ensemble, l'homme de la Balance et la fille des Poissons, quand enlacés ils roucoulent devant un feu pétillant par une froide nuit d'hiver… et que Jack Givre esquisse de jolis dessins critallins sur les vitres de la fenêtre… et que dehors aussi la neige tombe sans bruit, dans la rue, au-delà du grand globe de lumière jaune qui entoure un lampadaire.

Voilà une toile moelleuse de contentement, peinte facilement et distraitement par cet homme et cette femme, parce que Poissons et Balance ne sont, d'aucune façon, des enfants «ordinaires» de Mère Terre. Un rien rêveur, il embaume légèrement le santal, les mystères extrême-orientaux, ainsi qu'une touche de l'arôme familier des tartes aux pommes, du charme de l'escarpolette devant le porche de la maison. Elle est brumeuse et rêveuse aussi, même plus rêveuse que lui. Les battements du ressac se lisent dans ses yeux, écumant doucement contre la côte. Oui, j'ai dit le bruit du ressac dans ses yeux. Cela s'appelle une «licence poétique». Tout Balance, toute Poissons possède une licence en poésie, joliment encadrée et accrochée au mur de leur esprit romantique.

Tout à coup, un vent frais traverse la pièce: des petits glaçons se forment entre eux et la scène paisible, tiède se givre parce que leur conversation atteint une note discordante inattendue. Parce que les Poissons débordent de sympathie autant pour les inconnus que pour leurs amis et que le natif de la Balance est en général bien renseigné sur les nouvelles du jour, il était normal que leur entretien dérive vers le problème de la drogue, en particulier au sujet de quelques-unes de leurs relations. Elle était particulièrement malheureuse parce qu'une de ses amies venait de contracter l'habitude de «sniffer» lors d'un voyage à Aspen où elle était allée faire du ski. Notre native du Poissons lui a expliqué comment la cocaïne détruit la chair et les cartilages entre les narines et lui a parlé du nombre alarmant de cocaïnomanes qui sont obligés de subir des opérations de chirurgie esthétique… et même il arrive que le nez s'effondre, transformant leur visage en un masque grotesque. Rien n'annonce cette catastrophe. Elle se produit comme ça, tout d'un coup, un jour quelconque. Le nez disparaît pratiquement et il n'y aura pas de réparation permanente possible. Jamais.

Elle frémit en y pensant, se penche plus près de son Balance et lui demande: «N'est-ce pas affreux?» Il ne lui répond pas immédiatement, alors elle lui raconte encore pire: au lieu de lui être reconnaissante de ses conseils, cette amie lui a dit froidement: «Occupe-toi de tes affaires.» Être traitée aussi durement a peiné notre dame Poissons car elle ne cherchait qu'à rendre service. (Elle répand tant de sympathie autour d'elle la plupart du temps qu'elle a bien le droit d'en espérer quelques gouttes pour elle-même.) Elle attend que lui au moins prononce quelques paroles de sympathie. Il reste silencieux. Mais elle est patiente. Elle ne le presse pas. Elle attend.

Enfin, il sourit, la regarde droit dans les yeux et lui dit sévèrement: «Pourquoi es-tu si choquée par l'horreur d'un nez détruit par la cocaïne? As-tu jamais pensé à l'aspect que doivent avoir tes poumons quand ils se débattent sous la nuit noire de goudrons accumulés par les cigarettes que tu fumes? Quand cesseras-tu de fumer? Tes poumons comptent autant que le nez dans la santé de l'homme. On a besoin des uns et de l'autre pour respirer.»

Ce n'est pas tout à fait la réponse qu'elle espérait. Comment peut-il être assez déloyal pour lui reprocher une de ses rares faiblesses, quand elle demande seulement un peu de compréhension au sujet d'une chose qui la tracasse tellement? Elle se retire en elle-même, comme le font tous les Poissons à certains moments; ils deviennent alors des «Poissons froids».

Cela lui rappelle ce qui s'est passé la semaine précédente. Elle s'était enthousiasmée à peu près une demi-heure en expliquant combien l'intrigue portant sur un phénomène de réincarnation dans le film qu'ils venaient de voir lui avait plu. Ils retournaient chez eux en voiture. *Lui* aussi avait trouvé ce film à son goût. Elle l'avait *deviné* à la manière dont il se comportait pendant la projection, la façon dont ses yeux fascinés restaient rivés sur l'écran; il n'avait pas fait un mouvement, même pendant le long générique apparu après le film et quand les lumières étaient déjà allumées. Et voilà pourtant qu'au moment où elle souhaite partager cette satisfaction avec lui, il fronce les sourcils et dit: «Moi j'y ai plutôt vu un navet. Warren Beatty et Julie Christie sont au poil mais le film n'a pas pris son essor un seul instant, parce que l'intrigue est trop mince, pas assez complexe. Les dialogues aussi sont terribles.»

Qu'est-ce qui lui prend à cet homme? Aurait-il un doctorat en sadisme? Est-ce que la nuit au lieu de dormir il médite sur des moyens de la mettre à plat chaque fois qu'elle est heureuse, joyeuse et positive? C'est *lui* qui a insisté fermement pour qu'ils cessent de voir le couple qui avait fait prendre à leur amie sa première ligne de cocaïne. Pas plus tard que la veille, il a dit qu'il avait bien envie de coller un gros coup de poing dans la figure du mari. Comment peut-il changer de parti pris du tout au tout sans raison? Un rien de schizophrénie peut-être? Aurait-il besoin de consulter un psychiatre?

Elle se trompe sur tous les points. Il n'a rien d'un sadique, il ne la déteste pas, il ne cherche pas la nuit des moyens de la vexer cruellement. Il souffre intérieurement lorsqu'il constate qu'il lui a fait mal. Alors pourquoi fait-il *ça?* Il n'est pas schizophrène non plus. C'est un natif de la Balance. Il est donc plus ou moins consciemment obligé de peser sur ses plateaux tout ce qui lui vient aux oreilles pour être jugé. Il faut que sa balance soit en équilibre. Serait-il honnête de n'écouter qu'un seul son de cloche sans chercher à comparer un point de vue avec le point de vue opposé?

Si elle s'y était prise autrement, il lui aurait donné la réponse qu'elle espérait. Après lui avoir parlé de sa conversation avec son amie, elle aurait dû pousser un soupir et ajouter: «Mais je n'ai guère le droit de *la* mettre en garde ainsi, étant donné que je ne parviendrai sans doute *jamais* à cesser de fumer et je suis *sûre* que mes poumons sont en aussi mauvais état que les tissus de son nez.» Son partenaire lui aurait répondu quelque chose dans le genre: «Pourquoi dis-tu "jamais"? Tu as déjà cessé une fois, ma chérie. Tu peux recommencer. En outre tu ne fumes pas assez de cigarettes pour faire à tes poumons ce que la cocaïne fait au nez de Cindy et les résultats se manifesteront beaucoup plus tôt chez elle alors que toi tu fumes depuis des années. Elle s'est conduite en ingrate parce que tu lui parlais ainsi pour son bien. Je vais lui téléphoner dès demain et je lui dirai ce que j'en pense.»

La semaine précédente, dans la voiture, en revenant du cinéma, supposons que la fille Poissons ait dit: «Je ne comprends pas pourquoi on vante tellement ce film. C'est tout juste un *remake* sur un thème qui a déjà beaucoup servi. Je ne lui ai rien trouvé de particulièrement intéressant. Et toi?» Dans ce cas, pendant tout le reste du trajet, la Balance aurait chanté les louanges de tout: jeu des acteurs, mise en scène, intrigue, couleur, musique. «Comment peux-tu dire qu'il n'y a rien de particulièrement intéressant dans ce film? Comment peux-tu *dire* ça? Voilà des années que je n'ai pas vu un film qui m'a autant détendu et amusé. Un spectacle *formidable!*»

Vous voyez maintenant d'où les natifs de la Balance tiennent leur réputation de «crocodiles hargneux», gens impossibles, contrariants et tout ça? En réalité ces pauvres chères âmes doivent leur réputation au fait qu'il s'efforcent d'être justes. Natif de la Balance, la vedette de cinéma Charlton Heston personnifie tout ce que l'astrologie a jamais attribué à ce Signe solaire, jusqu'à la dernière fossette, y compris le sourire à-ramollir-les-genoux. La puissante virilité, la vigueur, équilibrées par une part égale de douce tendresse, le macho palpitant pourtant doué d'une belle sensibilité... l'intelligence, les traits finement ciselés... un véritable arc-en-ciel de Vénus! Voilà une Balance aux plateaux dorés parfaitement équilibrés. Mais on trouve aussi chez lui l'indécision, l'acharnement à s'efforcer à prononcer un jugement honnête qui assombrit parfois le noble personnage de Moïse-Ben Hur.

Interviewé à la télévision au sujet du comportement critiqué par certains et approuvé par d'autres de l'actrice (native du Verseau) Vanessa Redgrave qui avait profité de la cérémonie de remise des Oscars pour prononcer un discours politique en recevant le sien, Heston fronça les sourcils et son «noble front» s'assombrit. Un reporter lui demanda donc s'il était d'accord avec les critiques de Vanessa. Il répondit (honnêtement): «Ma foi, cette dame s'est toujours beaucoup souciée de politique mais c'est aussi une très bonne actrice et j'estime qu'on ne devrait la juger rien que...» Tout à coup un autre reporter lui coupa la parole en demandant: «Alors vous la *défendez?*» Heston enchaîna comme s'il continuait la même phrase mais en renversant le sens du tout au tout: «mais, *d'autre part,* j'estime qu'elle n'avait moralement pas le droit d'exposer son point de vue en une telle occasion.» Vanessa elle-même ne sait pas encore à coup sûr ce que pensait *réellement* Charlton Heston au sujet de cet incident. Je peux le lui dire. Si le second reporter ne l'avait pas en quelque sorte sommé de répondre catégoriquement, il l'aurait défendue.

Étant donné les différences prononcées entre leurs mobiles essentiels, il n'est jamais facile à la fille Poissons et à l'homme Balance de tomber amoureux l'un de l'autre. Néanmoins, à partir du moment où cela leur arrive, leurs différences se fondent les unes dans les autres d'une manière étonnamment satisfaisante et dont ils bénéficient tous les deux. Ils partagent le sentimentalisme, la sensibilité, de même que l'amour de la beauté. Chacun préfère la paix et l'harmonie au comportement agressif et aux algarades pénibles. (Les discussions auxquelles se livre si volontiers la Balance ne sont jamais des *algarades,* vous voyez, mais seulement d'agréables conversations!) Ni la Balance ni les Poissons ne peuvent supporter longtemps les dures réalités d'un conflit aigu, et s'il devait en surgir entre eux parce que l'un aurait un horoscope gravement affligé, l'autre ne tarderait pas à s'envoler (Balance) ou filer à la nage (Poissons) et ne reviendrait probablement pas. Ce qu'il y a de bon dans cette particularité, c'est qu'ils s'éclipseront l'un et l'autre *ensemble* sous l'effet de pressions *extérieures,* c'est-à-dire qu'ils échapperont à l'adversité en se précipitant dans les bras l'un de l'autre pour y trouver un havre de paix dont ils ont besoin afin de rester en équilibre (lui) et tranquille (elle).

L'intimité sexuelle entre cet homme et cette femme suscitera un lien romanesque qui dans une très large mesure apaisera les difficultés qu'ils peuvent avoir pour ajuster leurs personnalités et leurs genres de vie. Il comble le cœur neptunien de sa compagne en y versant toute l'affection à laquelle elle a jamais aspiré car, d'instinct, il sait comment exprimer son amour physiquement avec une douceur pleine de considération, comme elle en a besoin et qui lui vaut la confiance de cette partenaire. Elle lui apporte la même satisfaction parce qu'elle devine les désirs de son Balance presque par télépathie. Leurs pratiques amoureuses comportent une riche passion tissée d'une qualité de rêve... et, peut-être pas tout le temps mais presque toujours, cette passion atteint le niveau de l'extase que cherchent à exprimer les poètes. Ces deux personnes peuvent la formuler naturellement en composant leur propre musique ainsi que les paroles... jamais les mêmes, changeant au gré de leur humeur, mais toujours douces de promesses.

Ils devront prendre garde de ne pas s'induire réciproquement à la paresse et à la recherche du plaisir, parce qu'ils sont tous les deux sensibles à n'importe quelle espèce de séduction, même pernicieuse: paresse, alcool, drogue... voire rêveries qui ne suscitent jamais d'élans. À part cela, Poissons et Balance peuvent vivre une union de plus en plus heureuse au fur et à mesure que leurs cœurs battent au même rythme. Elle voue à son partenaire une foi mystique inébranlable. Aussi l'optimisme du Balance la réconforte quand, de temps à autre, elle doute de ses qualités. Voilà qui constitue une fondation vigoureuse et admirable pour une espèce d'amour qui dure.

Peut-être l'accusera-t-elle de ne pas être assez perspicace pour chercher les raisons cachées derrière les causes apparentes de certaines humeurs, des sentiments qu'elle manifeste sans les expliquer. Elle dira peut-être aussi qu'il est trop froidement logique et d'un abord difficile. Mais elle est assez perspicace elle-même pour réaliser qu'il ne présente ces défauts que la *moitié* du temps... et pour comprendre que, si elle patiente, si elle attend, la compassion de ce partenaire rayonnera de nouveau dans son sourire. Peut-être sera-t-il troublé parce que la maison n'est pas aussi impeccable qu'il le souhaiterait, quand elle remet à plus tard certaines tâches qu'il voudrait qu'elle accomplisse et elle l'intriguera par l'air lointain que reflète sa physionomie lorsqu'il s'efforce de lui expliquer certaines choses d'une manière raisonnable. Mais elle l'enveloppera dans les édredons de la paix émotionnelle et du confort dont il a besoin et cela compensera tout le reste. Des qualités innées leur permettront de venir à bout de leurs désaccords: la facilité avec laquelle Madame sympathise et la loyauté de Monsieur.

Sages l'un et l'autre, la femme des Poissons et l'homme de la Balance ne sont pourtant pas doués de la même sagesse. En dépit de ses tendances sentimentales et romanesques, il est extrêmement intellectuel. Quant à elle, elle est profondément émotionnelle, malgré son calme apparent et la froideur de ses attitudes. Leur union comportera donc une espèce d'alchimie magique et, étant donné qu'ils sont en général prêts à accepter des compromis, ils peuvent se rendre réciproquement très heureux. Mais si elle fume, elle devra se débarrasser de cette manie pour lui prouver qu'elle l'aime. De son côté, il devra cesser d'être aussi rigoriste. Elle n'est ni la ménagère, ni la blanchisseuse, ni la bonne à tout faire de Monsieur. Elle est sa partenaire... son épouse: la nymphe dont le regard évoque le bruit du ressac, qui trouve si confortablement sa place sur ses genoux, devant le feu, quand la neige tombe à l'extérieur. Entendez-vous tinter les cloches d'or? Je crois que nous avons décrit un cercle complet et que nous sommes revenus au début.

Homme POISSONS • BALANCE *Femme*

La native de la Balance ne parviendra évidemment pas à se faire une opinion rapidement ni sans peine... Traitons cette particularité dès le début, qu'en dites-vous? Étant donné que le Poissons mâle n'a jamais été remarqué pour la rapidité et la fermeté agressive avec lesquelles il résout un problème quelconque, nous lui donnerons une formule sûre afin qu'il puisse faire face à l'indécision de la dame de la Balance qui l'a pris dans son filet. (Il n'a d'ailleurs guère résisté. Avouons-le.) C'est vraiment facile, une fois qu'on a trouvé le truc. J'en donne donc la recette aux Poissons en me servant d'un exemple vrai.

Pendant que j'écrivais ce livre en Californie, je demandai à une dessinatrice d'un talent incroyable, la Capricorne Sinthia Sullivan, d'exécuter une grande tapisserie décrivant une scène de lune de miel en Égypte antique. J'entendais l'envoyer comme cadeau de mariage à deux de mes amis new-yorkais qui s'étaient unis récemment. (La Chevrette Sinthia façonne des objets d'art d'une beauté stupéfiante pas au pinceau, mais en collant les uns sur les autres des morceaux de tissu multicolore.) Quant à mes amis new-yorkais, l'épouse est une Balance, Susan, belle, intelligente, aux fossettes radieuses lorsqu'elle sourit... et surtout, comme le veut son Signe solaire, hésitante. Le mari, Arthur, est un avocat natif du Scorpion, mais il ne joue pas un rôle important dans cette affaire. Je ne dis pas qu'il manque d'importance mais seulement qu'il n'a qu'un rôle modeste dans mon histoire. (Il faut toujours être prudent avec les Scorpion.)

Susan me téléphona à l'arrivée du cadeau pour me dire de sa voix musicale qu'elle l'adorait... tellement qu'elle ne parvenait *pas* à décider si elle devait accrocher cette tapisserie dans le nouvel appartement qu'elle venait de faire aménager avec son également nouveau mari ou bien aux murs de son bureau, à la guilde du Metropolitan Opera où elle est directrice des spectacles exceptionnels. *Évidemment,* elle a un bureau. *Évidemment,* elle est directrice. Tu n'écoutais pas, Poissons. La Balance est un Signe cardinal de commandement. Cesse de somnoler pendant ta leçon de stratégie, Poissons mâle.

Étant Bélier moi-même et, par conséquent, enchantée en constatant que mon cadeau de mariage la ravissait, je souffris pour elle de son indécision et pour lui éviter cette peine, comme à moi, je lui promis de commander une *seconde* tapisserie pour fêter n'importe quoi. Le thème de cette œuvre d'art serait son opéra préféré. Elle pourrait donc accrocher l'histoire des pyramides *chez elle* et la scène d'opéra dans son *bureau*. Elle en fut émerveillée. Moi aussi. (Je m'émerveillais de son émerveillement.) Voilà une indécision éliminée.

Mais voilà, vous voyez, la tapisserie égyptienne s'harmonisait si parfaitement avec la nouvelle robe du soir de Suzan, jusqu'au moindre détail, quelques teintes de mauve et de lilas, de vert foncé et d'or, avec du satin blanc et, étant donné qu'elle devait assister peu après à une cérémonie solennelle au Metropolitan Opera, c'est-à-dire près de son bureau où quelques personnes pourraient s'arrêter... peut-être devrait-elle y accrocher la scène des pyramides et celle de l'opéra chez elle. Qu'en pensais-je? Affreux dilemme! Mais écoute donc, Poissons! Sais-tu comment j'ai résolu ce problème? Très gentiment. Je l'orientai vers un *autre* sujet d'indécision qui oblitéra complètement le *premier*. Je lui demandai quel était son opéra *préféré* afin de l'indiquer à mon artiste Capricorne, Sinthia, pour qu'elle puisse se mettre au travail sur la seconde tapisserie. S'ensuivit un long silence. De nouveau, Susan ne parvenait pas à se décider. Pendant qu'elle y réfléchissait, je tentai un unique essai. (Il importe de se rappeler qu'il ne faut jamais risquer plus d'une tentative pour aider la Balance à équilibrer les plateaux de sa balance, sinon on y perd un temps fou qu'on emploierait mieux à mettre au point sa stratégie finale.) Mon unique essai consista à lui suggérer *Madame Butterfly*. Non. Ce n'était pas exactement son opéra préféré. (Je m'y étais attendue évidemment.) Alors je lui suggérai gaiement de prendre son temps et d'y réfléchir avant de me faire part de sa décision finale.

Quatre jours plus tard elle n'avait encore rien décidé. Je mis à la poste le jour même un billet en réponse à celui qu'elle m'avait envoyé pour me dire gracieusement merci. Je lui dis — et voilà un point capital de ma stratégie —, je lui dis donc que, puisqu'elle ne pouvait pas se décider, je m'en chargeais pour elle. Je choisirais un opéra que je *saurais* être son préféré et ma Chevrette se mettrait au travail à peu près au moment où mon petit mot arriverait à New York. Vous voulez que je vous dise maintenant ce qu'il va arriver? J'étais absolument certaine de recevoir un télégramme ou un coup de téléphone dès que la Balance Susan recevrait ma missive. Elle se serait décidée. Fermement. Définitivement. Sans difficulté. Natives d'un Signe cardinal de commandement, les dames de la Balance ne peuvent supporter qu'une autorité quelconque empiète sur leurs prérogatives personnelles. Dès qu'elles sentent ce danger, elles se décident à une vitesse stupéfiante.

Bref, voici la stratégie à employer avec une fille de la Balance: (1) remplacer un sujet d'indécision par un autre, étant donné que le second fera perdre son importance au premier; (2) ne faire qu'*une seule* suggestion pour aider la Balance à venir à bout de la seconde décision, *pas plus;* (3) lui accorder un délai raisonnable étant donné que, lorsque la Balance a pris une décision, c'est toujours la meilleure possible, grâce aux qualités vénusiennes de sagesse, loyauté, justice, logique et goût exquis; (4) si la Balance ne prend pas de décision au bout d'un délai raisonnable, décider pour elle (ou lui) et lui faire *croire fermement* que vous allez agir immédiatement, voire encore plus vite. Voilà les quatre mesures simples. La seule qui présentera quelque difficulté pour les Poissons c'est la quatrième. Il n'est jamais facile aux Poissons d'être fermes et expéditifs ni de faire quoi que ce soit «immédiatement». Toutefois, les sujets de Neptune pourront aisément feindre. Ils sont admirablement doués pour cela. Tout Poissons est un acteur raté ou bien un personnage échappé des pages d'un livre de contes de fées des frères Grimm, pour voir ce qui se passe là-bas, dans le monde d'illusions que le commun des mortels, sauf les natifs des Poissons, prend pour la réalité. Le Poissons ne s'y trompe pas, lui, il ne se laisse jamais aller à croire que les rêves sont irréels et font partie d'un monde de fantasmes créés par l'imagination. Impossible. Cet homme sait que la vérité est exactement le contraire. Il sait que la réalité en toute chose n'est autre que le rêve et que le rêve est l'endroit où tout se passe pour de bon.

Maintenant que je leur ai fourni un sujet de discussion (rêves contre réalité), ils vont conférer pendant bien des mois, peut-être des années. C'est une question tellement faite pour la controverse qu'ils manquent de toute possibilité d'apporter une preuve définitive et tangible; elle se substituera à toutes les discussions que la dame de la Balance et l'homme des Poissons peuvent avoir eues jusqu'alors. Le débat parfait pour des amoureux Vénus-Neptune. Les rêves sont étroitement apparentés à Neptune, naturellement, alors que Vénus adore tout ce qui est ravissant, éthéré... tout ce qui fait appel à l'imagination. La logique de la Balance se prononcera fermement pour ce qui est «réel» et le Poissons s'en tiendra sans doute fermement à sa défense de l'ésotérique. Il sera intéressant pour lui de la voir s'efforcer d'équilibrer les plateaux de sa balance: la logique de la Balance du côté de la réalité et la douceur de Vénus sur le plateau de l'éthéré et du romanesque.

Il se trouve d'ailleurs que telle est la gamme de qualités qui retint l'attention rêveuse du Poissons et l'engagea dans un amour sans grand espoir. Il se trouva pris dans le filet du charme vénusien dès qu'il flotta dans les nuages bleu ciel de sa présence parfumée. L'irrésistible canevas de sa logique masculine et son raisonnement intelligent, associés avec sa tendresse et son imagination romantique. Voilà en effet une mixture séduisante d'esprit pratique et de compassion. Elle est en effet presque (mais pas tout à fait) aussi compatissante que lui. Quant à son esprit pratique, il ne sera pas inutile à son partenaire. En subir le rayonnement sera finalement bénéfique et durable bien que par moments gênant pour le Poissons.

Il y a quelque chose de vaguement oriental chez la dame de la Balance qui intrigue le Poissons. Elle projette autour d'elle une essence automnale propice au football et parfois aussi aux feux de camp. Il perçoit à distance un parfum fuyant d'encens, une idée de formule magique, de carillons qui retentissent dans les temples. Ça le fait penser au Tibet, à la Chine et peut-être au Japon. Il est très sensible à des choses de ce genre et il ne se trompe sans doute pas, parce que le Signe de la Balance régit astrologiquement tout l'Orient. Les accords neptuniens du Poissons répondront silencieusement à l'équilibre de cette femme qui représente la belle blonde menuse de claque des supporters d'une équipe sportive et évoque en même temps d'une façon extrêmement extraordinaire des rites ancestraux.

Parce qu'elle est née sous un Signe cardinal masculin (initiative) et lui, sous un Signe mutable féminin (facilité), si douce et mignonne *qu'elle* puisse être et si vigoureux et sage qu'il puisse être, la dame de la Balance aura le dernier mot quand il s'agira de savoir qui dirige leur association. Mais s'ils en arrivent au *vraiment* dernier mot — adieu —, ce sera peut-être le Poissons qui le prononcera. L'homme des Poissons, en effet, est capable de dériver petit à petit vers un trou d'eau paisible de tranquillité, ailleurs, peut-être avec quelque femelle d'une espèce rare de Poissons si la partenaire, qu'il aime pourtant si profondément, devient trop autoritaire et exigeante en abusant de son rôle cardinal dans des relations où devrait régner l'égalité.

Il sera pourtant patient avec elle et se débattra moins pour échapper à leur unicité (au tissu serré) qu'il ne le ferait avec une autre. Il est puissamment attiré vers elle, et elle vers lui, à la fois spirituellement et physiquement. Le magnétisme de Madame rend les désirs de Monsieur plus passionnés et incoercibles qu'il ne les a jamais ressentis auparavant. De même, en dépit de toute logique et raison, elle est retenue par l'arc-en-ciel pastel d'affection et de sensibilité des Poissons. Les vibrations de Vénus dans l'âme de la Balance la font aspirer à l'extase d'enchantement que promettent les chansons de mer neptunienne, envoûtantes et apaisantes, qui éveillent les souvenirs qu'elle voit refléter dans les yeux de son partenaire, d'endroits qu'elle n'a jamais tout à fait oubliés et qu'elle désire, à en pleurer, retrouver... un endroit qu'elle connaissait bien quand elle avait à peu près quatre ans, où elle cherchait avec confiance dans l'herbe humide du matin perles et diamants de rosée perdus par les fées et les elfes qui y avaient dansé la nuit précédente pendant qu'elle-même dormait profondément. Elle se rappelle encore le matin de printemps où une voix froide d'adulte lui dit que c'était seulement des gouttes de rosée, rien de plus. Elle en eut le cœur brisé par une douleur aiguë qu'elle se rappelle encore. Puis, ce matin-là, la pluie se mit brusquement à tomber et trempa son tablier à raies roses, son préféré. Maintenant qu'elle est adulte et sensée, pourquoi la douleur aiguë de ce matin-là lui revient-elle à l'esprit chaque fois qu'il pleut?

Son homme des Poissons pourra lui cacher des secrets en insistant pour qu'elle ne cherche pas à pénétrer dans le sanctuaire de son intimité la plus personnelle. Ces cachotteries lui font presque l'effet de mensonges, la troublent et l'irritent. Mais il ne lui raconterait certainement pas des mensonges tels que ceux des gouttes de rosée. Il sait tout au sujet des diamants des druides. Elle s'en est rendu compte dès leur première nuit d'amour. Plus tard, il essaya même, en tremblant, d'en amasser dans ses mains. Quand elles disparurent au contact de sa peau, il embrassa les cheveux de sa partenaire en chuchotant que les diamants n'avaient pas disparu en réalité, pas du tout... et que, par l'effet de quelque magie, ils s'étaient transformés en prenant une nouvelle dimension. «Tu vois? ils ne sont pas partis, les diamants. Les voilà... Ils sont devenus des petites gouttes de pluie.» En murmurant cela il efface doucement les larmes qui coulent sur les joues de la dame de la Balance.

Lui aussi il regretterait l'aurore dorée de son sourire, le son de sa voix quand elle chante une berceuse des temps jadis qu'il se rappelle bien, même lorsqu'elle prononce les mots les plus banals... et qui ne sont quand c'est elle qui les énonce... jamais tout à fait banals... «Mon chéri nous devons absolument trouver un moyen d'ajouter de la couleur à cette pièce. Elle est tellement monotone et déprimante. Pourquoi ne peins-tu pas une fresque pour nous deux, sur le mur de l'ouest, où tomberaient les rayons du soleil levant chaque matin? Tu le peux, tu sais. Tu peux faire tout ce que tu veux. Peu importe que tes derniers patrons n'aient pas apprécié tes qualités. Un jour, avant longtemps, le monde se réjouira des choses auxquelles tu as tant travaillé, de la beauté que tu as créée à ta manière. Je n'ai jamais été aussi sûre de rien dans ma vie que de cela. Je *sais* qu'on reconnaîtra tes talents et que tu finiras par pouvoir exprimer tout ce que tu as en toi, si tu persévères, si tu ne capitules pas, juste au moment ou ton miracle est au coin de la rue. Tu ne le verras pas jusqu'à ce que tu arrives au carrefour. Alors, ne t'arrête pas quand tu es si près. Je suis tellement sûre de demain. Peux-tu imaginer à quel point j'en suis *sûre?*»

Oui, il le sait. Malgré les allures autoritaires qu'elle prend parfois et ses changements d'humeur bouleversants, il sait qu'aucune autre personne au monde ne croit aussi sincèrement en lui, qu'elle connaît exactement le mot de passe qui lui donna assez d'enthousiasme pour croire en *lui-même*. Personne ne l'éloigne aussi gentiment de ses «à quoi bon?» par lesquels il réagit à ses déceptions. En outre, il est plus qu'un peu capricieux et changeant, lui aussi. Alors comment se permettrait-il de la juger? Quant à elle, la dame de la Balance, elle sait qu'aucun autre homme ne connaît sans doute le chemin de cet endroit lointain et secret où elle peut se rafraîchir sous une douche de rayons de lune et d'étoiles, puis en revenir plus forte qu'auparavant. Le seul qui fut jamais capable de lui dire où s'en vont les diamants des druides lorsqu'ils disparaissent... et les baisers sur ses joues à leur retour.

POISSONS
Eau - Mutable - Négatif
Régi par Neptune
Symbole: les Poissons
Forces nocturnes - Féminin

SCORPION
Eau - Fixe - Négatif
Régi par Pluton
Symboles: le Scorpion et l'Aigle
Forces nocturnes - Féminin

Les relations

S'il y avait jamais des créatures plus visionnaires que ces deux-là, qui vivraient dans un monde plus éphémère et hanté par l'ineffable que celui des Poissons et des Scorpion, elles existeraient seulement en Moyenne-Terre. En effet, ces deux-là (comme Poissons et Cancer ainsi que Scorpion et Cancer) vivent dans une sorte de Moyenne-Terre imaginaire, qui leur est propre, et ils se placeraient plus précisément près d'un de ses lagons. Bien peu de leurs amis les comprennent complètement lorsqu'ils sont ensemble, mais eux, ils s'entendent d'une manière profonde et... généralement divine.

Une compréhension réciproque puissante et muette les pousse magnétiquement l'un vers l'autre. Je connais un Poissons et un Aigle Scorpion qui n'éprouvèrent pas cette sympathie instantanée lorsqu'ils se rencontrèrent et en sont restés au même point. Mais c'est parce que l'Ascendant et la Lune de l'Aigle sont tous deux en Vierge, opposés donc au Soleil du Poissons, et que d'autres planètes offrent un aspect négatif dans la comparaison de leurs horoscopes. Cependant, en fonction du trigone naturel entre leurs Signes solaires, l'influence Eau-Eau les a incités à s'efforcer très sérieusement de se comprendre l'un l'autre. Même lorsque d'autres configurations planétaires diluent l'effet positif des Soleils en trigone, il y aura toujours une bonne part de compréhension, une certaine tentative d'intimité et presque jamais de dysharmonie caractérisée, encore moins d'inimitié.

Que leur association soit celle de parent et enfant, maître et élève, amis, relations d'affaires, amant et maîtresse, mari et femme, Poissons et Scorpion accorderont d'ordinaire leur esprit l'un sur l'autre, comme une paire de récepteurs de radio accordée sur la fréquence de l'éternel maintenant.

Une mère Scorpion devine souvent que son fils ou sa fille sont inquiets; elle sait même pourquoi. Et vice versa. Le patron Poissons a spontanément conscience de la tension qui existe chez son employé ou employée Scorpion, et il sait ce qui le ou la crispe. Encore vice versa. Les amoureux, conjoints, amis, camarades de jeu (enfants) natifs de ces deux Signes solaires sentent réciproquement leurs joies et leurs chagrins. Ils se comprennent mieux les uns les autres, d'une manière tacite, que les autres gens ne se comprennent au cours de leurs conversations.

Tant de sympathie vous suggère évidemment qu'il ne doit guère se présenter de problèmes entre ces deux personnes. Malheureusement il n'en est rien. Le paradis sur Terre approche, c'est certain, mais il n'y est pas encore. La première difficulté dans les rapports entre Poissons et Aigle, c'est la force et la faiblesse. Devinez qui l'emporte en fin de compte, qui est le plus fort et le plus faible? Ne craignez pas de risquer un pronostic. Vous connaissez assez l'astrologie pour subir ce test.

Le Scorpion est le plus fort, le Poissons le plus faible? Non. C'est tout à fait le contraire. Peut-être n'avez-vous pas remarqué la structure de la question qui comprenait la locution «en fin de compte». Nous pouvons admettre qu'au *début* le Scorpion paraît le plus fort. Nos deux partenaires sont nés l'un et l'autre dans l'Élément Eau. Étant donné que l'Eau est l'élément le plus fort de tous, le Scorpion et le Poissons sont l'un et l'autre doués de vigueur et d'endurance. En outre, le Scorpion dispose de toute la puissance plutonienne. Cependant, la puissance de Pluton est fondée dans une large mesure sur l'EGO. L'ego humain. La puissance de Neptune (planète dominante du Poissons, nous le savons) est fondée sur une force qu'aucune âme, ni au Ciel ni sur Terre, ni dans notre système solaire, notre univers ou n'importe quelle galaxie) ne peut vaincre. Son nom? Humilité. Vous avez remarqué que j'ai écrit ego en majuscules et humilité en minuscules? Voilà pourquoi la seconde est plus forte que le premier lorsque l'on a terminé les comptes. Cette constatation est en rapport étroit avec «... les premiers seront les derniers et les derniers seront les premiers». Ce message mérite réflexion.

Au niveau de la personnalité humaine, le Scorpion ou la Scorpionne qui s'engage dans des relations avec un natif ou une native des Poissons, en croyant qu'il pourra aisément avaler ce pauvre petit Poissons parce qu'il (ou elle) est doué d'une nature plus vigoureuse et plus intense…, doit s'attendre à des surprises. Vous savez pourtant combien il est difficile de surprendre un natif du Scorpion. Et pourtant cela peut être fait. Dans une épreuve de volonté, de surprises, le Poissons fera surgir l'ultime étonnement. Ce sera aussi stupéfiant que l'apparition du diable à ressort qui jaillit d'une boîte.

Considérons les choses d'une autre manière. Si vous avez déjà vu un scorpion de la nature affronter un poisson de la nature également, lequel des deux se déplace le plus vite et de la manière la moins prévisible? La réponse s'impose à l'évidence. Alors, vous préférez peut-être considérer le Scorpion *Aigle* comme exemple symbolique? Très bien. Lequel peut disparaître le plus vite sans laisser de traces ni d'indices… le poisson dans l'eau ou l'aigle dans le ciel? Regardez bien. Le poisson est parti mais l'aigle… eh bien! regardez ce petit point là-haut, là-bas, très loin, presque caché par ce nuage lointain. Ajustez vos jumelles. Le voyez-vous ce petit point? Ces jumelles ne vous serviront à rien si vous cherchez à repérer le poisson. Les instruments d'optique ne servent à rien dans les «profondeurs».

J'espère qu'ils ne se querelleront pas au sujet de l'argent. Mais ils le pourraient. Le Poissons type est extrêmement généreux, peut-être pourrait-on dire excessivement (s'il pouvait exister un excès de générosité; je ne le crois pas, car aucune générosité ne devrait être considérée comme excessive). Le Scorpion n'est pas particulièrement avare non plus, mais il réserve sa générosité à ses amis intimes, aux membres de sa famille et à tous ceux que les gens gouvernés par Pluton considèrent comme «méritants». Bon, d'accord. Il est généreux avec ces gens-là mais, avec tous les autres, notre Aigle est capable de se montrer un rien radin. Le Poissons, au contraire, ne se soucie nullement des bénéficiaires de sa générosité. Tous les Poissons ne sont pas ainsi, mais la plupart des gens gouvernés par Neptune obéissent inconsciemment à la philosophie du pommier. Le pommier ne se demande pas qui mange ses fruits. «Les méritez-vous? Êtes-vous un ami ou un membre de la famille?» demanderait-il, puis il relèverait ses branches s'il n'entendait pas le mot de passe correct. Eh bien! le pommier ne fait rien de tel, il donne au méritant et à celui qui ne mérite pas, pour la même raison: parce que s'il ne donnait pas il en mourrait. Tel est à peu près le sentiment des Poissons. Quelque chose fanerait dans le cœur de Neptune, et le gars et la fille Poissons mourraient s'il ne leur était pas permis de donner librement quand leur esprit y incline, ce qui est d'une fréquence merveilleuse.

Étant donné que le désir de démontrer la vérité-derrière-la-vérité de tous les mystères religieux dévore le Scorpion, n'importe quel Aigle bénéficiera profondément d'une méditation sur le paragraphe précédent. C'est seulement quand Scorpion et Scorpionne comprennent vraiment ce message d'ultime charité que le Poissons et l'Aigle suivent un sentier de lumière, la main dans la main et cœur à cœur: sentier facile, débarrassé de toute fondrière et tout caillou, de toute rivalité et mésentente. La plupart des Poissons ne se soucient sincèrement pas des «lendemains», convaincus qu'ils sont que «chaque jour suffit à sa peine et contient assez de mal». *Plus* qu'assez, selon le plus grand nombre d'entre eux qui semblent toujours partager les tracas de tout le monde: du facteur, du chien ou du chat des voisins, de l'épicier, du chef de l'État, de tante Samantha, d'une compagnie d'aviation, de Mohammed Ali, de toute sorte d'amis, parents et personnalités publiques.

À l'inverse, le Scorpion étant un Signe fixe, ses natifs et natives se soucient *beaucoup* du lendemain. Chez eux, c'est un besoin impérieux auquel ils ne peuvent résister. La fixité oblige ces hommes, ces femmes, ces enfants à s'assurer qu'ils ont mis quelque chose de côté pour les jours noirs... quelque espèce d'assurance contre les coups du sort, les «actes de dieu» (même chose). Les Scorpion regardent toujours loin, très loin devant eux, afin de se préparer à faire face à toutes les calamités qui pourraient fondre sur eux à l'avenir. Cancérien et Cancérienne agissent de même, mais leur prudence n'est pas tout à fait de cette espèce, parce que la masse de cataclysmes, tragédies, urgences qu'ils redoutent ne se produit presque jamais, alors que les malheurs pressentis par le Scorpion arrivent presque toujours exactement à l'heure prévue, hélas! Noé était probablement un natif du Signe solaire Scorpion, à moins qu'il eût sa Lune ou son Ascendant dans ce Signe.

Cette faculté de pressentir, propre au Scorpion, est une qualité psychique que partagent les Poissons. Pourtant, ces derniers ne parviendront pas facilement à faire changer d'avis leurs partenaires. Même un Poissons n'aurait guère impressionné le patriarche prophète Scorpion en lui disant: «Écoute donc, Noé, mon vieux, tout le monde est convaincu que tu perds la boule. Pourquoi construire un aussi gros machin au sujet d'une petite flaque d'eau qui aura probablement séché demain matin...» En réalité, bien que les Poissons inclinent beaucoup moins à se tracasser au sujet d'ennuis prévus pour l'avenir, beaucoup moins que les gens gouvernés par Pluton... quand il s'agit d'une intuition vraiment vigoureuse, ces sujets de Neptune peuvent perdre leur désinvolture insouciante et partager les soucis du Scorpion. Dans des cas rares, précisons-le. La plupart du temps, le Poissons croit que le Scorpion soulève une tempête dans une tasse de thé. Il y a des exceptions, c'est évident. Mais il vaut la peine de remarquer que le Scorpion incline à *se taire* puis à bouder pendant longtemps, alors que le Poissons incline à parler avant de bouder aussi longtemps que son partenaire. Tel est le canevas de l'association Pluton-Neptune qui commence par une *différence,* mais aboutit à une *similitude* quelque part avant l'extrémité du chemin... ou bien qui commence à l'unisson (par la bouderie), mais diverge dans des directions différentes avant l'extrémité du sentier. (Ce qui précède est un sujet de méditation profonde et d'une valeur vitale, qui mérite d'être mûrement étudié et pas lu à la légère.)

Compte tenu, ici encore, des exceptions possibles et même probables, disons ceci: certains Scorpion sont d'une manière générale plus enclins à poursuivre des études supérieures que ne le sont les Poissons. *«Réfléchis donc,* dit l'Aigle. Qu'aurait fait Machiavel dans des circonstances semblables à celles que j'ai subies récemment, s'il eût été à ma place?»

Le Poissons ne saurait y penser parce qu'il (ou elle) n'est pas sûr de savoir qui était Machiavel. Mais il se renseignera par la suite. Quand on leur dit quelque chose, ils aiment comprendre. Bien que le Poissons dédaigne l'enseignement supérieur, il (ou elle) est secrètement impressionné par ce que les autres apprennent dans les vieilles universités aux murs couverts de lierre. Précisons pourtant: le Poissons se laisse impressionner jusqu'à ce qu'il découvre que le Scorpion, malgré son diplôme de bachelier, de maître, de docteur, ne comprend pas comment on a pu enregistrer la voix humaine sur un morceau de quartz en Atlantide... ni même si cela peut avoir eu lieu. «Ma foi, dit le Poissons, tu vois, ça marchait à peu près comme ça...»

Femme POISSONS • SCORPION *Homme*

Quand une femme Poissons entre en transe en présence d'un homme Scorpion, cela conduit dans la majorité des cas à l'amour... suivi par le mariage. S'il n'y a pas union légale, il y aura au moins une idylle inoubliable. Le moins qui puisse arriver après cet enchantement initial, c'est une amitié platonique solide et durable. Tout cela n'arrivera évidemment que s'il n'y a pas de sévères afflictions entre les planètes de leurs horoscopes. À supposer que toutes les autres configurations astrales soient favorables, ces deux personnes sont faites l'une pour l'autre. Ne nous attardons pas sur l'amitié platonique entre eux, car ici, dans ce chapitre, nous ne traitons que de la femme neptunienne et de l'homme plutonien qui *s'aiment*. Quant aux relations neutres entre le Poissons et le Scorpion (ou l'Aigle) relatives à une amitié intime, une association en affaires ou à des relations de parenté, nous les avons déjà traitées au début de ce chapitre.

Si l'aspect entre leurs Soleils et Lunes respectives sont en conjonction, en sextile ou en trigone, leur amour pourra être un véritable don des dieux. Pourtant, hélas! certaines natives des Poissons et certains natifs du Scorpion, ainsi bénis, permettent à des craintes secrètes ou à la manie de l'atermoiement de ternir la gloire qui pourrait être la leur et qu'il leur suffit de désirer. S'ils n'ouvrent pas les yeux à temps, les dieux pourraient reprendre la bénédiction dont ils leur ont fait la grâce, et ce qui aurait pu être une superbe relation pour toute la durée de la vie et même au-delà se termine par une séparation. De telles tragédies ont diverses causes... oui, il s'agit souvent de tragédies parce que, à partir du moment où cette femme et cet homme aiment vraiment, le souvenir de cet amour les hantera jusqu'à la mort et au-delà.

Une de ces causes peut être la suivante: l'un des deux ou les deux peuvent déjà être engagés avec une autre personne lorsqu'ils se rencontrent et *savent*... par conséquent que l'un (ou les deux) n'aura peut-être pas assez de courage pour avouer franchement ce qu'il (ou elle) vient de constater dans son cœur, vu à travers les fenêtres de leurs yeux, en raison d'un sens du devoir. Parfois, il s'agit d'un sens erroné, parce que la (ou le) partenaire à laquelle (ou auquel) il (ou elle) reste fidèle n'en est pas moins le perdant (ou la perdante). Après tout, posséder quelqu'un dont le cœur appartient à une autre personne n'est qu'une bien triste forme de possession. Je ne plaide pas ici pour l'adultère ou le divorce. Je cherche seulement à indiquer comment on peut éviter l'un et l'autre, car hommes et femmes commettent des erreurs et se laissent souvent égarer par leurs sentiments, pour découvrir par la suite qu'ils auraient dû attendre d'éprouver une passion plus profonde sur tous les plans de l'émotion humaine plutôt que de s'être contentés trop tôt d'un amour d'une seule dimension. L'adage que l'on croit aujourd'hui désuet et selon lequel «quelques grammes de prévention valent mieux que des kilos de traitements» n'est pas désuet en réalité ni démodé; c'est une preuve de la sagesse éternelle. Comme je l'ai indiqué ailleurs dans ce livre, «ceux que Dieu a unis» ne sont pas des gens qui se sont engagés précipitamment avant d'être assez sages pour choisir leur partenaire à bon escient. Les relations humaines sont toujours compliquées, surtout entre les Poissons et les Scorpion, et souvent seuls ceux qui sont personnellement et directement engagés peuvent donc connaître l'étendue de telles complications émotionnelles. Les tiers ne peuvent connaître la vérité, car ils ne considèrent l'affaire que superficiellement. Il n'est aucun moyen de traduire l'infidélité, même mentale, en un acte de bonté. Tout manque de loyauté est purement négatif. Pourtant, il ne peut y avoir d'infidélité quand il y a vérité, car l'infidélité est malhonnête. La vérité permet de surmonter n'importe quelle difficulté quand on y fait face ouvertement avec charité.

Parfois, des enfants ou d'autres considérations empêchent l'homme Scorpion et la femme Poissons de rester ensemble, et le lien doit alors être brisé. Quand cela arrive entre une Poissons et un Aigle, la douleur retentit profondément: une douleur que même le Temps ne pourra jamais guérir. Voilà précisément en quelle espèce de situation Poissons et Scorpion tombent souvent amoureux l'un de l'autre. Certains résolvent le problème grâce au cautère de la franchise. Certains n'y parviennent pas.

La fille Poissons et le Scorpion qui n'ont pas à faire face à un tel problème (ou qui en viennent à bout d'un commun effort) ont d'excellentes chances d'établir entre eux des relations durables, dans lesquelles sont rares les moments d'ennui ou d'agacement. Cependant je leur adresse une mise en garde supplémentaire: si les motifs de dysharmonie envisagés ci-dessus sont évités, ces deux personnes subiront peut-être des épreuves tendant à évaluer leurs mérites et pourront être appelés à surmonter de puissantes tentations d'excès sous diverses formes, telles que drogue, alcool, engagement peu sage dans les secteurs obscurs de l'occulte... voire devergondage sexuel. Des gouffres obscurs s'ouvrent à tout instant pour capturer les sujets non évolués de Neptune ou de Pluton lorsqu'ils ont uni leurs nimbes de sensibilité.

Quand cet homme et cette femme auront surmonté des épreuves aussi pénibles pour leurs âmes ou lorsque aucun obstacle à l'harmonie ne se présente dès le début, leur vie sera une symphonie de sérénité et de joie, de paix et de plaisir. Il y aura naturellement quelques mouvements de percussion dans leur concert romanesque dont tous les passages ne seront pas joués rien que par les flûtes et les violons. Le Scorpion est doué d'une puissante volonté, de sentiments intenses, de convictions profondes et résistera vigoureusement à toute tentative de le conduire où il ne désire pas aller, tant au point de vue symbolique que littéralement. Il sera aussi plus qu'un peu soupçonneux. Néanmoins, malgré tous ses soupçons envers sa partenaire, il s'attendra à ce qu'elle se fie sans réserve à lui, pas seulement sur le plan sexuel mais en ce qui concerne ses jugements dans tous les domaines qui les concernent en commun. C'est assez égoïste de sa part. Eh bien! oui, c'est *très* égoïste. Mais la fille Poissons n'éprouvera guère de ressentiment en constatant que ce mâle la domine en vertu d'une règle de deux poids deux mesures. D'autres femmes pourraient trouver cela plus fâcheux qu'elle. Disons même qu'elles le trouvent assurément. Il peut y avoir quelques exemples isolés de Poissons femelles qui deviennent de véritables épaulards et sont affligées du même défaut d'égoïsme que leur partenaire Scorpion. Elles le dévoreront (ou essaieront de le dévorer), cet Aigle qui ose les critiquer, qui cherche à les réformer! Mais, comme d'habitude nous étudions ici les relations Neptune-Pluton typiques ou moyennes.

Les manifestations occasionnelles de machisme du Scorpion mâle ne donneront pas la panique à Mme Poissons. Peut-être s'en amusera-t-elle secrètement; en tout cas, elle saura s'en débrouiller. Il croit toujours n'en faire qu'à sa guise, mais elle ne cesse de l'amener en douceur, avec un charme exquis, de plus en plus près du filet neptunien, apparemment fragile mais en réalité très solide. En un sens beaucoup plus profond que dans le cas d'une native de la Balance, cette femme possède en elle toutes les séductions féminines, sans en omettre une seule que l'homme redoute depuis son premier contact avec Ève et quelques-unes de plus qui lui appartiennent exclusivement. Même la formidable puissance et la non moins formidable perspicacité de Pluton ne sont que des défenses bien misérables contre la totale féminité de cette native des Poissons. L'Aigle brûle d'élucider tous les mystères qui en valent la peine et qu'il rencontre sur son chemin (ceux qui n'en valent pas la peine, il les dédaigne froidement), mais le mystère mystique féminin de la fille de Neptune lui échappe, le tente, en restant tout le temps hors de sa portée... ce qui le chagrine et le torture même subconsciemment dans les grandes largeurs. (Rien de ce qu'éprouve le Scorpion n'est petitement éprouvé.) Pourtant, et c'est là un paradoxe, tel est exactement l'appât qui l'attire, le magnétise vers cette créature aux nombreuses humeurs, aux nimbes multicolores et qui présente aussi bien des teintes de sensualité que de pureté. Il en est frustré et confondu, mais il ne cesse de s'approcher d'elle, toujours de plus en plus près, dans le vain espoir de pénétrer cet être jusque dans ses profondeurs les plus secrètes.

Mais, hélas! elle incline à la tracasserie, et cela n'attire pas son Scorpion; au contraire, cela le plonge plutôt dans d'obscures humeurs plutoniennes, voire dans une bouderie sinistre et grosse de présages. Oh! elle ne le tracasse pas par des mots durs, des glapissements. La fille Poissons n'agit pas ainsi. Elle vous frappe avec une plume, vous asticote en douceur, presque tendrement, sans en avoir l'air. Discrètement, c'est le mot qui convient pour la plupart des mâles, mais les émotions de l'homme plutonien sont accordées si finement sur sa longueur d'onde qu'il perçoit toutes les nuances des ondes de cette femme que d'autres hommes ignoreraient pour leur bonheur. Comme une succession de gouttes d'eau qui tombent inlassablement, elle est capable d'épuiser la résistance d'un homme, si graduellement qu'il s'en aperçoit à peine. Mais celui-là, ce Scorpion, le remarquera. Après avoir subi assez longtemps les suggestions subtiles en gouttes d'eau de cette femme, il pourra réagir par une crue instantanée dont il est capable lorsqu'il perd la maîtrise de son formidable sang-froid et de son impassibilité. Il est dangereux de susciter la colère de Pluton. Les inondations que l'on provoque alors peuvent noyer l'amour de ces deux partenaires. Il sera alors capable de prononcer des paroles cinglantes qui déchireront le cœur de cette femme aux sentiments tellement vulnérables, alors qu'elle peut le pousser au désespoir en lui montrant la futilité de ses efforts à force de répandre des quantités excessives de larmes, de manifester des craintes, de lui échapper sans cesse, malgré le mystère séducteur de son charisme. S'il s'agit d'une Poissons du type orque qui menace gravement sa virilité, peut-être la quittera-t-il, bien que cela lui déchire le cœur. Mais il préférera ce sacrifice plutôt que de perdre l'intégralité de sa personne ou de permettre que son esprit plutonien, plein d'allant, soit harnaché.

Cependant, lorsqu'il l'aura quittée, peut-être apprendra-t-elle sa leçon, et alors il pourrait revenir vers elle. Peut-être n'ira-t-il pas vers une autre femme. Peut-être… en tout cas, celle-là hantera ses veilles et ses rêves et les rêves qu'il fait à l'état de veille… de bien des manières qu'il ne parviendra pas à sonder complètement. Comme toujours, dans ce type d'association, la rupture implique des réconciliations répétées. Le temps qui s'écoule entre la séparation et la réconciliation peut se mesurer en quelques heures ou jours, parfois en semaines ou mois et même en années. Voilà de bien longues attentes, mais Poissons et Scorpion sont patients et prêts à beaucoup sacrifier pour atteindre leur but. Chacun pressent d'instinct l'énormité des récompenses accordées à la ténacité dans la foi du cœur.

Quelles que soient les dysharmonies qui puissent traverser leurs parties d'échecs émotionnelles — crises de colère, silences boudeurs —, les jours heureux l'emporteront en nombre sur ceux de chagrin. L'extase qu'ils partagent dans leur intimité les soude l'un à l'autre d'une manière invisible mais très sûre. S'il y a entre eux une conjonction, un sextile ou un trigone Soleil-Lune en plus de leurs Soleils en trigone, à partir du moment où cet homme et cette femme se sont aimés d'une façon physique, émotionnelle ou mentale, chacun s'avouera, s'il est franc avec lui-même, qu'aucune autre expérience avec n'importe qui auparavant n'a jamais valu celle-là et qu'aucune ne s'en approchera, même de loin, à l'avenir. Jamais. Voilà une bonne raison pour rester ensemble. Pourquoi continuer à grimper quand on a atteint les plus hautes altitudes que l'on puisse espérer. Il y a dans leur amour une intensité silencieuse, une totale concentration d'esprit, une magie tressée avec la passion normale qui unit l'homme et la femme amoureux l'un de l'autre. Il y a aussi ce miracle: elle s'abandonne et se confie totalement à lui. Alors leur désir ne peut voyager que dans une seule direction, celle du cercle, par un retour constant vers son origine.

Quand les vibrations de Pluton et de Neptune s'élèvent vers un tel niveau d'intensité émotionnelle, la question de la mort peut apparaître à la périphérie de leurs relations. Ce souci pourra les toucher de près ou de loin… peut-être se manifestera-t-il simplement dans un intérêt commun pour les doctrines de réincarnation ou d'autres choses ayant quelque rapport avec la mort. À ce sujet je pourrais fournir de nombreux exemples, je me contenterai d'un seul: le solide lien entre l'actrice

Elizabeth Taylor et l'acteur Richard Burton dans lequel la mort du mari d'Elizabeth, l'acteur Mike Todd, joua le rôle capital mystique, rôle que ces deux personnes n'ont peut-être jamais compris et dont elles ne se sont peut-être pas tout à fait rendu compte. Je ne me livre pas à une indiscrétion en écrivant cela, je ne pénètre pas indûment dans leur vie privée, car ni l'un ni l'autre n'ont jamais cherché à cacher au public l'orgueil de leur passion ni la passion de leur orgueil. La comète qui file dans l'espace ne saurait empêcher les galaxies curieuses de voir sa traînée brillante. La mort évidemment, sous n'importe quelle forme, finira toujours par toucher toute association humaine, pas seulement celle du Scorpion et du Poissons. Mais la mort suscitée par le mélange hanté et qui hante des pulsations combinées de Neptune et de Pluton n'a rien d'une expérience ordinaire, c'est un phénomène hors du commun, qui comporte infailliblement une certaine part d'attraction par le mystérieux et l'inexplicable.

Le seul motif vraiment important de malheur entre la femme neptunienne et son Aigle (tous les autres ne sont que vétilles)... le seul danger qui menace jamais deux personnes comme celles-là, qui ne devraient trouver ensemble que la satisfaction suprême... ce n'est jamais une quelconque incompatibilité, mais l'aspect égoïste de l'émotion humaine qui plane derrière leur dévouement réciproque afin de les maintenir captifs de leur propre désir. Il peut s'agir d'un mot lâché à la hâte et regretté trop tard, d'un manque de perspicacité au sujet de la sensibilité frémissante mais soigneusement dissimulée de l'autre... parfois quelque soupçon ou jalousie injustifiés... des évasions désastreuses pour échapper à la douleur et au désespoir, telles que boisson ou drogue... ou peut-être un mensonge bénin ou une indifférence feinte qui blessent profondément le ou la partenaire. Comme c'est dommage! Cet homme et cette femme ne devraient pas oublier un seul instant la beauté des premiers accords de leurs amours commençantes, instant où le rideau se leva sur l'admirable spectacle de leurs enchanteurs Soleils en trigone.

Ils pourront s'efforcer de rappeler les chants préliminaires... la musique inattendue de ce matin-là où elle lui tomba littéralement dans le regard, comme quelqu'un tombe dans un puits profond, et ne chercha pas à s'éloigner en nageant. L'après-midi merveilleux où elle rit de délices, comme une gamine, quand il lui tendit, pas un diamant mais un bouquet de bruyère humide de rosée d'avril... la première fois où il lui effleura le cou, où elle trembla et releva la tête stupéfaite… pour trouver sur les joues de cet homme deux larmes qui coulaient pareilles aux siennes. Le vent du bonheur soufflait alors, fou, libre comme lorsque l'on court pieds nus sur l'herbe de la prairie… que les faucons volent au-dessus de nos têtes et que des milliers de ballons rouges striés de vert flottent tout autour d'eux… lorsqu'ils ont senti qu'ils pouvaient prendre leur élan pour faire le tour du monde en quatre-vingts jours… lorsqu'ils ont mesuré l'éternité en un seul instant, illuminé par un éclair… quand leur «chez eux» n'étaient que dans le cercle de leurs bras au cours d'une étreinte. Comme tous les amoureux d'une association dans le même Élément, partout au monde, Poissons et Scorpion, au début, sacrifieraient tous les royaumes pour leur grande passion et défieraient l'univers entier afin de rester ensemble.

Qu'ils s'appellent Smith, Durand, Dupont, Glassberg, Weber, Schmidt, O'Malley, Zobfi, Popov, Kibaltchitche, Mohamed quelque chose ou autre… si seulement la Poissons et son Aigle permettaient à leur mémoire d'écrire le troisième acte de leur pièce…

PLUTON: Mademoiselle Lizzie Schwartzkopf, je crois? Excusez-moi, mais il me semble vous avoir déjà rencontrée ailleurs. Peut-être était-ce au bord du Nil… ou au marché de première main. Ne serait-ce pas plutôt à Acapulco?

NEPTUNE: (À voix basse, très doucement.): Oui. Oh oui! Je le crois aussi. À cause de vos yeux… qui me semblent tellement familiers. J'essaye de me rappeler où…

PLUTON: Voilà! Je m'en souviens! C'était en Angleterre… sur une lande couverte de bruyère.

NEPTUNE: … et il pleuvait.

Homme POISSONS • SCORPION *Femme*

Que les deux partenaires qui font l'objet de ce chapitre soient amant et maîtresse, époux et épouse, et pas seulement des amis, elle a entendu l'appel de cet homme voilà bien longtemps, sans doute quand elle était petite fille et qu'elle rêvait à son Âme Sœur... qui devait sûrement se trouver quelque part sur Terre... et rêvait à elle. Où devaient-ils se rencontrer? Où feraient-ils connaissance? Comment entreraient-ils en contact? Toutes ces questions la préoccupaient, mais elle ne se demandait jamais si cela arriverait. Elle le savait, comme elle a toujours su bien des choses concernant le cœur, l'esprit et l'avenir.

Si ténu qu'en fut l'écho, Neptune murmurait aussi dans l'oreille interne du Poissons quand il était petit garçon qu'un jour, quelque part, en quelque circonstance... il rencontrerait une personne qui comprendrait la manière dont il concevait les choses, qui les verrait non comme elles sont dans la réalité, mais comme elles pourraient et devraient être... telles qu'il se rappelle qu'elles étaient dans un monde à demi oublié, brumeux, remontant à très longtemps... ou peut-être dans un rêve.

Puis il rencontra quantité de filles fascinantes, des convenables, d'autres qui ne l'étaient pas, des filles droites et des tordues, les timides et les hardies... mais elles avaient toutes si peu de profondeur par comparaison à celle de ses rêves! Chaque fois qu'il croyait l'avoir enfin trouvée, elle disait ou faisait quelque chose... et c'était fini, il comprenait que ce n'était pas elle du tout.

Alors, vous imaginez facilement quel beau crépuscule violet éclata dans son cœur lorsque ses yeux se portèrent pour la première fois sur cette créature étrange qui paraissait si calme et douce, et pourtant aussi tellement forte, mais surtout... tellement profonde; celle-là, elle n'avait rien de superficiel. Elle fixait sur lui un regard intense, visiblement pas pour le séduire ni pour l'inviter au flirt comme toutes les autres, mais un regard clair, sans crainte... jusqu'à ce qu'il se sentît perdu dans des eaux fraîches et vertes. Il soutint ce regard, et quelque chose se produisit. Plus tard, ni l'un ni l'autre ne surent exactement quoi. Ils savaient seulement que c'était arrivé.

À partir du moment où ces deux-là se sont épris l'un de l'autre, formellement et nous dirons même officiellement, la vie ne sera plus jamais la même. Elle prendra plus de profondeur, de signification; elle sera plus excitante et contiendra des merveilles que ni l'un ni l'autre n'avaient jamais crues possibles, et c'est beaucoup dire, car ils sont experts dans le domaine du rêve. Mais la vie comportera aussi évidemment quelques crève-cœur, irritations, frustrations.

Autrement, malgré leur compatibilité considérable — et elle *est* considérable, en effet — ils devront passer par un processus d'instruction. Il devra apprendre, entre autres et à dure école, que l'habitude acquise à longueur d'année avant de rencontrer cette partenaire, consistant à se servir de son imagination pour colorer les faits ou pour esquiver les questions directes, ne peut que provoquer des ennuis. D'abord, il est tout à fait inutile de mentir, même légèrement par convenance ou courtoisie, à une telle femme. Elle repère le plus petit mensonge, microscopique, à des kilomètres de distance. À des années-lumière! Deuxièmement, quand elle sent que l'homme qu'elle aime lui cache quelque chose, un secret, si véniel qu'il soit, elle est furieuse, même si elle s'efforce de le cacher. Pourquoi se sent-elle si frustrée dans ce cas-là, alors qu'elle espère conserver ses propres secrets quand il lui plaît? Eh bien! tout simplement parce qu'elle trouve légitime de taire ce qu'elle ne veut pas révéler mais elle pense que, lorsqu'il en fait autant, il commet un des sept péchés capitaux. Si la lune était en Balance ou si la Balance a pointé à l'orient lorsqu'elle naquit, peut-être sera-t-elle un peu plus juste. Faute de cette aide astrologique, elle ne le sera pas. Étant donné que le Poissons mâle type préfère garder pour lui ses affaires privées et se taire au sujet de ses projets jusqu'à ce qu'il soit prêt à les mettre à exécution, vous voyez le problème.

Quelle espèce de projet un homme peut-il cacher à la femme qu'il aime? Peut-être pense-t-il à changer d'emploi, à abandonner une situation stable pour se lancer dans une carrière de rêve, mais il n'a encore rien décidé. Peut-être envisage-t-il de devenir végétarien, mais il n'est pas encore sûr d'en avoir envie, se demande s'il doit adopter un régime alimentaire quelconque ou bien se propose-t-il d'arracher le mouron pour planter à la place du lilas… peut-être aussi pense-t-il s'inscrire à un cours de yoga. Ces projets qu'il tait à sa partenaire ne sont pas nécessairement sinistres et ne menacent pas forcément leurs relations. Mais souvent le Poissons leur donne ce noir aspect par la manière dont il élude les questions tout en se permettant des allusions imprécises.

La femme Scorpion sait ce qu'elle veut, où elle voudrait aller, bien qu'elle ne le crie pas sur les toits et n'en parle par constamment. Elle *sait*. Elle a assez d'allant pour atteindre son but ou pour aider son partenaire à faire ce qu'il désire. À ce point de vue, elle fait preuve d'un tonus extraordinaire, et aucun effort ne l'épuise. Ce n'est pas une affaire de patience ni de foi. Il se trouve que ces mots ne conviennent pas. Nous dirons plutôt qu'elle est animée par une espèce d'intensité intérieure qui lui permet de persévérer, rien que par la puissance de sa volonté, en direction de l'issue qu'elle désire. Les obstacles ne comptent pas pour le Scorpion.

Le Poissons n'est pas aussi intensément résolu à arriver où que ce soit. Le voyage à lui seul lui plaît tellement qu'il ne se soucie pas trop de la destination. Il n'est pas du tout certain que quoi que ce soit dans la vie mérite le genre d'effort qui épuise l'énergie mentale, physique et psychique. À certains moments, il biaisera, agira trop lentement, ce qui déplaira à sa partenaire. Tout ce qui peut activer sa sécrétion d'adrénaline de temps en temps lui fera du bien. Elle gagnerait, quant à elle, à se laisser persuader par la douceur de se détendre quelque peu et d'apaiser son intensité intérieure. Tant d'agitation de l'âme provoque des ulcères, même chez les femmes. (Oui, je sais qu'elle passerait facilement pour Mlle Sérénité en personne, mais ce n'est qu'apparence superficielle, et voilà ce qui soulève un problème.) Les tourbillons internes de cette femme, même si elle les réprime suffisamment pour qu'ils n'apparaissent pas à l'extérieur, peuvent se révéler terriblement épuisants pour l'homme qui l'aime. Qu'est-ce qui vaut mieux... un volcan qui déverse de la lave incandescente et qu'on peut au moins voir arriver, éviter jusqu'à ce que l'éruption se calme..., ou bien un volcan qui mûrit intérieurement et ne donne aucune indication quant à l'instant de l'explosion? Même en état d'activité réduite, les volcans effraient les Poissons. D'une manière générale et dans la mesure où cela lui est possible, le natif des Poissons préfère éviter toutes les situations désagréables, que ce soit celles qui menacent de se présenter ou bien celles qui sont déjà là.

Mais ce n'est pas toujours possible. Bien que par moments elle l'opprime sans bruit, bien qu'elle soit possessive comme elle sait l'être à l'occasion quand elle se sent menacée, si explosif que soit son caractère quand elle est vraiment furieuse... il l'aime. Quand on est vraiment amoureux d'une personne, on ne fuit pas ce qui chez elle peut nous blesser. On trouve un moyen de transiger, de s'accommoder parce qu'on sait que la douleur de la solitude est encore pire: le vide que l'on éprouve lorsqu'on se trouve privé de cette personne l'effraie. Rien ne pourrait être pire que ça... rien. Alors on s'évertue. On persévère encore. On continue à faire de son mieux. Le Poissons est très patient... Mais même le Poissons peut en fin de compte se révéler incapable de nager vers l'amont, à contre-courant, à perpétuité, et cet homme pourrait plonger, s'éclipser sans avoir prévenu. Sa disparition (ou bien celle de Mme Scorpionne) les rendra tous les deux extrêmement malheureux. Alors, mieux vaut chercher par tous les moyens à s'arranger ensemble.

Bien des idylles et des mariages ne peuvent survivre en paix, mais le Scorpion est résolu à maintenir intactes ses relations, grâce à son incroyable puissance de volonté. Le Poissons fait preuve de la même ténacité quand il est amoureux, mais il est moins farouche, plus doux, plus apaisant, et il imagine des moyens pour maintenir l'embarcation face à la vague. Fâcheuse bizarrerie: bien que ces deux personnes soient douées d'un sens de l'humour des plus sains, ni l'un ni l'autre ne rit trop longtemps ni trop bruyamment quand ils sont l'objet d'une plaisanterie. L'humilité et la modestie bien connues de Neptune font à l'occasion défaut dans ce domaine. Quant à Mme Scorpionne, l'a-t-on jamais entendue rire quand une blague la vise? *Jamais.*

Le Poissons nourrit des idées personnelles et tout à fait exceptionnelles quant à la manière d'assurer sa sécurité et celle de sa femme. Il dérive trop souvent d'une chose à une autre et n'est peut-être pas assez ambitieux; cela inquiète sa partenaire. Il lui dira que, s'il avait suivi les bons conseils, s'il avait suivi des cours par correspondance, s'il avait passé quelques examens et décroché quelques diplômes, s'il s'était cultivé par la lecture, s'il ne s'était soucié que de lui et s'était conduit convenablement… peut-être serait-il devenu troisième assistant d'un directeur de drugstore dans un centre commercial, sans droit d'approcher du tiroir-caisse.

L'homme des Poissons trouve toujours des arguments pour se tirer de tous les mauvais pas, sauf pour échapper à la réprobation d'une dame Aigle. Alors, avec elle, il recourra à un autre genre de tour de passe-passe neptunien. Il la flattera, présentera son point de vue avec calme et gentiment, mais lui assurera qu'il se fie beaucoup plus à l'opinion dont elle va lui faire part. Ça ne marchera pas. Il finira par apprendre que la seule manière de s'arranger avec une femme régie par Pluton consiste à lui tenir tête constamment, à avoir le courage de ses convictions, oui, parfaitement, et à ne jamais chercher à esquiver une discussion en usant de son charme ou de n'importe quelle autre arme piscéenne. Le Poissons est le type même du «pas-veinard». Si on lui offre de poinçonner les billets à une série de concerts en plein air pour une très grosse somme par soirée s'il ne pleut pas, il pleuvra vingt-trois jours de suite. Le Poissons mâle ne doit donc pas trop compter sur sa chance avec une Scorpionne. Il n'a pas tant que ça à perdre.

Parfois, la femme Scorpion se met à pleurer en plein milieu de son intimité physique avec l'homme des Poissons. Pourquoi à ce moment-là précisément? Parce qu'elle sent alors qu'ils ne peuvent jamais ni l'un ni l'autre être complètement eux-mêmes, sauf à ces moments-là. Hors de leur étreinte, toutes sortes d'inhibitions et d'influences extérieures les séparent, mais leur unicité paraît leur fournir la réponse à toutes les questions qu'ils se posent... ou, pour le moins, dans leur monde. Quand ils sont seuls ensemble, elle sait combien il a besoin d'elle, elle sait qu'elle lui donne la paix... et qu'il lui donne la joie. Il est bon pour une femme et un homme de savoir qu'ils se donnent réciproquement paix et joie. Il croit la dominer dans leurs relations physiques, mais elle le domine tout aussi souvent sans qu'il s'en rende compte. Même quand elle feint de se détacher de leurs amours, c'est afin qu'il la désire encore plus.

Il est difficile à ces deux amoureux d'être totalement francs l'un envers l'autre. Mais peu importe. Chacun ne tardera pas à percer le jeu de l'autre et à faire semblant de ne pas deviner. Taire certaines choses ajoute une dimension mystique à leurs pratiques amoureuses. Souvent le silence qui règne lors de leur expression sexuelle leur permet de s'en dire plus l'un à l'autre que si chacun prononçait un millier de mots. L'eau reste calme et profonde... quand rien ne la trouble. Tel est aussi l'amour physique entre ces deux sujets de l'Élément Eau. Peut-être est-ce cette qualité ou bien quelque chose d'encore moins explicable mais en tout cas, à coup sûr, quelque chose d'extrêmement exceptionnel... une passion paisible comportant à l'arrière-plan une intensité qui attend pour grandir... au fur et à mesure que s'approfondit leur amour.

Il m'est arrivé d'entendre un médecin décrire une délicate opération chirurgicale sur une main blessée, à laquelle il avait assisté. Il indiqua que le patient n'aurait pas à se soucier de la cicatrice, parce que le chirurgien s'était appliqué à grand-peine et avait pris son temps pour être certain que cette cicatrice coïnciderait avec un des plis naturels du poignet où personne ne la remarquerait.

Les choses se passent de la même manière avec l'homme Poissons et la femme Scorpion quand il s'agit de blessures normales telles qu'il s'en produit dans toutes les relations entre homme et femme. Leur mémoire peut conserver quelques cicatrices, mais elles coïncident avec les plis naturels. Ces deux personnes savent donc comment aimer sans réserve, et il n'est pas de meilleur ni de plus bel amour. Toutefois, elle doit ac-

quérir la sagesse neptunienne de son partenaire afin de savoir pardonner. Il le fait si facilement, presque distraitement. Elle n'y parvient qu'à
grand-peine à cause de son esprit trop fier. Quant à lui, de son côté, il
doit apprendre auprès d'elle l'aptitude à étaler les orages et *savoir*
— pas espérer — que le navire arrivera sain et sauf à bon port.

Elle peut lui enseigner à avoir confiance en lui-même: qualité qui lui
manque le plus. Il peut lui enseigner la foi, la confiance, lui montrer
gentiment que suspicion ne rime pas avec sérénité, mais avec tristesse.
Qu'il remporte un prix littéraire ou non, il est en effet poète. Si elle
croit en lui, il peut en effet décrocher un tel prix. Ce sera peut-être
même le prix Nobel, comme le Poissons Albert Einstein. Ou bien le plus
grand prix que l'on puisse décrocher dans l'existence: le bonheur.

POISSONS
Eau - Mutable - Négatif
Régi par Neptune
Symbole: les Poissons
Forces nocturnes - Féminin

SAGITTAIRE
Feu - Mutable - Positif
Régi par Jupiter
Symboles: l'Archer et le Centaure
Forces diurnes - Masculin

Les relations

Le titre à lui seul peut vous avoir suggéré une hypothèse: nous avons affaire à une association qui comporte bien des «défis». (J'espère que j'emploie un euphémisme plein de tact). Les Signes de naissance de l'Archer et des Poissons sont en quadrature. En astrologie, le carré est un aspect de tension. Néanmoins la tension peut, *à volonté,* être transmuée en énergie et, en effet, la tension est absolument nécessaire pour que jaillisse l'énergie, aussi bien dans un laboratoire de physique qu'entre deux personnes. Un rien de tension peut être fort sain dans les communications humaines. Attention, *je vous en prie,* j'ai dit *un rien!* Selon toute évidence, un excès de tension donne des résultats très différents, moins bénéfiques, bien que tout aussi stimulants peut-être.

Nul ne sait jamais ce qu'une surcharge d'énergie peut provoquer. À coup sûr, cela peut faire éclater les éprouvettes et (Dieu nous en garde!) même notre Mère la Terre si les gouvernements de la planète et la Commission américaine de l'énergie atomique continuent à en faire au gré de leur folie. Cette surcharge peut aussi faire éclater une amitié. *Ergo,* si Sagittaire et Poissons espèrent atteindre ensemble à la sérénité, il faudra qu'ils gardent énergiquement leur sang-froid quand la tension commence à monter. Ô Joie-et-Merveille-qui-ne-Finissent-Jamais! Comment commençons-nous notre tentative en vue de serrer le lien de compatibilité entre les Poissons et les Sagittaire? Par une note positive, naturellement mais jouée sur quelle clé? Quand on médite sur leur planète dominante: Neptune (les Poissons) et Jupiter (le Sagittaire), on était admis par les Pères de l'Église épiscopalienne du Christ à Eliza-beth, Caroline du Nord, que les notables de la ville, tant au point de vue social que politique, c'est-à-dire les paroissiens *blancs*, prenaient place au service dominical sur les bancs d'œuvre d'en bas et les paroissiens *noirs*, relégués sur les sièges alignés dans la galerie.

Mais dans son testament Dan indiquait tout cru et avec candeur que, pour lui rendre un dernier hommage à l'occasion de sa mort, il faudrait obéir à son désir (il était blanc, mais cela n'a guère d'importance). La principale clause de ses dernières volontés était la suivante: tous ceux qui assisteraient à son service funéraire à l'église épiscopalienne du Christ lors du service célébré devant son cercueil devraient respecter de nouvelles dispositions ce jour-là. Ses amis *noirs* (c'est-à-dire à peu près toute la population de couleur de la communauté) prendraient place sur les bancs d'œuvre prestigieux et convoités au rez-de-chaussée, devant l'autel et les *Blancs* sur les bancs peu confortables de la galerie. Tel était l'ordre de priorité clairement exprimé par Dan.

Le matin du service funéraire pour Dan Williams, l'église fut bondée et les arrangements imposés par le testament, respectés à la lettre. Ceux qui y assistèrent n'oublieront jamais l'expression de surprise cho-quée et d'humiliation reflétée par les visages de Blancs, fermement diri-gés vers la galerie. Pendant le service, ils restèrent assis, raides comme des piquets, rouges de rage sur les bancs durs, et parvinrent à peine à refréner leur ressentiment. L'Archer avait le dernier mot, sans réserve.

Je suis convaincue que, quelque part, dans ce lieu de culte, par cette matinée miraculeuse de mai, probablement près du vitrail de couleurs par lequel les rayons du soleil entraient à flots, plus brillants que ja-mais, se dressait la silhouette astrale de l'invité d'honneur, parfaite-ment conscient de la scène qui s'étalait devant lui (toutes les âmes qui viennent de passer par une transition de cette importance, de notre monde à l'autre, sont encore près de nous). Un formidable sourire de gamin malicieux éclairait sans doute son visage. Sa veuve, ses enfants et ses amis souriaient aussi à travers leurs larmes, ravis, ce qui atténuait le chagrin qu'ils éprouvaient à la perte de ce vieil ami. Nettie, native du Scorpion, épouse de Dan (secrètement fière de son exploit) remarqua plus tard que, bien que cette affaire l'embarrassât et l'effrayât, elle n'en était pas moins reconnaissante à Dan de faire la dernière de ses farces infernales au détriment de quelqu'un d'autre qu'elle. (Mais l'Ascendant Poissons de Nettie était heureux.)

Quand j'entendis raconter cette histoire véridique, j'en fus ravie mais une question se posa immédiatement à mon esprit. «Comment se fait-il que Dan fût tellement certain de réussir cette somptueuse farce à la Jupiter? d'imposer son accord tonitruant de vérité? demandai-je à sa fille Mary Ann. Les doyens de l'Église pourraient avoir refusé de respecter sa dernière volonté et suggéré avec tact de célébrer le dernier service au foyer du défunt ou au salon funéraire local. Votre père devait être un personnage important dans cette petite commune du Sud. Quelles étaient donc sa profession, ses occupations?»

Sa réponse fut un des détails les plus délicieux de cette histoire. Elle sourit, cligna de l'œil, et sur son visage je retrouvai quelque chose de l'expression malicieuse de son père. «Il était responsable local du parti démocrate et chef de la police», répondit-elle.

La magie opère-t-elle? Cette histoire a-t-elle atteint les Poissons qui rêvent d'un Pays-de-nulle-part, de fraternité et qui sont donc plus proches de l'idéal des Sagittaire que vous ne le croyez? Alors, chers Poissons, chers Archers, est-ce que vous vous souriez avec espoir les uns aux autres? Chers Poissons, convenez-vous enfin que les Sagittaire, ces gens qui vous tracassent, sont précisément les plus capables de faire des farces pareilles? Si vous espérez vous en tirer sans dommage, êtes-vous prêts à vous joindre à eux? Oui? Bravo! Fantastique! Nous faisons des progrès.

Tout aussi souvent que la purification — parfois brutale et inutile à laquelle procèdent les Sagittaire en tirant leurs affreuses flèches de vérité en plein visage de leur ami ou d'étrangers — blesse et agace les Poissons, ces derniers se plaisent aussi à jouer des tours subtils de vérité qui blessent et font enrager les Archers, lesquels accusent carrément les Poissons d'être des menteurs. C'est injuste, Sagittaire. Les natifs et natives des Poissons ne mentent pas. De temps en temps, ils esquivent la vérité, c'est tout. Réfléchissez-y et vous verrez qu'éluder n'est pas mentir. Y avez-vous réfléchi maintenant? Bien. Alors, méditez ceci: lorsque cela arrive aux Poissons, ils ont deux raisons de le faire. Ils s'éloignent à la nage plutôt que de répondre d'une manière explicite ou de proclamer une opinion sur des faits, soit parce que, 1) la question porte sur quelque chose de très intime et de personnel concernant leur vie privée et qui ne vous regarde donc pas, pas plus que qui que ce soit d'autre (voulez-vous s'il vous plaît avoir l'obligeance d'admettre cela?) ou bien parce que, 2) cela pourrait nuire à quelqu'un d'autre et ne servirait donc à rien d'utile, selon l'opinion bien considérée des Poissons, toujours enclins à la charité. Dans ce cas, vous devez avouer qu'ils font preuve d'un sens moral un peu moins cruel que le vôtre. D'accord? Votre moralité jupitérienne se résume en un mot: franchise. Mais vous ne tenez pas compte des dégâts qu'elle peut provoquer. Leur moralité neptunienne suscite l'évasion pour éviter des sentiers émotionnels conduisant au conflit (pour eux-mêmes et les autres) autant qu'il est possible de le faire. Mais une moralité est une moralité, quelque forme qu'elle prenne. Correct?

Quant à vous, Poissons, efforcez-vous à comprendre les *buts* pour lesquels l'Archer tire ses flèches aux pointes brûlantes, celles que vous voudriez leur enfoncer dans la tête en vous servant de leur arc comme marteau. Maintenant vous devriez réaliser que leur but est toujours honnête, qu'il correspond à un besoin incoercible de chercher la vérité et de l'exprimer. Étant donné que dans toutes les questions qui concernent les propos d'êtres humains ou leurs actes c'est le mobile qui compte le plus, vous pouvez désormais admettre qu'au moins les intentions des Sagittaire sont honorables? Certes on dit que l'enfer est pavé de bonnes intentions mais j'incline personnellement à penser que le paradis pourrait l'être aussi.

Libres et insouciants, les Archers trottent sur le sentier de la vie, complètement indépendants et nullement enclins à s'apitoyer sur eux-mêmes. Pourtant ils négligent leur devoir et leurs responsabilités quand ces dernières se dressent devant leur but ou nuisent à leur goût de l'errance. Les Poissons désapprouvent cette attitude, car ils ne peuvent concevoir que l'on place la satisfaction de ses propres désirs avant les services que l'on doit rendre à ceux qui en ont besoin. Ces gens, doux et aimables, se laissent rarement aller à l'irritation lorsqu'ils contournent tranquillement les obstacles, traçant le cours de leur natation discrètement pour remonter le courant, s'arrêtant parfois pour se prélasser dans la fraîcheur derrière la cascade. Ils ne font pas le moindre geste pour échapper aux embrouillaminis des gens qui ont besoin de leur oreille sympathique toujours attentive (ou de leur argent) et vont même jusqu'à se détourner de leur chemin ou remettre à plus tard la réalisation de leurs projets à longue échéance pour tendre une main secourable de-ci, de-là. À part cela, ils sont capricieux jusqu'à exaspérer leur prochain. D'abord ils poursuivent une douzaine de rêves à la fois et refusent de s'atteler à une seule tâche pratique... puis ils décident inopinément d'atermoyer pour satisfaire leur paresse pendant un moment, en laissant passer sans les saisir des occasions fructueuses. Cette négligence leur vaut l'admonestation de l'Archer, mais ils n'y prêtent garde et haussent à peine les épaules.

Les Sagittaire s'ingénient à force de cajoleries à arracher les Poissons aux mares dans lesquelles ils se sentent momentanément en sérénité. Ils devraient cesser de le faire. D'autre part les Poissons doivent cesser de projeter silencieusement leurs doutes neptuniens, qui freinent l'élan des Sagittaire dans leur essor agressif vers les promesses de l'avenir. Au lieu de confrontations aussi futiles, le Sagittaire devrait s'efforcer de tenir ses promesses optimistes, en voyageant jusqu'à la Lune ou la Chine et en revenant avec une poignée de poussières d'étoiles dont il saupoudrera le Poissons pour lui prouver qu'existent au loin des mondes inconnus dignes d'être conquis par ceux qui ont l'audace d'y aller. Ensuite ils souriront et diront: «Vois-tu? Je t'ai dit que si tu te fies à moi je ne t'abandonnerai pas.» Voilà la meilleure manière d'inciter le Poissons à quitter l'eau et à jouer à saute-mouton sur la terre ferme.

J'ai réservé pour la fin de ce chapitre le dernier codicille du testament de l'Archer Dan Williams. Le bruit court que, s'il n'est pas mort dans l'opulence, il n'en était pas moins fort à l'aise au point de vue financier. Mais hélas! ce Sagittaire avait prêté tout son argent depuis des années à ceux qui en avaient besoin. Il ne lui restait plus un sou en caisse. Alors tel fut son legs à sa famille, exprimé avec la beauté typique des mots qu'emploie Jupiter: *Je laisse à ma femme et à mes enfants le monde entier dans lequel ils pourront gagner leur vie (!)*

Certes les natifs et natives des Poissons éprouveront de la sympathie pour la charité manifestée ainsi par Dan envers les siens. Néanmoins les dernières volontés d'un sujet de Neptune ne porteraient pas sur un patrimoine aussi aléatoire. Humbles et modestes, les Poissons ne se permettraient pas de supposer qu'ils ont le droit de léguer le monde entier... parce qu'il ne leur appartient pas. La philosophie des Sagittaire contient pourtant une profonde sagesse.

POISSONS: Dites-moi, vous les Sagittaire, croyez-vous vraiment que vous possédez le monde?

SAGITTAIRE: Mais bien sûr, comme tout le monde sans doute.

Femme POISSONS • SAGITTAIRE *Homme*

Certaines filles Poissons bavardent volontiers, quelques-unes sont silencieuses et engagent rarement la conversation. Toutefois, si quelqu'un d'autre l'engage, elles ne manqueront pas de mots pour répondre, si timides qu'elles puissent être au début. Le plus important, c'est que non seulement elles s'expriment d'une manière intéressante, mais les unes comme les autres écoutent admirablement. J'insiste: elles écoutent vraiment avec attention. Jusqu'à présent, c'est épatant parce que l'homme du Sagittaire raffole de parler à une personne qui prête une attention tellement soutenue à ses propos qu'elle paraît ensorcelée. (Il en va de même pour l'homme du Lion et celui du Bélier.) Vous connaissez des gens de ce genre qui adorent s'exprimer devant un auditoire attentif. Vous avez donc déjà une idée du puissant attrait que la fille Poissons exercera sur l'Archer. Au milieu d'une de ces séances où il parle et elle écoute, il se sentira évidemment obligé, à un moment ou à l'autre, de lâcher une vérité cruelle. Si cette vérité l'est trop, sa partenaire cessera peut-être d'écouter. Les femmes des Poissons sont exceptionnellement sensibles à la douleur. D'autre part, elles ne sont pas particulièrement éprises de la vérité toute crue. Cette femme préfère une réalité drapée dans des voiles, même aussi ténus que s'ils étaient tissés par des araignées. Les «peut-être», les «vraisemblablement», les «il se peut que» leur conviennent. Aucun Poissons, ni femelle ni mâle, n'accepte que la vérité lui soit servie sèche, sur les glaçons, à la manière dont le Sagittaire aime à la décocher. Si une franchise trop brutale frappe sa jolie oreille féminine, cette dernière se fermera et le Sagittaire regrettera d'avoir aussi lourdement mis le pied dans le plat. Un rien de mise en garde est toujours utile. Notre Sagittaire pourra donc désormais se considérer comme averti.

Bien peu de gens réalisent qu'écouter est vraiment un art difficile à maîtriser et qu'on en est doté de naissance plutôt qu'on ne l'acquiert.

Seuls les gens dénués d'égoïsme et prompts à la sympathie écoutent bien, parce qu'ils s'intéressent sincèrement à ce que leur dit autrui, aux événements extérieurs. La grande majorité de nos semblables écoute plus ou moins attentivement, en attendant l'occasion de parler à leur tour. La fille Poissons, elle, en raison de quelque alchimie neptunienne, est capable de se projeter elle-même dans la situation que lui décrit son interlocuteur et d'être aussi fascinée que si elle était personnellement mêlée à l'affaire. Elle vit par personne interposée ce qu'elle entend, se fond dans la situation qui lui est décrite, en fait partie. L'Archer s'en rend compte à son regard, à l'expression de son visage, à son attitude. Il voit qu'elle ne feint pas par politesse. À coup sûr, ce qu'il dit intéresse vraiment cette femme. Il n'est guère de sentiment plus satisfaisant pour l'âme que de se sentir vraiment écouté par quelqu'un qui se soucie sincèrement de celui qui parle. Cela équivaut à une thérapeutique dont a besoin de temps en temps tout être vivant. L'homme du Sagittaire plus que quiconque. Puisque cela présente tant de valeur pour lui, il doit faire de son mieux pour éviter de briser ce cadeau exceptionnel que lui offre la fille Poissons et qui est une des caractéristiques les plus ravissantes de sa nature.

En dépit du fait que cet homme et cette femme doivent affronter bien des tensions et que leur tolérance, leur patience seront mises à l'épreuve, si le partenaire masculin se trouve être un Sagittaire mâle paisible, elle aura sur lui un effet bénéfique accentué. Nous devons nous rappeler que ce genre d'Archer n'est pas calme à tout instant. (Il n'est jamais né de Sagittaire ainsi fait.) Mais s'il est un des moins bavards que l'on connaisse, c'est-à-dire s'il ne parle pas constamment mais seulement quand il lui plaît de le faire, il s'exprime bien et personne ne peut l'inciter avec plus de succès que la femme des Poissons à révéler ses pensées. Elle s'y prend admirablement pour le persuader de s'exprimer. À ce point de vue tout le monde se demande pourquoi elle n'est pas psychiatre, ce qui simplifierait sa vie. Quelques Poissons choisissent en effet la profession de psychiatre, mais la grande majorité n'en fait rien. C'est parce que toute idée d'indiscrétion leur fait horreur (sauf en cas d'affliction de son Soleil natal qui pourrait inciter la native des Poissons à se montrer cancanière). Il lui déplaît souverainement de chercher à percer les secrets d'autrui. La plupart des natifs et natives des Poissons ont aussi horreur de sentir que quelqu'un cherche à pénétrer leur propre intimité. Étant donné que les Poissons des deux sexes inclinent par nature à se mettre à la place d'autrui, ils répugnent à faire aux autres ce qu'ils n'aiment pas qu'on leur fasse.

Néanmoins, sans chercher consciemment à sonder son partenaire, la femme des Poissons en apprendra dès le début de leur relation beaucoup plus qu'il ne le soupçonne. Cette femme est douée d'une puissante perspicacité. Elle découvrira à son sujet des choses qu'il croit ignorées de tout le monde et que personne ne saurait deviner. Elle réussira cela presque contre son propre gré. Elle n'y peut rien. C'est par instinct qu'elle «sent» et qu'elle «sait» ce qu'une autre personne cherche à lui cacher, surtout dans des relations amoureuses. Elle n'a rien cherché à découvrir. Mais tout s'offre à elle. Il lui suffit de lire et d'interpréter, comme si son interlocuteur était une boule de cristal magique dans laquelle elle plonge ses regards. Cela ne mettra pas son Sagittaire mal à l'aise pourtant, parce que le talent avec lequel cette femme pénètre ses sentiments intimes et ses intentions se manifeste d'une manière subtile et gracieuse, sans jamais presser, interroger, insister. Personne ne soupçonne donc ce qui se passe et parfois la fille Poissons elle-même ne s'en rend pas compte. En vérité, sans doute préférerait-elle ne pas avoir un tel don. C'est une aptitude indésirée pour elle. Sentir tant de choses au sujet d'autrui la trouble. Elle a assez de soucis personnels, sans y ajouter ceux d'autrui, du fait qu'elle est incapable d'empêcher les images évoquées par son interlocuteur de pénétrer sa conscience. Néanmoins le Destin exige, semble-t-il, qu'elle se sente involontairement engagée dans les tracas de tous ceux auprès de qui elle vit. Tel est le Destin que lui impose la douzième maison, celle de Neptune, et force nous est d'admettre qu'elle s'y plie de bonne grâce avec le minimum de plaintes. Le doux art de la soumission à l'inévitable, tel est l'une des caractéristiques les plus enviables des natives et natifs des Poissons.

Le fait qu'elle pénètre ses pensées les plus intimes n'alarmera pas outre mesure notre Archer. Ce n'est pas un homme qui attribue tant d'importance au secret. La plupart des Sagittaire mâles n'ont pas un seul os de secret dans leur corps (sauf si leur Ascendant ou leur Signe de Lune se trouve en Scorpion, Poissons ou Cancer). Le Sagittaire typique avouera joyeusement tout ce qu'il vous plaira de savoir à son sujet, souvent plus que n'en désire apprendre la femme Poissons. Il n'a pas grand-chose, voire rien du tout, à cacher. Demandez-lui ce qui vous intéresse et il vous le dira immédiatement. S'il n'a plus un sou, il le dira. Si sa chevelure ou son patron lui donnent des soucis, il vous le dira. Il croit à la vérité et les faux-fuyants lui répugnent. Il estime que tout le monde devrait suivre son exemple, en particulier la femme qu'il aime. Or l'essence neptunienne de cette femme comporte certaines formes d'évasion. Ces deux partenaires auront donc quelques querelles, provoquées par les niveaux différents auxquels ils abordent la franchise et leur définition respective de l'hypocrisie. Elle parlera volontiers de la cruauté de certaines remarques inutiles, de l'impatience, des propos inconsidérés et des actes impulsifs de son partenaire. Leurs attitudes au sujet de toutes ces questions peuvent différer quelque peu, c'est le moins que l'on puisse dire.

Au point de vue sexuel, l'Archer soumis à une double influence masculine trouvera séduisante la double influence féminine de la fille Poissons. La nature collabore en souriant à l'union physique de cet homme et de cette femme. Encore faudrait-il qu'ils veuillent eux-mêmes collaborer. Après la séduction initiale, l'Archer accusera peut-être sa compagne Poissons de se montrer trop froide à ses avances, de ne pas réagir avec assez d'enthousiasme ou de spontanéité, pour se mettre en harmonie avec l'ardeur de ses propres désirs. Cette analyse contient plus qu'un grain de vérité jupitérienne. Sauf si la Lune ou l'Ascendant de la fille Poissons se trouve à sa naissance dans un des trois Éléments de Feu, elle pourrait en effet être «plus froide» au point de vue émotionnel, plus détachée en ce qui concerne la passion sexuelle qu'il ne pourrait jamais l'être lui-même s'il s'y efforçait (ce qu'il ne fera certainement pas). Cela signifie qu'il incombe à la native des Poissons de faire de son mieux (n'en va-t-il pas toujours ainsi pour les Poissons?). C'est *elle* qui devra faire un effort consciencieux pour que son désir soit visiblement à la hauteur des besoins de son partenaire. Dans ce cas, la sensibilité féminine avec laquelle elle abordera l'union sexuelle ravira son partenaire. Néanmoins il sera extrêmement blessé par ses périodes de froideur. Les données du problème paraissent très claires. À partir du moment où elles ont été analysées et mises en ordre, Neptune devrait en fournir la solution à celle qu'il gouverne.

Quant à lui, il devra se garder de suggérer à sa partenaire que son intérêt pour elle se concentre indûment sur l'aspect physique de leur amour. Il devra donc s'assurer qu'il lui manifeste ses sentiments sur d'autres plans que la sexualité. Il en résultera un effet de choc en retour: elle réagira avec plus d'enthousiasme aux pratiques amoureuses du Sagittaire. Nous voyons qu'il incombe aussi quelques responsabilités à ce Monsieur. Chacun doit faire sa part.

La femme Poissons aspire à beaucoup de gentillesse, à beaucoup de tendresse de la part de l'homme qu'elle aime. Elle s'épanouit sous un intérêt comportant de l'imagination créatrice, qui a le pouvoir de l'enchanter. Elle fleurit visiblement quand il lui suggère un voyage ou un changement de décor (et lui aussi d'ailleurs). Mais elle glisse vers la dépression quand elle est soumise à quelque dureté ou au manque de tact. Ses sentiments peuvent être blessés de manière répétée sans même qu'il se rende compte de ce qui se passe, car cette femme ne montrera pas ses quelques premières blessures. Elle s'efforcera de les cacher, de les minimiser, de les accepter ou de les oublier. Mais au bout d'un certain temps cela se verra. Il devra l'interpréter comme un signal avertisseur, adoucir ses attitudes (particulièrement ses propos) et réaliser que son «Feu» puissant pourrait lentement déshydrater l'«Eau» paisible de sa compagne.

Évidemment les choses pourraient tourner à l'inverse si Madame était Poissons du type Orque. Alors l'Eau de sa nature serait trop forte et pourrait noyer l'optimisme jupitérien qui constitue la nature de son partenaire. Tel est aussi le triste destin qui peut affliger une paire d'amoureux ou d'époux associés par la combinaison des Éléments Feu et Eau et qui ne s'efforcent pas suffisamment de surmonter les difficultés présentées par leur différente conception de la vie ainsi que la diversité de leurs attitudes et mobiles. Au bout d'un certain temps, ils pourront abandonner la partie, soit par une confrontation, soit plus simplement en dérivant de plus en plus loin l'un de l'autre jusqu'à ce qu'ils deviennent deux étrangers vivant sous le même toit.

Il n'est que deux manières possibles de régler une telle situation. Chacun des deux décide que l'autre est en effet un «étranger» (ou bien une «étrangère») d'un genre qu'elle (ou il) ne tient pas tellement à connaître mieux. Alors ils se quittent amicalement plutôt que de laisser leurs relations tomber dans l'amertume, voire la hargne. Ils peuvent adopter une attitude diamétralement opposée, agir comme s'ils avaient vraiment affaire à un étranger ou une étrangère. Chacun se dirait qu'il voudrait mieux connaître l'autre et chercherait à faire de nouveau connaissance. Ils devront alors être assez sages pour savoir que deux personnes n'ont pas besoin d'être rigoureusement identiques, d'accord sur tout, pour être heureuses, pourvu que chacun respecte le point de vue de l'autre. Des différences peuvent ajouter des étincelles à des relations ou bien les rendre mornes. Qu'en sera-t-il? Tout dépend d'eux. Laissons-les méditer en paix sur ce problème d'échecs. Particulièrement sur le cavalier et le pion. La stratégie amoureuse est une chose très intime.

Parfois tel est le problème capital. Cet homme et cette femme manquent peut-être de l'intimité dont leurs relations ont besoin pour se protéger contre des forces destructrices venant de l'extérieur. Ils devraient donc s'envoler pour aller ensemble quelque part et découvrir la puissance de choses aussi simples que l'intimité partagée, capable de guérir des cœurs brisés qui se sont crus étrangers l'un à l'autre, après s'être beaucoup aimés. Les résultats d'une telle expérience sont souvent bouleversants. Ils peuvent donc quitter leur échiquier et ne le reprendre qu'à leur retour. Ils peuvent aussi bien s'engager à ne plus jamais jouer ensemble à ce jeu. Cela vaudrait encore mieux et à l'avenir porterait bonheur à leur idylle ou leur ménage. Il est des jeux en effet où personne ne gagne, pas même celui qui fait les plus grosses mises.

Homme POISSONS • SAGITTAIRE *Femme*

Il arrivera par moments que la fille Archer, perplexe, se demandera si elle n'est pas tombée amoureuse d'un Gémeaux au lieu d'un Poissons. Ce doute est parfaitement justifié. Poissons et Gémeaux sont, l'un comme l'autre, des Signes solaires doubles et, en raison de leur aptitude à changer de rêves et à modifier leur but, à mi-chemin, par l'effet de quelque inclination inexplicable, les Poissons et les Jumeaux des Gémeaux se ressemblent étonnamment. (Leurs différences résident en d'autres domaines.) Mais notre fille du Sagittaire, elle aussi, est née sous l'influence d'un Signe de dualité. L'Archer de Sagittaire est aussi un Centaure; vous voyez: mi-cheval, mi-humain. Alors de quel droit se permet-elle, la jolie, de mettre en cause la versatilité de son Poissons? Eh bien! en vertu du droit que lui confère son Signe: les natifs du Sagittaire ne peuvent s'empêcher d'interroger tout le monde au sujet de tout. Cet homme lui donnera bien des motifs d'exercer cette tendance jupitérienne.

Il existe évidemment des hommes des Poissons dont la carrière et les occupations demeurent relativement stables à longueur d'année mais ils constituent, à coup sûr, une minorité. Constamment fascinés par les choix multiples que leur offre la vie, les Poissons sont changeants. Parfois leurs changements nous stupéfient. Pas moins. J'en fournirai, à la fille Archer, quelques exemples pris sur le vif (et c'est bien là que l'on doit prendre des exemples à l'usage de ceux qui sont vivants).

Élevé à Cripple Creek mais installé à Denver (au moins pour le moment), le natif des Poissons Mike Thornton envisagea tour à tour l'éventualité de devenir chercheur d'or, éleveur de chevaux, écrivain ou artiste, mais sans préciser quel art il aurait pratiqué. Puis il bifurqua vers des ambitions théoriques de paysagiste pour créer pelouses et jardins. Après ça il fit quelques expériences d'élevage d'insectes à un usage que j'ignore. Après cette première aventure il fit un apprentissage d'électricien et devint expert en l'art de refaire l'installation des maisons et des immeubles de bureaux. La semaine dernière, il me téléphona pour me demander si son horoscope se prêtait à ce qu'il ouvre une cantine-discothèque à l'usage des noctambules, complètement installée avec billards électriques, pistes de danse et tables à l'usage des joueurs d'échecs.

Ma chère fille du Sagittaire, si vous vous sentez un peu inquiète en lisant ce qui précède, imaginez l'effet que ces caprices peuvent avoir sur sa chère épouse, la jolie et patiente Carolyn, native du Taureau. Elle sourit gentiment, amoureusement, le soutient constamment, mais elle se ronge les ongles qui deviennent de plus en plus petits. Maintenant Carolyn et Mike ont une petite fille ravissante couverte de fossettes, Mandy, native de la Balance, qui ne parviendra jamais à décider ce qu'elle voudra faire quand elle grandira et je suis certaine, je vous le garantis positivement, qu'elle sera pire que son papa Poissons en fait de changements inopinés et saugrenus. S'il vous plaît, priez pour la pauvre Taure Carolyn. Tout compte fait, vous, les femmes qui peinez pour vous maintenir à la même cadence que les hurluberlus natifs des Poissons, influencés par l'Élément Eau, toujours fuyants, vous devez vous tenir les coudes, *quel que soit* votre Signe solaire.

Il y a un autre Poissons mâle au sujet duquel je dois fournir quelques renseignements à la fille du Sagittaire. Il s'agit de Mark Shaw. Diplômé de l'école de droit de l'université de l'Indiana, il a travaillé d'arrache-pied pendant cinq ans à Aspen, Colorado, en qualité d'avocat. Brillant, totalement absorbé par la pratique de sa profession, il se réjouissait apparemment de son succès. Un jour, Mark décida de rompre définitivement avec le droit, monta au grenier et jeta dans une malle la plaque de cuivre qui annonçait jusqu'alors sa profession, sur sa porte, se coiffa d'une casquette de tennisman (il a une ou deux planètes en Bélier) et prit l'avion pour New York, où il accepta un travail à plein temps pour un spectacle de la télévision. Aussitôt il se mit à voyager d'un bout à l'autre du pays pour filmer des sujets intéressants pour le programme A.B.C. *Bonjour l'Amérique* en qualité de directeur-producteur et commentateur.

Voilà le genre de surprises auxquelles une fille Centaure amoureuse d'un homme Poissons doit se préparer et qui peuvent se produire à n'importe quel moment au cours de leurs relations. D'abord elle ne s'en souciera pas terriblement. Elle trouvera même probablement cela excitant, surtout si les buts sans cesse changeants de son Poissons impliquent beaucoup de déplacements. Elle a contracté la manie incurable des voyages quand elle avait à peu près quatorze ans, âge auquel l'Archer, fille ou garçon, quitte le foyer familial (quelques-uns s'éloignent de leurs parents beaucoup plus tôt, vers dix ou douze ans). Au début, par conséquent, elle préparera joyeusement les valises et trottera pleine d'optimisme aux côtés de son partenaire quand il participera à des parades de cirque, troquera son tambour pour une clarinette, abandonnera son métier de dentiste pour devenir programmeur d'ordinateur. Au début, tout ira bien.

Plus tard, eh bien! cette native d'un Signe de Feu tapera probablement du pied... et vigoureusement. Elle le regardera d'un air furieux et dira quelque chose dénotant autant de tact que ceci: «Écoute donc, chauve-souris...» (Vous croyiez jusqu'ici qu'on ne pouvait traiter de chauve-souris que les filles et les femmes? Parbleu! en voilà une attitude phallocratique!) Allez! j'ai perdu le fil de mes idées. Il faut que je recommence dès le début. Elle fixera donc sur lui un regard furieux et dira quelque chose dénotant autant de tact que ceci: «Écoute donc, chauve-souris, j'en ai ras le bol de jouer les gitanes avec toi. Tu as tellement changé de métier que je ne me rappelle même plus que tu voulais te présenter à la députation, ouvrir une maison de thé japonaise, vendre des haricots. Ou bien tu redresses ton gouvernail et tu te fixes dans une direction, ou bien je m'en vais te vendre au jardin zoologique si on me donne assez cher de toi. Tu as besoin d'une remise en état. Ta tête a été vissée à l'envers.»

Après quelques décharges verbales de ce genre, le Poissons, homme sensible, pourrait littéralement se dématérialiser sous le choc. D'une manière ou d'une autre il disparaîtra. La prochaine fois qu'elle reverra sa bobine, ce sera peut-être dans le journal quand il aura été élu au Congrès. Il posera auprès d'une nouvelle compagne et la légende indiquera discrètement qu'il était autrefois uni à une Sagittaire mais qu'il a demandé le divorce. Étant donné les mœurs politiques américaines d'aujourd'hui, c'est une hypothèse tout à fait possible. On voit incarcérer des ministres de la Justice et des conseillers particuliers du chef de l'État, on voit des frères de président présider des concours de beauté et se piquer le nez au point de ne plus savoir où ils conduisent leur voiture.

Toutes les natives du Sagittaire ne sont pas d'une franchise brutale. Certaines filles Archers parlent fort agréablement, appartiennent à une catégorie plus paisible, beaucoup moins truculente, mais même celles-là se montrent inopinément d'une franchise stupéfiante en certaines occasions et ne remporteraient jamais un premier prix de tact. Voici ce qui importe: cette native du Sagittaire, tombée impulsivement amoureuse d'un homme des Poissons, doit s'efforcer d'adoucir sa manière de l'aborder sinon elle pourrait, par simple distraction et sans mauvaise intention, anéantir l'esprit et briser le cœur de ce partenaire, perdre aussi la rare espèce d'affection et de dévouement qu'il lui voue. De son côté, il doit avoir l'épiderme moins sensible et ne pas gémir chaque fois que cette dame profère une vérité. Elle ne peut résister à ses impulsions de franchise et elle est presque toujours bien intentionnée. Il devra lui expliquer tendrement combien elle lui fait mal. Les émotions jupitériennes de cette femme s'éveilleront et l'inciteront probablement à s'excuser avec beaucoup de contrition... et peut-être à s'efforcer sincèrement de réfléchir à l'avenir avant de parler. (Néanmoins il faudra probablement le lui rappeler de temps à autre.) La première chose que cette luronne bien intentionnée devra faire, si elle entend élever un banc de mouflets et, d'une manière générale, faire le clown pendant longtemps avec cet homme gouverné par Neptune, consiste d'abord à déterminer à quelle espèce de Poissons elle a affaire, car il existe deux catégories d'individus nés sous ce signe de dualité: ceux qui nagent vers l'amont, c'est-à-dire le succès et l'épanouissement personnel; ceux qui flottent au fil de l'eau vers l'échec, dont les rêves sont noyés par la malchance… et qui finissent pilleurs d'épaves sur quelque plage.

Disons-le, un ramasseur de débris sur la plage n'est pas forcément un mauvais époux pour une Sagittaire curieuse et aventureuse qui se plaît à trotter pieds nus sur le sable et se nourrit volontiers de coquillages. Mais le clodo qui ne ramasse que les épaves des trottoirs urbains et s'échine à se crever le tempérament pour conserver son amour-propre n'est pas le même genre de bonhomme. En réalité, le Poissons de cette dame pourrait être un de ceux qui ont besoin de sa foi et de son courage. Je ne lui recommande donc pas de l'éviter d'emblée. Il est permis d'envisager un miracle jupitérien qui sauverait du désespoir cette âme en peine. Je dis seulement qu'elle doit d'abord chercher à quel type de Poissons elle a affaire.

Un de mes bons amis, natif des Poissons, qui habite à Manhattan et se promène souvent à Times Square pour jouir des spectacles sans cesse changeants de la rue et étudier des spécimens humains hauts en couleur, m'a raconté ce qui lui est arrivé une certaine nuit où il entra chez Nathan, une des gargotes les plus connues de Broadway pour y souper. Nathan ne figure pas sur les guides touristiques. On n'y réserve pas sa table. On paye son quart de dollar, on saisit un pot de moutarde et on choisit le sandwich à son goût. Il se trouva assis en face d'un compagnon de table plutôt bavard, vêtu de loques usagées et beaucoup trop grandes pour lui. En outre cet homme avait glissé entre son ventre et sa ceinture une bouteille de vin à moitié pleine. Cependant, l'aspect général du bonhomme, si on n'y regardait pas de trop près, dénotait une certaine personnalité. Arrivé au café, ce clochard constata que mon ami Poissons, typique sujet de Neptune, lui prêtait une oreille pleine de sympathie, aussi lui confia-t-il quelles étaient ses occupations. Il vendait ce qu'on pourrait appeler de la «bijouterie brûlante». Après avoir jeté un coup d'œil furtif autour de lui pour s'assurer qu'il n'y avait pas de flics dans la salle à cet instant, il permit à mon ami de jeter un coup d'œil sur sa marchandise: bracelets, épingles à cravate, boucles d'oreille et autres colifichets sertis de strass qu'il prétendait être du diamant. Bref il vendait fort honnêtement de la pacotille en se faisant passer pour un receleur, ce qui lui permettait de demander des prix exorbitants. Il s'efforça de placer quelques articles à mon ami qui, connaissant trop bien les mœurs en honneur dans les rues de New York, particulièrement la nuit, ne sort jamais qu'avec quelques petite coupures dans sa poche. Après avoir éludé avec tact les propositions de ce camelot, mon ami Poissons lui demanda quel était son Signe solaire. Avec un joyeux clin d'œil, cette bonne âme en peine répondit: «Qui, moi? Bah! je suis un Poissons qui se laisse aller au fil de l'eau. Je ne me fais pas de mousse, la mer est encore loin.»

Depuis lors, mon ami dit volontiers que, d'après lui, il existe deux espèces de Poissons: ceux qui remontent le courant vers le succès et ceux qui se laissent aller au fil du courant vers la mer. J'ai raconté cette petite histoire à l'usage de la fille du Sagittaire. Cela lui servira à évaluer les possibilités de son sujet de Neptune. Je cite par exemple un natif des Poissons, Albert Einstein, qui, à coup sûr, nageait vers l'amont.

Notre fille du Sagittaire et son homme Poissons doivent s'attendre à certaines tensions, dues au choc de leurs personnalités divergentes. Il a tendance à s'apitoyer sur lui-même, elle, à imposer sa volonté. Selon toute évidence, cela ne rendra pas facile la solution de leurs problèmes et ne fera qu'en aggraver la difficulté. Toutefois l'esprit de possession et la jalousie ne seront vraisemblablement pas les principaux sujets de mécontentement entre eux, parce que ni l'un ni l'autre n'est vraiment possessif par nature et chacun apprécie trop sa propre liberté pour la refuser à l'autre (sauf en cas d'Ascendant ou de Signe lunaire qui provoquerait des désordres dans ce domaine). En général, si elles sont typiques de leur Signe solaire, chacune de ces deux personnes laissera assez d'air à l'autre pour respirer. Si la jalousie au visage jaune provoque quelques éclats entre eux, ce sera probablement Madame qui en prendra l'initiative. Certaines natives du Sagittaire sont, en effet, extrêmement susceptibles à ce point de vue lorsqu'on les provoque, mais rarement sans raison sérieuse. Dans ce cas-là, elles sont sujettes à la fureur. Mais le natif courant du Sagittaire ne ressentira pas des élancements d'esprit possessif d'après la définition habituelle de ce terme. Il y a, rappelons-le, une différence certaine entre la jalousie et l'esprit de possession.

Au point de vue sexuel, les Poissons étant un Signe féminin gouverné par une planète également féminine, Neptune, l'homme des Poissons qui désire atteindre l'harmonie physique avec la native du Sagittaire doit consciemment s'efforcer d'être moins passif, moins distrait, plus actif et enthousiaste. D'autre part, les mêmes influences en font un amant tendre et intuitif, doux et plein d'imagination. Le Sagittaire étant un signe masculin gouverné par une planète également masculine, Jupiter, elle devra ménager les sentiments de son partenaire, moins s'abandonner à ses impulsions et atténuer sinon sa franchise, tout au moins la brusquerie avec laquelle elle s'exprime. Faute de quoi les émotions enflammées de Madame pourraient faire perdre à Monsieur la confiance en son aptitude à lui donner satisfaction. D'autre part, les vibrations masculines-positives dans le nimbe de la Sagittaire peuvent aussi accroître le désir de cet homme et éveiller chez lui la passion latente de l'Élément Eau. Toutefois conflits et tensions émotionnels fréquents peuvent stimuler Madame, mais figer les désirs de Monsieur, de même qu'un manque de réaction enthousiaste ou la négligence de Monsieur pourraient figer ceux de Madame.

Bien rares sont les gens qui comprennent le grand secret d'une expression sexuelle joyeuse consistant simplement en ceci: paroles et actes de *gentillesse* sincère allument de petites flammes dans les cœurs. Ces dernières croissent petit à petit pour devenir un feu plus grand qui finit par conduire à la consommation extatique du besoin physique ainsi éveillé. Chez ceux qui s'aiment, la sexualité est au fond un geste de gratitude réciproque, pas seulement la satisfaction de deux besoins séparés, égoïstes, mais la conscience partagée de ce qu'il peut y avoir de grandeur dans l'abandon total. Comme tout le reste au monde, la règle d'or gouverne la sexualité. Dans le cas contraire, l'union physique laisse aux deux partenaires un sentiment accru d'être plus égarés que jamais, plus seuls et plus inquiets qu'auparavant.

Les planètes Jupiter et Neptune sont unies par bien des liens de tendresse et de sympathie. Avant la «découverte» de Neptune, Jupiter régnait au point de vue astrologique (et astronomique) sur le Sagittaire et les Poissons. Il inspirait le même canevas de comportement aux Poissons et aux Archers. (George Washington, par exemple, présente un exemple de Poissons particulièrement agressif, parce que gouverné par Jupiter.) L'accord allant jusqu'à la parenté entre leurs planètes dominantes unit la femme du Sagittaire et l'homme des Poissons plus étroitement qu'ils ne s'en rendent compte. Aussi accessibles à la compassion l'un que l'autre, ils sont également idéalistes, tolérants et immunisés l'un et l'autre contre les chocs émotionnels. Mais le gigantesque Jupiter et le fuyant Neptune peuvent également s'affronter de certaines façons. L'essence de Jupiter méprise toute trace de goût du secret, propre à Neptune, de mensonge, de propos fallacieux. L'essence de Neptune, d'autre part, est profondément troublée par la franchise de Jupiter, celle qui blesse plus qu'elle ne guérit. Les émotions sans profondeur manifestées sans retenue lui répugnent.

Pourtant, s'ils s'aiment assez, l'homme des Poissons et la femme de Sagittaire peuvent trouver les moyens de faire fondre leurs différences. Elle doit s'appliquer à agir et parler avec un peu plus de tact, à plus réfléchir et à manifester plus de gentillesse, sans pourtant sacrifier son intégrité ni son indépendance propres à l'Élément Feu qui fait partie de sa nature. De son côté il doit s'efforcer d'être un peu plus ouvert, direct, de s'exprimer mieux, sans pourtant sacrifier son intimité spirituelle ni la tranquillité intérieure de l'Élément Eau qui fait partie de sa nature. Chacun (et chacune) reflétera alors les étoiles de l'autre, tout en restant lui-même (et elle-même).

POISSONS
Eau - Mutable - Négatif
Régi par Neptune
Symbole: les Poissons
Forces nocturnes - Féminin

CAPRICORNE
Terre - Cardinal - Négatif
Régi par Saturne
Symbole: la Chèvre
Forces nocturnes - Féminin

Les relations

Le Capricorne rayonne un tel calme qu'en sa présence le Poissons se sent souvent à l'aise et confortablement en sécurité, un peu comme l'ourson quand maman ours le borde dans son petit lit, dans la cabane de rondins qu'ils habitent pendant l'hiver. Comparer un Poissons à un ours peut sembler bizarre mais Saturne, planète dominante du Capricorne, a cet effet sur les Poissons. Parce qu'ils sont régis, eux, par la planète Neptune, subtile et évanescente, les Poissons trouvent réconfortante la solide stabilité de Saturne sous l'influence duquel ils se *sentent* pareils à des oursons (ou des mamans ou des papas ours). De même, la sérénité des Poissons donne souvent aux Capricorne l'impression d'avoir le cœur léger et de flotter... comme des bulles quand elles s'envolent, irisées. Il semblera bizarre aussi de comparer les Boucs et les Chèvres à des bulles, mais la planète dominante des Poissons, Neptune, a cette influence sur les Capricorne. Parce que gouvernés par la discipline sévère et exigeante de Saturne, les Caprins sont fascinés par le relâchement rêveur de Neptune qui semble leur promettre la liberté. Ils se *sentent* donc alors pareils à des bulles.

Voilà notre Poissons et notre Chèvre transformés d'une manière magique par leur proximité réciproque en un ourson et une bulle. C'est merveilleux, n'est-ce pas? Tous les Poissons et les gens du Capricorne devraient méditer pendant un bon moment sur les deux paragraphes précédents jusqu'à ce qu'ils soient définitivement impressionnés par toutes les bonnes choses qui peuvent être engendrées par leur association et réaliser la grande valeur, intangible mais précieuse, des cadeaux qu'ils peuvent échanger. Cette seule idée les amènera en douceur au temps des problèmes qu'ils auront à résoudre épisodiquement entre eux. Mais restons-en encore un moment aux aspects positifs de compatibilité avant d'aborder les dangers desquels ils doivent se garder.

Les Chèvres se sentent plus en sécurité avec un Poissons qu'avec les natifs ou natives des autres Signes solaires, sauf le Scorpion. Cela ne les empêchera pas de frétiller des nageoires en guise de défi contre le comportement naturellement contraignant du Capricorne. Les Chèvres s'entendent très bien avec les Taureau et les Vierge mais suivront moins volontiers leurs traces que celles des Poissons. À l'inverse, les Poissons se sentent mieux protégés contre les expériences cruelles de l'existence avec un Capricorne qu'avec la plupart des autres Signes solaires, sauf le Taureau, plus courageux lorsqu'il s'agit de venir à bout du comportement naturellement introverti des Poissons. Bien que les Poissons s'entendent aussi à merveille avec les Scorpion et les Crabes, ils se sentent plutôt moins protégés par eux de même que moins courageux en leur compagnie que lorsqu'ils sont avec les Boucs ou Chèvres. Nous voyons donc qu'à bien des points de vue Capricorne et Poissons sont faits l'un pour l'autre. Si le Signe lunaire ou l'Ascendant de l'un est en conflit avec celui de l'autre, il y aura des éclats occasionnels entre eux. Dans le cas contraire, ils vivront heureux en harmonie ensemble et ne seront guère crispés ni tendus.

Étant donné qu'ils éprouvent à peu près les mêmes sentiments et pensent de la même façon au sujet de toutes les questions importantes, leurs divergences d'opinion sont moins fréquentes que leur temps de collaboration agréable et n'impliquent pas d'effort. Même dans les domaines où ils ne sont pas totalement d'accord, ils sont toujours prêts à se faire des concessions et à s'aider chacun à son tour pour venir à bout de leurs frictions. Parfois le Capricorne parvient à redresser les idées confuses et embourbées du Poissons. En d'autres occasions c'est le Poissons qui parvient à décrisper le Capricorne. Supposons qu'ils engagent une discussion sur une quelconque matière sujette à controverse, telle que l'astrologie ou la religion, ils n'éviteront pas de se heurter sur les principes parce que la Chevrette tient fermement aux traditions et à l'autorité, se méfie de l'abstrait et n'a ni la perspicacité ni la charité instinctives du Poissons. Dans ce cas-là, ce sera tantôt l'un, tantôt l'autre qui remettra d'aplomb les idées de son partenaire, à cette différence près que le Poissons y procédera en douceur et la Chèvre avec résolution.

Il est à peu près certain qu'à un moment ou à un autre, ces partenaires aborderont les deux sujets précités: astrologie et religion. C'est certain, étant donné que Saturne défend l'état de chose existant et Neptune (comme Pluton) gouverne aussi bien l'astrologie que la religion. (Jupiter, quant à lui, s'intéresse plutôt à la philosophie des religions, Pluton à ses mystères et Neptune à son mysticisme.) Il est donc raisonnable de supposer que cette association influencée par Saturne et Neptune connaîtra une part de désaccord dans ces domaines et que le Poissons l'emportera presque toujours.

POISSONS: Tu ne trouves pas que la religion nous trahit en ne nous donnant pas la certitude d'une continuation de la conscience individuelle dans l'au-delà?

CAPRICORNE: Si ce que tu me racontes là signifie quelque chose, explique-moi quoi. Parfois tu deviens trop abstrait pour que je te suive. Pourquoi ne peux-tu pas parler un langage simple, en mots clairs que tout le monde comprend?

POISSONS: Je vais faire de mon mieux. Voilà ce que je dis: l'astrologie est fondée sur la doctrine de la réincarnation qui nous donne le véritable sens de l'existence. Or toutes les Églises ont chassé la sagesse astrologique de leur enseignement. Est-ce assez clair et simple pour que tu comprennes?

CAPRICORNE: La réincarnation? Je ne prendrai même pas la peine d'en discuter avec toi. C'est trop ridicule pour qu'on y perde son temps.

POISSONS: (Qui *feint* de céder... rusé Neptune?) D'accord nous reprendrons ce sujet une autre fois et je te dirai alors certaines choses qui te feront changer d'idée. Mais pour le moment restons-en à la religion et à l'astrologie.

CAPRICORNE: C'est presque aussi lamentable. L'astrologie! Peut-être est-ce même pire.

POISSONS: (Feignant de ne pas avoir entendu.) Sais-tu que la plupart des religions enseignent que l'astrologie est un péché et interdisent à leurs fidèles de se renseigner à ce sujet?

CAPRICORNE: Si tu veux mon avis, elles ont bien raison d'agir ainsi, étant donné tout le charlatanisme qui gravite autour de cette prétendue science. Je ne le leur reproche pas. L'astrologie a si mauvaise réputation que l'Église catholique exige une confession en bonne et due forme de tous ses fidèles qui ont été contaminés par ce mal et ont fait quoi que ce soit en rapport avec l'astrologie. Faute de repentir la communion leur est refusée.

POISSONS: Il y a charlatans et charlataneries dans tous les arts et toutes les sciences et pas seulement dans l'astrologie. Cela ne prouve d'ailleurs rien du tout ni dans un sens ni dans l'autre. Mais tu as bien fait de parler de la communion et je m'en réjouis. En quoi consiste-t-elle? Le communiant avale une espèce de biscuit qui symbolise le corps et le sang d'un simple charpentier qui était d'ailleurs lui-même astrologue comme les maîtres des Esséniens chez qui il a passé dix-huit des «années perdues» de son existence. On ne trouve rien dans les écritures au sujet de ces années-là et cela arrange bien les affaires de certains.

CAPRICORNE: Comment une personne comme Jésus aurait-elle pratiqué l'astrologie alors que l'Église catholique et toutes les autres dénoncent le danger de la doctrine selon laquelle les étoiles et les planètes domineraient la destinée humaine?

POISSONS: (En souriant discrètement.) Je vois. Ainsi donc, seuls les dogmes des Églises devraient gouverner la destinée humaine? Il y a probablement une chose qui t'échappe: les Pères de l'Église eux-mêmes savent fort bien que l'étude de l'astrologie tend à un but diamétralement opposé à celui qu'ils dénoncent. Elle nous enseigne seulement à *échapper* à la domination des étoiles. On ne peut le faire qu'en comprenant la puissance de leur influence, ce qui nous rend libres de choisir nous-mêmes notre destinée. La connaissance de l'astrologie nous *débarrasse* de la domination par les planètes. Elle nous libère aussi des dogmes tyranniques des Églises: véritables dictatures sur la morale. Le *véritable* but, la définition même de l'astrologie ont été déformés, dégradés par les religions.

CAPRICORNE: Le malheur, c'est que tu es anticatholique et que tu nourris autant de préjugés contre toutes les variétés du protestantisme.

POISSONS: (Doucement, sans manifester d'antagonisme.) Pas du tout. Les Églises catholique et protestante ne sont pas les seules qui enseignent à leurs fidèles des contrevérités au sujet de l'astrologie et qui déforment les faits. Le judaïsme aussi a renié ses propres racines qui plongent dans la Kabbale des Hébreux: l'une des sources les plus profondes de la sagesse astrologique et numérologique. Et les mormons aussi prétendent que l'astrologie n'est autre que «l'œuvre du diable».

CAPRICORNE: Voilà précisément un argument qui te perd. Les mormons sont tellement polis, propres, bien fourbis, convenables, obéissants aux lois. Ils croient en la sainteté de la *famille* et *moi aussi*.

POISSONS: (Souriant toujours aussi gentiment.) On se laisse souvent tromper par les apparences. La sagesse et le salut dépendent-ils du fait d'être bien rasé? Alors nous devons rayer Lincoln, Moïse, Jésus et les apôtres ainsi que d'innombrables autres de la liste des vertueux. Tu as raison au sujet des mormons et du respect pour le cercle de famille. Mais sais-tu que le fondateur de cette secte, Joseph Smith, a annoncé qu'il avait eu une vision d'après laquelle *toutes* les religions autres que la sienne étaient des «abominations» pour le Seigneur?

La Chevrette se tait... le Poissons reprend, toujours aussi calme.

POISSONS: C'est seulement en 1978 que l'Église des mormons admit des prêtres noirs. Jusqu'alors ces gens si propres et bien rasés enseignaient que les «Africains sont indignes». D'après eux la teinte plus foncée de leur peau indiquait qu'ils n'avaient pas la faveur divine.

CAPRICORNE: Eh bien! Enfin ils ont au moins admis leurs erreurs?

POISSONS: Oui, en effet. Au moins l'une d'elles. Leur président, Spencer Kimball, a fait de grands pas vers la vérité et la tolérance. Pourtant il continue à affirmer qu'il est «absolument impossible que les femmes soient jamais admises à enseigner et prêcher à l'église». Mais enfin je crois qu'il fait de son mieux... et qu'un jour cette doctrine s'adoucira aussi. Il y a bien des choses bonnes et positives dans la religion des mormons. Elles sont plus nombreuses que leurs attitudes négatives. La plupart de leurs principes sont sains, sensés.

CAPRICORNE: Écoute… tout compte fait, je reconnais que tu n'as pas du tout de préjugés. Parle-moi de l'astrologie et de la réincarnation.

Et voilà! Le Poissons l'emporte dans cette discussion comme presque toujours. Le Poissons a fortement agi sur l'esprit habituellement inflexible de la Chèvre. Il y est parvenu en manifestant la tolérance et la charité qui sont des caractéristiques de Neptune, en s'abstenant d'attaques passionnées ou injurieuses et surtout en ramenant souvent dans ses propos les mots «sain» et «sensé» (deux des termes préférés de la Chevrette et qui font vibrer dans son subconscient l'idée de sécurité chère à tous les sujets de Saturne). Il faut de la patience pour modifier les idées d'un être aussi entêté que le natif ou la native du Capricorne. Mais le Poissons est amplement pourvu de patience et il a aussi une bonne provision de charme et de gentillesse persuasive, ce qui lui permet d'arracher un signe de Terre à l'ornière de convictions enracinées depuis longtemps.

Aucun doute à cela: les Poissons neptuniens, de n'importe quel sexe et âge, inclinent à atermoyer et sont aussi parfois trop souples. Cette espèce d'attitude troublera profondément le Bouc type qui ne tergiverse jamais, ni dans les affaires importantes ni dans les affaires banales et qui, lui, est trop inflexible. Il est facile au témoin qui les observe sans se mêler à leur existence de constater que chacun gagne à adopter, en partie au moins, la nature de l'autre; pourtant il n'est pas tellement aisé au Poissons et au Capricorne de se rendre compte d'une telle évidence. Si, en l'occurrence, le Poissons appartient à l'espèce rare des orques humaines, il (ou elle) pourrait surclasser le Capricorne jusqu'à ce que ce dernier soit pris de panique, comme quelqu'un qui ne sait pas nager, n'a pas pied, est en train de couler et se sent incapable de se soutenir sur l'eau. Le Bouc ou la Chèvre, de même, se sent sur un terrain mouvant s'il pénètre sur le territoire de l'épaulard sans rien sous ses pieds que du sable mouvant, sans prise à laquelle s'accrocher.

Mais si notre Poissons est un spécimen typique de son Signe, il y a encore un danger, toutefois d'une autre espèce. Il est à craindre notamment que le Capricorne domine et gouverne trop le personnage neptunien, à tel point que ce dernier devient simplement l'ombre du Bouc ou de la Chèvre et souffre sans rien dire une épouvantable perte de sa propre personnalité. Effaré, le Poissons s'abandonnera au mensonge, à la drogue, à l'alcool… ou, plus simplement disparaîtra soudain, sans rien dire, sans un mot d'avertissement… parce que les gens régis par Neptune finissent par échapper à l'emprisonnement de l'esprit, d'une manière ou d'une autre. C'est inévitable, bien qu'aucun des itinéraires d'évasion ne soit jamais agréable ni désirable.

Mais nous venons de décrire des cas extrêmes et malheureux d'association Neptune-Saturne qui se présentent seulement si d'autres positions planétaires de leur thème de naissance sont négatives. Beaucoup plus souvent, Poissons et Chevrettes se lient d'une amitié durable (surtout si leurs Luminaires sont harmonieux à la naissance), qu'ils soient camarades de classe, amant et maîtresse, voisins, camarades de travail, parents plus ou moins éloignés, conjoint ou conjointe. Ils se ressemblent de bien plus de façons qu'ils ne diffèrent et, même dans les domaines où ils divergent, ils se complémentent fort joliment l'un l'autre. En général, ils apprécieront la même musique et riront des mêmes plaisanteries. L'humour caprin, subtil, aimable, amène toujours un sourire sur les traits expressifs du Poissons.

«Sais-tu ce qu'est un Naptune? demande la Chevrette.

— Tu veux dire Neptune, n'est-ce pas? corrige poliment le Poissons.

— Non, je dis N-a-p-t-u-n-e, insiste Capricorne. Qu'est-ce qu'un Naptune?

— Je donne ma langue au chat. Qu'est-ce qu'un Naptune?»

Le Capricorne sourit timidement. «Un Naptune c'est une berceuse pour les petits poissons anglais et américains parce que *nap* signifie somme et *tune* est un air de musique. C'est donc une petite chanson qu'on leur chante pour les endormir.»

Tout à coup des étincelles magiques jaillissent entre eux. Le Poissons redevient ourson et la Chèvre, bulle. Chacun se sent plus à l'aise, plus serein. Laissons-les tranquilles, n'est-ce pas? Chevrette et Poissons sont agoraphobes; une présence nombreuse autour d'eux les rend nerveux. Ils sont plus heureux avec quelques amis seulement, à un dîner tranquille, chez eux.

Femme POISSONS • CAPRICORNE *Homme*

Dans les faits, un bon nombre de Boucs s'oppose farouchement au travail des femmes. La native des Poissons amoureuse d'un Bouc devra en subir les conséquences. À elle de décider si les bénédictions d'une telle union compensent ses inconvénients.

Mais tous les natifs du Capricorne ne sont pas affligés de telles fixations psychiques quant au travail des femmes. Nombre d'entre eux acceptent allégrement que leur dame s'active pour ajouter aux revenus du ménage. Ils n'y trouvent rien à redire. Je connais un laitier Capricorne, Charlie Dorfman, qui fait une tournée rurale autour de Marietta dans l'Ohio; il permet joyeusement à son épouse de travailler... à côté de lui dans le camion-citerne. Il veille à ce que le moteur ne cale pas pendant que son épouse porte les gros bidons de lait sous le soleil, la pluie, la grêle, sur le verglas et dans la neige qui lui arrive jusqu'aux cuisses. Il y a aussi le Capricorne très connu qui énonça avec une «parfaite clarté» ses opinions féministes et qui, avec une remarquable largeur d'esprit, permettait à son épouse, Patricia, de travailler dans l'affaire qu'il dirigea pendant quelques années. Il la laissait même «veiller sur la boutique» de temps à autre à la Maison Blanche. Il n'est donc pas honnête de prétendre que tous les Chevreaux et Boucs refusent à leur épouse le droit de travailler.

Restons francs: presque tous les natifs de ce Signe obligés d'accepter que leur femme travaille en raison de nécessités financières, le font de mauvais gré tout en comptant que les circonstances leur permettront de garder au foyer celle qu'ils aiment. Il y a des exceptions, évidemment, comme partout et toujours, mais en tout cas, bien rares sont les Boucs qui se réjouissent de voir leur femme occuper un emploi ou poursuivre une carrière. S'ils sont honnêtes avec eux-mêmes, ils le déplorent mais, du moment qu'ils sont honnêtes avec eux-mêmes, peut-être finiront-ils par y voir clair et changeront-ils définitivement d'attitude de leur plein gré, sans se soumettre uniquement aux circonstances extérieures. Cela assurera des émotions plus heureuses aux deux partenaires de ce couple.

La native des Poissons acceptera plus volontiers que ne le feraient d'autres femmes les attitudes de son homme du Capricorne. Elle est assez tolérante et sensée pour comprendre que les instincts mêmes auxquels il doit son inflexibilité lui confèrent les qualités qui l'ont attirée vers lui. De la même source, en effet, jaillit l'instinct de protection du Bouc, sa fiabilité et sa bonté envers elle, ainsi que sa fidélité inébranlable et son dévouement envers ceux qu'il aime. La stabilité de Monsieur apaise l'esprit turbulent de Madame. Cela compense les incertitudes qui la tenaillent. Peut-être est-il un peu trop cérémonieux mais cela lui donne une grâce qui touche sa partenaire, laquelle est aussi émue par l'espèce de solitude qui plane au-dessus de Monsieur. Elle devine que sa sévérité n'est qu'une cuirasse sous laquelle il dissimule sa tristesse et ses aspirations. La femme guidée par Neptune sent admirablement qu'il faut avoir un grand cœur pour se fixer des buts aussi difficiles à atteindre que ceux de son partenaire. Il faut aussi une grande vigueur et une solide résolution pour aspirer à la maîtrise de soi à laquelle se voue l'homme gouverné par Saturne. Les phases de dépression et de silence de cet homme la troublent beaucoup moins que ne le feraient celles d'un autre, mais au contraire accroissent l'amour qu'elle éprouve pour lui. Elle y voit un défi, qu'elle relève en souriant, en le taquinant, en le comblant de gentillesses pour l'arracher à ses humeurs noires. Elle accepte gracieusement sa nature saturnienne. Elle respecte ses vertus qui dépassent celles d'à peu près tous les autres hommes.

La miséricorde et la profonde sagesse qui interdisent de juger son prochain tempèrent l'amour des natifs des Poissons. Au bout d'un certain temps, elle le modifiera mais avec une extrême prudence, pour l'amener à réaliser qu'il peut se détendre, échapper aux règles strictes qu'il s'impose à lui-même (et parfois aux autres) et que personne ne le lui reprochera. À ce moment-là, il aura entamé la période de renversement d'âge propre au Capricorne typique. Il commencera donc à ouvrir son cœur et son esprit aux possibilités de toute sorte de libération: de l'esprit et du comportement. Il sera prêt à voyager avec sa compagne sans s'encombrer d'un bagage excessif de prudence; avec plus de désinvolture, il prendra le temps de humer les fleurs et de faire la course avec le vent... il s'autorisera l'excitation de l'aventure et partira en quête de nouveaux horizons. Chèvres et Boucs deviennent charmants et délicieux quand Saturne allège ses contraintes, sa discipline et qu'ils deviennent alors eux-mêmes: leur gentille personne. Ils se sont alors débarrassés du canevas d'habitudes sévères qu'ils s'étaient imposées eux-mêmes.

Comme dans toutes les combinaisons Terre-Eau, l'amour physique entre la fille Poissons et le Bouc peut représenter une expérience profonde et qui les enrichit tous les deux. Il se trouve que l'homme du Capricorne se sent rafraîchi après s'être satisfait dans l'union sexuelle avec la femme Poissons qui s'est assurée sa confiance. Le bonheur qu'il éprouve soudainement après l'intimité se manifeste par la légèreté de ses manières, l'étincelle visible dans ses yeux, comme s'il venait de retrouver l'innocence et le plaisir, débarrassé des soucis et du sentiment de culpabilité. Elle est heureuse, elle aussi, parce que le bonheur de la femme Poissons se mesure toujours à la quantité de satisfaction qu'elle a été capable de donner à autrui. Le silence constitue presque toujours le fondement des pratiques amoureuses entre Poissons et Capricorne: un silence éloquent fait de compréhension et d'une profondeur de sentiment impossible à exprimer en paroles. Ces deux partenaires tendent l'un vers l'autre avec une sûreté naturelle et saine qui permet à leurs corps et leurs esprits de se mêler dans une douce chanson de paix, de contentement, de calme reposant.

Même en cas d'aspect fâcheux entre leurs Soleils, Lunes et Ascendants respectifs dans la comparaison de leurs horoscopes, leur compatibilité sexuelle restera plus positive que négative. Cependant la «douceur» et le «calme» pendant l'expression physique de leur amour peuvent obliquer parfois vers des polarités de froideur, d'ennui et d'indifférence. Quand cela se produit, c'est parce que Monsieur a fait passer le désir physique avant la considération des besoins plus romanesques de sa partenaire ou bien parce qu'elle a refusé de réagir avec assez d'intensité à la nature plus terre à terre de Monsieur. Mais, s'ils s'y efforcent, ces deux amoureux, peuvent discuter de leurs problèmes et de ce débat résulteront plus de considération et de compréhension des exigences de chacun. Parler franchement pour apprendre ce que l'autre personne espère accomplir afin de donner la plénitude à son amour, voilà une méthode qui permet de résoudre des problèmes comme ceux-là, avec un minimum étonnant d'effort.

Un des domaines les plus fréquents de tension entre ces amoureux ou conjoints Poissons et Capricorne sera la tendance de Madame à l'hypersensibilité et celle de Monsieur à l'insensibilité. Peut-être le trouvera-t-elle trop froid, indifférent, alors qu'il pourra la trouver trop fuyante, secrète, trop vulnérable sur le plan émotionnel, ce qui le rend nerveux, lui donne des appréhensions; il craint d'être lui-même par crainte de heurter les sentiments de sa partenaire. Il leur faudra régler les conflits de ce genre dès qu'ils se manifestent, afin qu'ils ne s'invétèrent pas et ne constituent pas entre eux une barrière qui les amène à s'écarter l'un comme l'autre des discussions franches. Quand la Poissons se sent frustrée, elle sera souvent tentée par la drogue, l'alcool ou la rêverie ou par une «évasion» plus simple: le divorce. Quand le Bouc est plongé dans une profonde perplexité, il peut être tenté de devenir encore plus entêté et de manifester une réprobation glaciale qui transparaîtra cruellement dans ses propos et ses actes. Ces réactions, tant de Madame que de Monsieur, ne peuvent qu'aggraver les choses.

Bien des problèmes qui surgiront dans le domaine émotionnel entre ces deux partenaires seront allégés par la position de leurs Lunes et Ascendants, dans leurs horoscopes. Si la Lune ou l'Ascendant du Bouc est en Vierge, par exemple, au lieu de s'irriter parce que sa compagne Poissons désire conserver un métier, il considérera plus vraisemblablement le travail comme un grand privilège accordé aux *deux sexes*. Si sa Lune ou son Ascendant sont en Balance ou en Verseau, il se montrera beaucoup plus joyeux et généreux au sujet de la carrière de sa dame neptunienne et ira même jusqu'à approuver une profession qui obligerait cette dernière à voyager de temps en temps. Mais nous avons affaire ici à des Capricorne mâles exceptionnels: exception d'ailleurs peu rare.

La douce féminité de la fille Poissons peut aisément égarer le Bouc qui en est amoureux. Il a encore à apprendre au sujet de cette partenaire. Premièrement, elle appartient à l'Élément Eau et cela signifie qu'elle est capable d'épuiser la résolution du Capricorne, pas par des exigences émotionnelles violentes mais par une pression imperceptible, insistante, constante, de persuasion et de suggestions subtiles. L'Eau est le plus résistant de tous les éléments, précisément en raison de sa passivité qui finit par éroder tous les obstacles. Elle peut aussi se montrer de temps en temps acariâtre et irritable, bien que rarement ou jamais agressive. Quand il veut savoir ce qu'elle pense et ce qu'elle ressent réellement, il sera difficile à cet homme de la mettre au pied du mur pour obtenir une réponse directe. Les gens de Neptune pratiquent à merveille l'art raffiné de l'esquive parce qu'ils n'ont guère d'autre défense contre l'intrusion d'autrui dans leur intimité. Par moments il aura l'impression qu'elle cherche à l'éviter ou, pour le moins, à refuser un règlement de compte. À d'autres moments, il se demandera s'il n'est pas trop possessif et étouffant, s'il lui laisse assez de liberté d'opinion.

Mais ce ne sont là que des nuages qui passent dans le ciel et pas une obscurité permanente. Comme les averses occasionnelles, les querelles entre cet homme et cette femme, peuvent toujours être suivies par un arc-en-ciel de réconciliation, pourvu qu'ils élèvent leur esprit vers le pardon et ne s'abaissent pas vers les futilités. Personne n'a jamais ramassé un arc-en-ciel par terre. Ces merveilles apparaissent dans le ciel, comme les ballons, les oiseaux, les rêves qui volent librement... délivrés des chaînes de la pitié pour soi-même, de la crainte, des idées dogmatiques. Voler donne une sensation tellement délicieuse! Si la dame Poissons et l'homme du Capricorne s'y essayaient, ils y trouveraient une expérience apaisante. Encore faut-il qu'ils s'y efforcent ensemble. Voler seul aggrave le sentiment de solitude. Tout le monde a besoin de copains dans l'espace.

Homme POISSONS • CAPRICORNE *Femme*

Oui, je sais, le Poissons est un Signe d'Eau, pas un Signe d'Air. Mais avez-vous jamais entendu parler des Poissons volants? Avant que ces deux personnages se laissent emporter par l'idée de prendre ensemble leur essor, ils feraient bien de synchroniser leurs hélices et de s'adapter réciproquement à leurs mœurs différentes. Certes, ils accordent et mélangent fréquemment leurs traits de caractère mais ils ne sont tout de même pas taillés d'après le même patron. Par exemple, rares sont les Poissons formalistes.

Le mâle type des Poissons croise à travers la vie en prenant bien peu de chose au sérieux, y compris lui-même. Il se soucie particulièrement peu des usages et traditions. On ne trouve guère plus non conformiste que lui.

À l'inverse, tous les Capricorne, femmes et hommes, sont conformistes, on ne peut plus formalistes; il rayonne de la Chevrette une idée de «classe» et de «qualité», qu'elle vive dans un wagon de marchandises abandonné à côté de la gare (où elle ne restera pas longtemps) ou dans le manoir du gouverneur de l'État, qu'elle se nourrisse grâce aux bons de vivres du service municipal de bienfaisance (ce qu'elle ne fera pas longtemps) ou qu'elle compte ses titres de valeurs mobilières. Tout ce que fait cette fille est convenable, conventionnel, même respirer: elle aspire et expire correctement. Elle se brosse aussi les dents attentivement et à fond, dans la bonne direction, même quand elle se gargarise, elle le fait discrètement. Peut-être vous demanderez-vous comment on peut se brosser les dents et se gargariser d'une manière aristocratique. Elle, elle connaît le truc.

Une de mes connaissances de San Diego, Californie, est voisine d'une Chevrette, nommée Laurie, danseuse en monokini dans un bar. Voilà une profession assez rare chez les dames et demoiselles régies par Saturne, qui sont normalement timides et réservées (au moins en apparence). Cela leur arrive pourtant, si soucieuses qu'elles soient de leur réputation. Toujours est-il qu'en dépit de cet emploi temporaire, peu conforme au caractère de son Signe solaire elle ne perd jamais son sens saturnien du statut social ni son style de vie. Avec deux ou trois autres filles, nues au-dessus de la ceinture, elle se livre à des danses acrobatiques devant le bar, exécute quelques soleils et se trémousse au tintamarre des haut-parleurs qui déversent des rythmes de rock. Eh bien! notre Capricorne Laurie se distingue nettement des autres. C'est elle qu'on remarque. Sa manière de se tortiller y est pour quelque chose mais elle n'est pas tout à fait nue, elle porte un col blanc, attribut de modestie serré par un nœud papillon noir.

Quand retentit la musique qui annonce l'entrée des danseuses, notre Chevrette ajuste tranquillement son col et noue sa cravate, puis elle gambade devant les clients, sa dignité intacte, sûre d'elle-même parce que vêtue cérémonieusement et convenablement (si l'on peut dire). S'il advenait que le propriétaire du bar lui demande de retirer sa «tenue» pour ne pas faire exception parmi les danseuses, je vous garantis que Laurie démissionnerait plutôt que d'obéir. Tout compte fait, une dame est une dame. Quiconque a vraiment de la classe et de l'éducation s'habille correctement en toute occasion (selon toute évidence notre fille Capricorne considère que ses prestations dans le bar correspondent à une cérémonie où la «tenue est de rigueur» et pas une saturnale où chacun va vêtu comme il lui plaît). De toute façon elle ne restera pas longtemps dans ce bar. Elle doit se rendre bientôt à Las Vegas. Il faut penser à l'avenir et dresser des plans à l'avance. Après Las Vegas, ce sera peut-être Broadway ou Hollywood, et un rôle de vedette dans lequel elle dansera vêtue avec un chic discret. Notre Capricorne Laurie ne se voit pas elle-même danseuse en monokini (cette occupation n'est à ses yeux qu'un expédient momentané) mais comme une nouvelle Ginger Rogers ou Margot Fonteyn. Elle ne se trompe d'ailleurs peut-être pas, si l'on considère avec quelle patience les Chèvres gravissent toujours la montagne jusqu'à son point culminant.

Laurie ne s'en rend peut-être pas compte mais elle suit une piste bien balisée vers le sommet du succès. Gypsy Rose Lee, la stripteaseuse préférée du grand public, était aussi une Capricorne. Comme Laurie, Gypsy nourrissait ses idées personnelles quant à la dignité saturnienne. Elle refusait avec dédain d'imiter les autres vedettes de burlesque à son

époque. Elle ne s'exhibait jamais totalement nue. Grâce à des ferme-
tures à glissière habilement réparties aux points stratégiques, elle en
révélait juste assez pour intriguer mais jamais trop, ce qui aurait été
vulgaire. Elle gagnait donc plus d'argent et sa célébrité dura plus longtemps que ne pourraient l'espérer ses consœurs d'aujourd'hui. La caractéristique unique des spectacles qu'elle donnait, celle qui la rendait le
plus populaire, n'était autre que son humour de Capricorne.

Quand il était en fonds, son ami le plus intime à qui elle se fiait le plus,
Mike Todd, emmenait la «Gyp» dans les galeries d'art pour la remercier
d'avoir contribué au succès d'une de ses comédies musicales dans un théâtre de Broadway. «Faites votre choix, lui disait-il en mâchant son cigare.
Choisissez le tableau qui vous plaît et, quel que soit son prix, il est à vous.»

«Gyp» (gitane) ne manquait jamais de choisir les œuvres les plus
coûteuses de l'exposition, et leur valeur s'est beaucoup accrue au cours
des années, selon le biographe perspicace de Mike Todd: Art Cohen qui
périt tragiquement dans un accident d'avion, ce qui mit fin à la carrière
de l'artiste. Donc, selon Cohen, quand Gypsy Rose empocha le gros paquet pour son rôle de vedette dans le spectacle de Mike, *Star and Carter,* elle eut la sagesse d'acheter l'hôtel particulier de trois étages et
trente-six pièces construit pour Anne Vanderbilt, à Manhattan, 36ᵉ Rue
Est, «son sol de marbre, valant 5000 dollars, son patio avec fontaine, ses
sept salles de bains et son ascenseur marquaient un progrès considérable sur son ancien appartement à 30 dollars par mois». Plus tard, ce bâ-
timent valut dix fois ce que la Chevrette l'avait payé. Comme Laurie,
Gypsy avait l'esprit pratique; sa modestie valait son bon sens et son ambition.

Je raconte ces petites histoires pour indiquer aux Poissons mâles
que toutes les natives du Capricorne ne sont pas institutrices ni biblio-
thécaires. Cela m'amène à autre chose que ce même Poissons doit savoir au sujet de ces dames généralement douces dans leurs propos mais
à tête dure. Non seulement tout manque de tenue, négligence et comportement inconvenant leur font froncer les sourcils (surtout en public)
mais aussi elles réprouvent le manque d'ambition chez l'homme... ou
chez la femme, y compris elles-mêmes.

La Chèvre monte à l'échelle d'un pied étonnamment sûr. Il s'agit ici
évidemment de l'échelle du succès et de la réputation qui confèrent à
chacun un sentiment d'estime pour soi-même. Si elle n'aspire pas à la

célébrité dans le grand public, elle entend au moins obtenir le respect et l'admiration de ses amis, voisins et parents, et elle marche vers ce but d'un pas résolu. L'estime à laquelle elle tient le plus, c'est celle de sa famille. Elle n'a sans doute qu'un ou deux amis intimes, trois au plus depuis l'école élémentaire. Quant aux voisins, si elle vit à la campagne, ils habitent là-bas, à l'autre bout de la route et si elle vit en ville, eh bien!... les troglodytes des métropoles ne sont pas des copains. C'est donc bien sa famille qu'elle entend impressionner, d'une façon tranquille, si elle n'est pas une de ces Chèvres glorieuses qui aspirent à la grande célébrité. Elle sera une des meilleures clientes des magasins de son voisinage, elle aura la maison la mieux pomponnée de son quartier, on la reconnaîtra comme chef suprême pour les dîners du de l'Action de grâce et autres cérémonies familiales. Le statut, c'est le statut, quelque forme qu'il revête. Sauf si elle perdit ses père et mère dans sa petite enfance, cette fille s'accrochera à sa famille comme une punaise entêtée. Si elle est orpheline, elle transférera sa fidélité sur la famille qu'elle créera: ses enfants, ses petits-enfants; peut-être aussi s'efforcera-t-elle d'englober dans le même dévouement inlassable la famille dont elle est issue et celle qu'elle constitue. Voilà une qualité ravissante, une de celles qui nous rendent chères les natives du Capricorne. Mais notre Poissons doit savoir qu'il passera toujours au second rang après la famille, pas en fait d'amour ou d'affection mais en fait d'attentions et de dévouement.

En réalité l'homme des Poissons s'adaptera probablement bien au fétichisme familial de cette personne. Sauf si son thème de naissance comporte des planètes affligées en Gémeaux, Verseau ou Sagittaire, il sera ravi d'être fait membre honoraire de la «sainte famille» et il ne l'en aimera que plus pour le dévouement qu'elle lui manifeste. Un tel attachement démontre qu'elle est fidèle, qu'on peut se fier à elle... ces mots exercent un vif attrait sur le subconscient neptunien du Poissons, bien qu'il s'en défende peut-être. Il est plus détendu, moins turbulent quand il éprouve un sentiment de sécurité émotionnelle dans ses relations. Les familles sont des éléments stables. (Naturellement il existe des Chevrettes qui, pour quelque triste raison, n'ont aucun lien familial mais elles sont extrêmement rares.) Néanmoins, quel que soit le besoin de stabilité qu'éprouve Monsieur, si les liens familiaux de Madame sont trop étroits et trop lourds, ils peuvent susciter un problème. Quand l'homme des Poissons constate que quelqu'un regarde constamment par-dessus son épaule et discute le pour et le contre de chacun de ses

actes, il a des cauchemars dans lesquels apparaissent les grands inqui-
siteurs (de même que lorsqu'il étudiait cette époque en classe d'histoire
à l'école). Tous les Poissons tiennent énormément à leur vie privée et à
leur liberté: liberté de pensée, d'agir et de se mouvoir. N'importe quelle
espèce d'incarcération (mentale, émotionnelle ou physique), qu'elle
existe vraiment ou soit seulement sous-entendue, le rend inquiet et irritable. La Chèvre devrait se rappeler que tout Poissons a besoin de sentir
qu'il nage dans une vaste pièce d'eau. Il est cruel de confiner un Poissons mâle autant qu'un poisson de la nature dans un petit récipient où
il est condamné à nager éternellement en cercles étroits, jamais en ligne droite, où il n'a rien à explorer. Les jolis coquillages décoratifs qui
parsèment le fond de l'aquarium n'y changent pas grand-chose. Tous les
Poissons ainsi confinés souffrent de névrose. Il est aussi cruel d'enfermer des oiseaux dans une cage que des Poissons dans un bocal et que
d'entourer une Chèvre de palissades. Lui plairait-il, à *elle*, d'être atta-
chée à un piquet, d'être réduite à attendre que quelqu'un lui jette de
temps en temps un croûton ou quelques miettes?

Certes la Capricorne peut être silencieusement possessive et manifester d'une manière nettement visible sa réprobation par un regard
glacial ou le refus de communiquer. Mais elle ne soumettra vraisemblablement pas son Poissons à des scènes orageuses d'émotion ni à des
manifestations larmoyantes de jalousie. Il lui en sera tellement reconnaissant qu'il s'écartera d'elle de moins en moins souvent et finira par
s'enraciner autant qu'elle. (Tout en l'ignorant, il a besoin de racines.)
Les Poissons mâles sont tous semblables à ce point de vue. Quand on
leur accorde de bon gré la liberté dont ils ont besoin, ils s'écartent rarement beaucoup et sont presque toujours des amants et des maris fidèles. Mais quand la liberté leur est mesurée, ils se sentent mal à l'aise,
deviennent turbulents et s'éclipsent en douceur pour échapper à l'em-
prise de la jalousie infondée. Dans ce couple, Monsieur démontrera
ainsi à Madame la sagesse de la vieille règle selon laquelle chaque individu, homme ou femme, devient conforme à l'idée que se fait de lui (ou
d'elle) celui qu'il (ou elle) aime et qui l'aime. Il devient donc conforme
aux vœux de ce (ou cette) partenaire.

La morale de cette histoire est la suivante: prévoir l'infidélité d'un
Poissons mâle et lui en faire part est la manière la plus sûre et la plus
rapide de le rendre effectivement infidèle. Au contraire, le meilleur
moyen de s'assurer sa loyauté est d'avoir complètement foi en sa fidélité

et de lui faire comprendre qu'on a besoin de lui et qu'on apprécie son amour et son soutien. Plus que les natifs de la plupart des Signes solaires (sauf peut-être ceux des Gémeaux et du Sagittaire) cet homme tient à jouir de la confiance absolue de son prochain et il est à ce sujet étrangement vulnérable. Quand on a foi en lui, il aurait honte de trahir cette confiance. Pourtant (et en cela il ressemble encore au Gémeaux et au Sagittaire) si l'on doute de lui, le doute lui-même (bien qu'il ne le réalise peut-être pas consciemment) affaiblit sa volonté et en même temps renforce le côté le plus noir de sa nature bizarre, ce qui lui fournit des excuses pour une inclination vers des expériences multiples et variées.

Il n'est pas un seul homme ni une seule femme qui *désire* vraiment être infidèle à son amour. Pour ceux qui aiment vraiment, l'infidélité n'apporte inévitablement que des douleurs de culpabilité et des émotions troublées mais jamais la joie. Toutefois certains hommes doivent être constamment obligés de relever des défis, d'être stimulés par une excitation sous toutes sortes de formes (pas forcément sexuelle) ou bien s'ennuyer jusqu'à la dépression. La Chevrette sage, amoureuse d'un Poissons, se rendra compte de ce qui précède. Elle apportera dans leurs relations assez de lumière, d'étincelles et de surprises pour qu'il trouve avec elle l'intérêt kaléidoscopique dont il a besoin. C'est d'ailleurs ce qu'il préfère au fond de son cœur.

Cela peut paraître étrange, mais la manière dont le Poissons et la Chèvre abordent leurs relations sexuelles comporte une bonne part d'esprit pratique. Au début, elle pourra être plus qu'un peu timide. Ici, «au début» signifie avant qu'un ami lui ait donné son premier baiser avant de la quitter en la ramenant chez elle le soir. Après cette initiation, elle ne jouera pas les mijorées et n'exagérera rien d'un romanesque outrancier. Son expression sexuelle sera aussi franche que tout le reste chez elle et, évidemment, passablement terre à terre, comme tout le reste aussi. Quant à lui, comme tout sujet de Neptune, il est totalement immunisé contre les chocs dans tous les domaines, y compris dans celui de ses expériences physiques. Ajoutons à ces qualités différentes ou communes du Poissons et de la Chèvre, le fait que les Éléments Terre et Eau sont présents dans leur passion, ce qui confère à leur union sexuelle profondeur et imagination d'où résulte une redécouverte des nombreuses facettes de leur propre personne, surtout si les Luminaires (Soleil et Lune) sont en conjonction, en sextile ou en trigone dans l'un de leurs horoscopes ou les deux. Si le Soleil de Monsieur et la Lune de Madame, ou vice versa, présentent un aspect défavorable, elle abordera la sexualité d'une manière insuffisamment romanesque pour satisfaire son partenaire et le laissera alors vaguement insatisfait; d'autre part, dans ce même cas, il paraîtra à sa partenaire trop léger et fluctuant dans leur intimité, pas assez profond pour satisfaire les désirs les plus secrets de Madame. Même en de tels cas, l'amitié essentielle qui les unit suffira pour leur permettre de surmonter n'importe quelle difficulté au bout d'un certain temps. Souvent leur confiance réciproque suscite des aveux d'où naît une entente qui approfondit leurs désirs d'une manière surprenante.

Leurs difficultés ne proviennent pas du fait qu'elle chercherait à lui refuser n'importe quoi. D'instinct, elle aspire à fournir à celui qu'elle aime tout ce qui, à sa connaissance, lui donnera un chaleureux sentiment de sécurité sur tous les plans. Mais souvent elle pense que la meilleure manière d'y parvenir consiste à être elle-même un rocher sur lequel il s'appuiera en cas d'orage. Voilà qui est bel et bon, merveilleux même, mais insuffisant. Bien sûr, elle devra être son rocher de salut car il a besoin de cette espèce de sécurité, mais elle doit aussi se débrouiller pour s'adapter à la personnalité de ce partenaire et à ses désirs qui sont beaucoup plus itinérants que ceux de la Chevrette. Il ne sera pas facile à cette femme de faire un effort délibéré pour s'abandonner, consentir plus volontiers à s'envoler avec lui au gré du vent, à accepter des risques, à devenir plus souple et moins prudente. Mais si elle veut vraiment le garder auprès d'elle et modeler leur amour pour lui donner une forme définitive, elle peut toujours faire appel à Saturne pour affermir sa résolution. Quoi que désire intensément une native du Capricorne, elle est assez vigoureuse pour l'obtenir. Elle peut faire tout ce qu'elle désire, absolument n'importe quoi. Sa patience et sa sagesse instinctives constituent un amalgame formidable. En dernière analyse, Neptune peut toujours être vaincu par Saturne, pourvu que ce dernier estime que l'heure est venue de gagner et de prendre la peine d'être victorieux.

Le cadeau le plus précieux que la fille du Capricorne puisse faire à son aimable Poissons n'est autre que le chaud réconfort de sa stabilité à laquelle il peut se fier. Il sait qu'il peut compter sur la foi constante que cette femme nourrit en lui, quand il est découragé par des déceptions répétées, épuisé, blessé dans l'âme par l'effondrement de ses rêves, dans un monde froid qui ne se soucie pas de lui.

Le cadeau le plus précieux qu'il lui apporte, c'est sa merveilleuse imagination neptunienne. Il lui dit qu'elle a la peau pareille aux pétales de lotus (il n'a jamais vu de lotus), la chevelure aussi dorée qu'un coucher de soleil sur les Alpes suisses ou bien d'un noir aussi brillant que l'aile d'un corbeau (il n'est jamais allé en Suisse et le seul corbeau qu'il connaisse de près c'est celui que chanta Poe) et les yeux comme des saphirs (même s'il n'a jamais vu une gemme et ne pourrait distinguer un saphir d'un morceau de verre bleu). Quand il lui murmurera qu'elle lui rappelle Mona Lisa, ni l'un ni l'autre n'aura sans doute jamais vu la Joconde mais la comparaison sera infailliblement exacte. Le sourire de toutes les Chevrettes envoûte autant que celui du chef-d'œuvre de Léonard de Vinci, parce que la fille qui posa pour ce tableau était elle-même native du Capricorne... D'après plusieurs historiens, en effet, elle descendrait en ligne directe d'Anne, mère d'une certaine Marie, épouse d'un charpentier nommé Joseph. Vinci cherchait à élucider le mystère d'Anne et à l'exprimer dans le regard saturnien de Mona. Seul un natif des Poissons peut saisir cette vérité sans l'avoir lue quelque part.

POISSONS
Eau - Mutable - Négatif
Régi par Neptune
Symbole: les Poissons
Forces nocturnes - Féminin

VERSEAU
Air - Fixe - Positif
Régi par Uranus
Symbole: le Porteur d'Eau
Forces diurnes - Masculin

Les relations

Des roses? Certainement. Pourquoi pas? Pourquoi pas aussi tout un champ de tulipes hollandaises doucement caressées par le vent. Comme vous voudrez. Ces deux personnes peuvent croire à peu près à n'importe quoi et finir par le porter à la connaissance du public. Uranus, planète dominante du Verseau, porte en astrologie le surnom d'alchimiste. Il est vrai, d'ailleurs, que la plupart des Porteurs et Porteuses d'Eau ont l'esprit inventif, dérangé et porté à croire aux miracles. C'est seulement de temps à autre que la Fixité de ce Signe d'Air nuit aux éclairs uraniens venus des plus lointains lointains et incite quelques rares Verseau (hommes et femmes) à mener une vie régulière dans la boue des ornières, sans se soucier de la somptueuse folie (et du génie) qui se débat pour briller, juste au-dessous de la surface de leurs habitudes et opinions fixes, leur style de vie quelque peu monotone. Je parle actuellement de la minorité, ne vous y trompez pas.

Ah! Mais quand le Poissons mutable entre en scène d'abracadabra pour le partager avec le Verseau, la fixité de ces quelques rares Porteurs et Porteuses d'Eau se trouve considérablement adoucie par l'Élément Eau des Poissons, et l'essence d'Uranus peut enfin percer librement la surface. Avec les Verseau (hommes et femmes) moyens, une telle insistance n'est pas nécessaire pour cette percée stupéfiante. Le Poissons ne fait qu'ajouter une dimension supplémentaire à la folie ou à la magie.

Dans la nature, l'eau adoucit l'air et crée la brume, exactement l'atmosphère qui convient pour la mystérieuse alchimie capable de transmuer les vœux et rêves en réalités striées d'arcs-en-ciel. Disons plus simplement que les Poissons et les gens du Verseau sont bons les uns pour les autres et aussi pour notre pauvre monde fatigué. Il n'est de fin à la liste des merveilles et miracles qu'ils peuvent concevoir ou susciter ensemble. Ils pourraient constituer une équipe d'archéologues qui fouillerait avec succès dans les sables silencieux d'Égypte pour mettre au jour des trésors du même type que ceux de Tout Ankh Amon... devenir missionnaires au carrefour Broadway et 42e Rue ou 8e Avenue, à Manhattan, ce qui est beaucoup plus dangereux que les jungles d'Afrique ou de Bornéo... mettre au point un système de communication avec les baleines et les dauphins, afin d'alerter ces splendides mammifères contre les baleiniers meurtriers... inventer une caméra pour filmer hier en couleurs de demain avec accompagnement stéréo... ouvrir un atelier de réparation de guitares, chaussures de tennis et manèges de chevaux de bois... n'importe quelle quantité de choses invraisemblablement merveilleuses, n'importe quoi qui ne soit ni pourri ni banal.

Ils feraient ensemble une terrible équipe de détectives dans laquelle le natif (ou la native) du Verseau jouerait le rôle de Sherlock Holmes — avec tous ses attributs: lunettes d'approche, chapeau ridicule, comportement saugrenu — qui mettrait bout à bout les détails les plus menus et les débuts de piste scientifique... Et le Poissons, mâle ou femelle, ferait un docteur Watson beaucoup plus sensible, perspicace et prescient que celui de Conan Doyle. Le brouillard de Londres représente typiquement le mélange Air et Eau dont je viens do parler, et qui constitue un excellent décor, parfaitement approprié aux mystères de Sherlock Holmes. L'intuition neptunienne du Poissons et les méthodes non conformistes mais ultra-précises du Verseau permettraient de percer toutes les énigmes. Peu importe que l'un ou l'autre soit mâle ou femelle, ou vice versa. L'âge, le sexe de l'équipe ne changent pas ses possibilités de pénétration dans l'inconnu.

Je connais un couple Verseau-Poissons qui constitue une équipe mixte, homme et femme, de détectives privés en un certain sens. Ray est docteur en toxicologie et professeur à l'université d'État de l'Indiana, ainsi qu'un des hommes les plus érudits en ce qui concerne la vie et l'œuvre d'Abraham Lincoln. C'est un Porteur d'Eau qui circule avec un microscope sous un bras et une éprouvette sous l'autre, son crayon toujours de travers sur l'oreille. Elle, jolie et gentille fille Poissons, s'appelle Gus (diminutif d'Augusta). Les Porteurs d'Eau attribuent souvent à leur compagne des surnoms masculins tels que George ou Sam, ce qui leur donne plus facilement l'impression d'être avec un copain lorsqu'ils sont ensemble. Mais celle-ci portait ce sobriquet avant de le connaître. La sensibilité exquise des sentiments de Madame et sa perspicacité étonnante se mêlent admirablement avec l'attention rigoureuse que Monsieur porte aux détails et ses éclairs d'intuition qui échappent à toute discipline. Quand ces deux personnes penchent ensemble leur tête sur le même problème, elles peuvent trouver la solution d'à peu près tout ce qui intrigue le mortel ordinaire. Parfois, leur magie quotidienne s'allonge jusqu'au miracle, comme la fois où ils parvinrent à retrouver l'enfant disparu, et qui passait pour mort, d'un de leurs amis intimes.

Quand natifs ou natives de ces deux Signes solaires s'associent dans une mixture gars-gars, fille-fille, gars-fille ou fille-gars ou n'importe quelle autre combinaison (n'oublions pas que Verseau est le Signe astrologique de l'unisexe), ils dévieront légèrement de la normale dans leur comportement l'un envers l'autre, sans parler de leur attitude commune envers autrui. Il vaut la peine de les observer, qu'ils prennent leur essor ou nagent dans un bureau, une église, un musée, un foyer ou une salle de classe.

Dans cette union, le Verseau devrait sentir qu'il ou elle a quelque chose à apprendre du Poissons, mais, vous voyez, d'habitude les Verseau hommes et femmes croient savoir à peu près tout. Ils gagneraient pourtant à adopter la patience dont est doté le natif (ou la native) typique des Poissons, car il en a bien peu. Le Poissons montre une tolérance sympathique pour les fantaisies, faiblesses et excentricités du Verseau. La plupart des Poissons (hommes et femmes) le font, mais quelques-uns ne supportent qu'avec nervosité le mépris uranien de l'opinion publique. Par nature, les Poissons hommes et femmes inclinent à se mettre en quatre pour faire plaisir à tout le monde, alors que natifs et natives du Verseau ne se soucient pas le moins du monde de plaire à qui que ce soit, voire à personne du tout.

Une affaire qui sera peut-être difficile à harmoniser, c'est la tendance neptunienne au secret; les gens gouvernés par cette planète gardent toujours quelque chose pour eux. Quand ils s'en aperçoivent, les Verseau (hommes et femmes) sont capables de grimper aux rideaux. D'ordinaire, ils s'intéressent fort peu aux affaires personnelles et privées d'autrui, car, de tous les Signes solaires, le Verseau est celui qui incline le moins aux cancanages, sauf en cas d'afflictions de Mercure dans leur horoscope. Dans les conditions courantes, ces gens-là ne sont donc pas indiscrets, mais une tactique délibérée de cachotterie les aiguillonne et les tenaille même. Devant de tels secrets, ils recourent immédiatement au système le plus astucieux d'espionnage. Ils approfondiront le mystère et perceront l'énigme. Le Verseau ne peut tout simplement pas supporter que la boîte de Pandore reste fermée, à partir du moment où il (ou elle) a remarqué qu'elle l'est.

Quand on en arrive aux énigmes, puzzles et tout ce qui intrigue dans la vie en général ou en particulier, Poissons et Verseau des deux sexes s'amuseront follement à deviner, élucider. Par exemple: pourquoi la mouche doit-elle bourdonner en décrivant des cercles avant d'être capable de partir en ligne droite (secret d'énergie qui dissimule un des mystères de l'émotion humaine)?... ou bien pourquoi des gens à l'autre bout de la ville construisent-ils une maison en forme de pyramide? Le Verseau n'hésitera pas à passer la tête à travers la fenêtre ouverte pour interroger. Le Poissons se tiendra à quelques pas en retrait (le Poissons typique n'oserait pas s'introduire d'une manière aussi indiscrète chez des inconnus), mais il bouillonnera de curiosité, car il tient à apprendre ce que le Porteur d'Eau a découvert, grâce à sa manière uranienne, désinvolte et directe, de poser les questions. Ces natifs et natives du Verseau sont capables d'aborder n'importe qui, n'importe où et d'interroger de la façon la plus étourdissante. Il ne s'agit pas de grossièreté intentionnelle; ils veulent simplement savoir. Ils apprennent souvent parce que nous sommes presque tous tellement surpris que nous répondons. «Avez-vous déjà rempli des ballons avec de l'eau pour les jeter par la fenêtre quand vous étiez petit?» demandera par exemple l'un d'eux. On lui répond immédiatement sans réfléchir. Seul le Sagittaire est plus curieux que le Verseau. (Le Lion et le Scorpion sont curieux, eux aussi, mais contrôlent mieux cette tendance.) Je tiens à souligner qu'il y a une différence entre «indiscrétion» et «cancanage», d'une part, et l'honnête curiosité d'Uranus, d'autre part. (Je viens d'ailleurs de le signaler un ou deux paragraphes ci-dessus.) Un natif (ou une native) du Verseau ne donnera pas un quart d'épingle afin de savoir pourquoi un voisin s'est marié six fois, ni pour connaître le montant de son crédit à la banque, mais il (ou elle) pourra lui poser inopinément des questions telles que celles-ci: «Pourquoi avez-vous peint votre maison en rose? Avez-vous jamais élevé un serpent chez vous? Que pensez-vous de la reproduction par bouture? Avez-vous jamais gagné une entrée gratuite au cirque en portant de l'eau pour abreuver les éléphants?» Cette variété de questions s'étend à l'infini.

La plupart des natifs et natives des Poissons ne posent pas ainsi des questions directes. Leur perception psychique et leur aptitude à deviner leur en révèlent généralement assez pour qu'ils n'aient pas besoin d'interroger. Grâce à leur intuition naturelle et leur inspiration subite, les sujets gouvernés par Uranus pourraient deviner aussi efficacement que les Poissons, sans rien dire. Mais Porteurs et Porteuses d'Eau aiment à couvrir leurs paris et à soumettre tout, y compris leurs propres évaluations, à tous les tests scientifiques imaginables. Voilà encore une manifestation de la fixité aquarienne. Ils veulent s'assurer qu'ils peuvent se fier à tout ce qu'ils sentent ou pressentent. C'est pourquoi ils posent des questions.

Verseau et Poissons ont de nombreuses qualités communes. Pourtant, il y a aussi des différences marquées entre eux. Les gens de Neptune, par exemple, sont rêveurs. Ceux d'Uranus rêvent aussi, mais selon des canevas plus sauvages et saugrenus. Les Poissons aiment l'art, la musique, la poésie, et presque tous les pratiquent. Les Porteurs et Porteuses d'Eau les aiment aussi, mais préfèrent des graffiti ou des dessins d'enfants aux œuvres de Goya, le xylophone ou l'harmonica, voire l'orgue limonaire avec son accompagnement de petits singes automates au piano ordinaire, les rengaines populaires aux œuvres de Wordsworth ou Browning.

Ils perdent aussi leur sang-froid de manière différente. Quand le (ou la) Poissons se met en colère, il (ou elle) débite une suite de mots malveillants ou bien prononce avec mesure quelques phrases de réprobation, puis bat en retraite vers le silence des eaux au fond de l'océan, ce qui frustre le (ou la) Verseau car les natifs de ce Signe ne comprennent pas cette manière de faire face à un désaccord. Devant un malentendu, Uranus fait vivement et inopinément explosion: quelques éclairs sillonnent le ciel, et la foudre retentit. Il compte que l'orage éclaircira l'atmosphère et que tout sera aussitôt oublié. Mais Poissons (hommes et femmes) se souviennent plus longtemps des désagréments. Il leur faut méditer longuement dans la solitude avant de franchir le récif de corail derrière lequel ils se sont retranchés.

Ils sont plus ou moins semblables au sujet de l'argent. Quelques natifs et natives du Verseau comptent soigneusement chaque centime qu'ils ganent ou dépensent puis oublient immédiatement le total. Les natifs et natives des Poissons nourrissent des idées à peu près aussi confuses dans ce domaine. Ils inscrivent volontiers dans leur tête le montant de leur crédit à la banque, ou tout simplement derrière une enveloppe qu'ils froissent et jettent ou encore sur le mur près du téléphone.

Toutefois, s'ils ont tous les deux Lune ou Ascendant en Vierge, ils se conduiront comme des calculatrices humaines. Dans ce chapitre comme dans tous les autres, nous étudions les représentants typiques de chaque Signe solaire, mais je ne puis m'empêcher d'attirer votre attention sur les sujets exceptionnels dont les autres positions planétaires atténuent plus ou moins les qualités qu'ils doivent à leur Soleil. Il s'agit là d'exceptions moins nombreuses que les sujets typiques. Mais vous pouvez à tout instant en rencontrer, disséminés de-ci de-là. Cependant, si vous grattez la surface, vous finirez par trouver les qualités essentielles correspondant au Signe solaire, sous une forme ou une autre, frappées dans le subconscient, sinon le conscient.

Pour aider le Verseau à comprendre le Poissons et à s'entendre avec ce dernier, l'astrologie conseille le maximum de gentillesse, de calme... et d'imagination. Tout ce qui porte atteinte à leur tranquillité inquiète les gens gouvernés par Neptune. Ils ont aussi besoin d'une stimulation abstraite sur le plan mental. Vérifiez dans le dictionnaire le sens du mot abstrait, cela vous sera utile.

Pour aider le Poissons à comprendre le Verseau et à s'entendre avec lui, je conseillerais personnellement de garder présente dans l'esprit une remarque du Verseau Abraham Lincoln: «... ils font ce qu'ils font parce qu'ils sont ce qu'ils sont.» Personne n'aurait pu résumer la nature d'Uranus avec une telle précision et d'une manière aussi succincte. Il faut être soi-même natif du Verseau pour comprendre ces gens-là.

Femme POISSONS • VERSEAU *Homme*

Comptez sur la fille des Poissons pour savoir d'instinct ce que les demoiselles moins sensibles et moins perspicaces ne saisissent pas d'emblée. D'autre part, en dépit de son étrangeté, de son comportement indéniablement bizarre, de son étrange façon d'agiter les oreilles, malgré ses distractions, le regard lointain de ses yeux... cet homme est né sous l'influence d'un Signe solaire masculin, et il est en plus dominé par une planète masculine. Outre tout cela, il est idéaliste et incline à protéger les faibles. Nul ne convient mieux pour le rôle d'animal mâle que l'homme du Verseau. Dans les griffes de la calamité, il est capable de réagir avec un courage inattendu, celui des héros les plus vaillants du cinéma populaire. Il a donc tout ce qu'il lui faut pour défendre sa dame contre les dangers à tout moment, en toute circonstance. Un superbe macho se cache derrière son aspect extérieur phénoménal. C'est un homme homme, de l'espèce qui autrefois faisait s'évanouir les femmes au cinéma. L'acteur Clark Gable, qui joua Rhett Butler dans Autant en emporte le vent, était un natif du Signe solaire Verseau.

Quand son regard lointain s'allume accidentellement sur une fille de Neptune, les choses marchent rondement; la féminité de la native des Poissons offre un contraste net et superbe avec la virilité du Porteur d'Eau. Poissons est un Signe féminin, ne l'oublions pas, et cette personne est aussi gouvernée par une planète féminine. Voilà un exemple patent de polarités, d'attraction des contraires l'un par l'autre. Ces deux partenaires éprouveront d'habitude la traction du magnétisme essentiel de la Nature dès les premières minutes après leur rencontre. S'il est un être féminin quelconque capable d'arracher un Porteur d'Eau à son dada principal consistant à observer la vie autour de lui, à enquêter sur tout, à prendre contact plus intimement avec la Nature, sur un niveau plus intime,... c'est bien la native des Poissons.

Les natifs du Verseau, ne sont pas particulièrement mordus en règle générale par l'attrait réciproque entre les personnes de sexe différent. Pourtant, quand l'un d'eux rencontre une native des Poissons, il peut tout à coup prendre soudain conscience de sa sexualité (sans parler de celle de Mademoiselle ou Madame), ce qui l'incite à se conduire d'une manière extrêmement étrange, c'est-à-dire encore plus étrange que son étrangeté normale, et cela peut devenir vraiment très phénoménal, *en vérité.* Cela ira même jusqu'à suggérer à la fille des Poissons qu'il lui déplaît vivement.

Elle s'égare ainsi parce que, lorsqu'elle a laissé tomber son lainage d'angora blanc, il a marché dessus avec ses bottes boueuses, parce que, lorsqu'il l'emmène au cinéma, il erre tout seul jusqu'au balcon pour mâcher son maïs éclaté (il a simplement oublié où ils étaient assis), parce qu'il lui téléphone pour lui demander à emprunter son chien afin de se promener sans l'inviter à venir avec eux, ou parce qu'il gonfle un sac de papier et le fait éclater auprès de ses oreilles puis éclate d'un fou rire alors qu'elle se demande s'il a remarqué son nouveau parfum. Il l'a remarqué. Oui! C'est pourquoi il a gonflé le sac de papier et l'a fait éclater. Ça occupait ses mains, alors qu'il avait envie de les étendre gentiment vers les joues de la belle. Seuls des individus d'un sexe douteux se conduisent *ainsi.* Aucun doute sur le sexe de ce monsieur. Qu'en pensent ses copains, ses potes, tous ses amis? Un comportement aussi insensé est fait pour les romanesques sentimentaux, pas pour lui. Attendez. Il va s'en tirer.

La dame des Poissons qui pleure toutes les larmes de son corps au lieu de dormir parce que l'homme du Verseau dont elle est tombée amoureuse l'a traitée avec une indifférence (calculée), comme si elle lui déplaisait totalement (alors qu'il l'observe assez intensément pour oublier en quelle année il vit) devrait se rappeler les quelques lignes d'un poème que j'ai écrit naguère pour exposer ce genre de situation.

> *je dois m'en aller maintenant…*
> *ne me retiens pas par tes yeux*
> *ne tends pas ton cœur d'un bout à l'autre de la pièce*
> *ainsi, ou le mien se brisera.*
>
> *t'aimer? Évidemment je t'aime*
> *C'est pourquoi je dois partir… avant que tu saches combien*

Sur le plan mental, ces deux partenaires feront l'amour plutôt joliment. Par le fait, ce sera pendant leur lune de miel. Oui, ils en sont arrivés là. À partir du moment où une fille de Neptune a percé les ruses romanesques de cet homme, elle cesse de pleurer et entreprend de le séduire. Alors il ne lui échappera pas. Pendant leur lune de miel, donc, ils pourraient passer bien du temps à chercher des réponses à des questions saugrenues telles que celles-ci: si leurs montres continuent à tictaquer à des cadences différentes qui éloignent les aiguilles de plus en plus les unes des autres, à un taux défini, au bout de combien de temps les deux montres indiqueront-elles la même heure? *Il* recourra à l'algèbre; *elle* à la méditation. Dans sa confusion neptunienne, elle remarquera que cela peut ne jamais arriver parce que, comme le lui a enseigné sa grand-mère, deux erreurs ne font jamais rien de juste. Il ne l'entendra même pas. Il s'affaire à compter. Puis, toujours «avec sa confusion neptunienne», elle lui demandera quelle réponse il a trouvée: quand les deux montres donneront-elles la *même* heure ou bien l'heure *exacte*? Une question pareille anéantit tous les calculs méticuleux auxquels il s'était livré. En proie à une crise de frustration uranienne, il jette son taille-crayon par terre. Elle reste calme, aussi calme que l'on puisse être et, toujours avec son petit air neptunien de confusion, elle lui sourit l'air rêveur et murmure que s'il s'agit de faire l'amour, «toutes les heures sont bonnes». Les oreilles du Verseau rougissent, il sourit, défait son bracelet-montre; la lumière s'éteint dans la chambre... et puis...

D'ordinaire, je ne décris pas les relations physiques des couples natifs des divers Signes solaires aussi tôt dans le courant du chapitre, mais, avec cet homme qui est tout homme et cette femme qui est toute femme, il n'y a pas de temps à perdre. Inutile de les faire rougir (ils n'y sont que trop portés) en détaillant les joies de leur compatibilité sexuelle. Tout se passe comme la nature l'a entendu, et cela signifie l'union en douceur, harmonieuse, de deux individus distincts en une unicité explosive. C'est seulement s'il y a un aspect de tension entre leurs Luminaires (Soleil et Lune), ou bien quelque autre position planétaire négative dans leur thème de naissance, que cet homme et cette femme auront des difficultés à trouver le véritable bonheur dans l'intimité de leur union physique. Alors laissons-les en paix, car la Poissons et le Verseau ont horreur de la plus légère intrusion dans leur vie privée, même par Big Brother... ou Big Sister...

Ce n'est d'ailleurs pas tellement honnête de leur part à tous les deux, car elle est extrêmement douée psychiquement pour en savoir beaucoup sur tous ceux qu'elle rencontre, et elle est capable d'analyser le moindre «bonjour» de ses amis (et même d'inconnus) pour en déduire toute l'histoire de leur vie, rien qu'en partant de cet indice infime.

Comme elle n'est pas parfaite (qui l'est?), notre dame Poissons fera de temps à autre quelque chose qui déclenchera l'imprévisible fureur de son

Porteur d'Eau. Les Verseau hommes et femmes sont incapables de laisser les choses en l'état. Au lieu de passer outre aux quelques colères incidentes entre eux, dues à l'extrême sensibilité de Madame, il sera tenté, comme toujours, de retourner toutes les pierres afin de prouver qu'il avait raison et elle tort. Supposons un exemple dans lequel ce couple vit à la campagne et cultive un bon lopin en jardin potager. Un jour, illuminé par l'idée qu'il a la «main verte», sans en avoir jamais parlé à sa compagne, il sèmera des graines de fleurs entre les choux et les tomates. Plus tard, en arrosant les choux, elle remarquera des pousses indésirables, les prendra pour des mauvaises herbes et les arrachera. Éruption chez Monsieur d'un orage uranien et retrait de Madame dans un silence blessé, les yeux embués de larmes et les mains tremblantes. Si elle commet l'erreur de se défendre en affirmant qu'il s'agissait de mauvaises herbes et même malodorantes, soyez sûr qu'il récupérera une des pousses qu'elle a arrachées et la replantera dans le grand crachoir de cuivre. Il la cultivera jusqu'à la dorloter en secret, il lui parlera, lui chantera des berceuses encourageantes, la gavera d'aliments pour plantes, et, quand elle fleurira, quand s'épanouiront les pétales veloutés jaunes et violets, de la pensée, il apportera son crachoir en plein sur la table de la cuisine, vers midi quand elle achève de préparer le déjeuner, et braillera triomphant: «Voilà une herbe puante que tu as ratée au cours de ton épuration.» Elle grimpera l'escalier quatre à quatre, claquera la porte de la chambre à coucher et pleurera allongée sur son lit, parce qu'il s'est donné tant de mal pour lui démontrer qu'elle avait tort. Il ne comprendra pas le moins du monde pourquoi elle est si bouleversée. Voilà comment l'influence pernicieuse d'Uranus blesse parfois la délicatesse des vibrations neptuniennes. Quand ils auront passé quelques heures ensemble, il saura piétiner moins brutalement lo cœur tendre de sa compagne et elle apprendra que leur amour n'est pas mort tout simplement parce qu'il s'acharne à démontrer qu'il a toujours raison dans les affaires importantes ou vénielles. Mais, avant qu'ils acquièrent cette sagesse, ils passeront par bien des épreuves douloureuses.

À moins que Vénus fût affligée à la naissance de cette native des Poissons, la torture de la jalousie qui tenaille nombre de ses sœurs astrologiques lui sera épargnée. Elle soupçonnera rarement d'infidélité son partenaire, et cela suffira à aplanir bien des rides dans leurs relations. Dans l'ensemble, il n'y a d'ailleurs pas lieu de soupçonner cet homme pour quelque raison que ce soit (sauf évidemment en cas d'affliction de Vénus ou de Mars dans son horoscope, ce qui arrive parfois) parce que le natif type du Verseau trouve suffisamment de satisfaction dans des relations homme-femme avec une seule partenaire sans se mettre en quête de complications. Idylle, romance, passion physique... tout cela est bel et bon, et il n'a rien à y redire. Il les a même étudiées congrûment et les a trouvées étonnamment satisfaisantes de toutes les manières imaginables... mais il y a peu à craindre qu'il concentre son attention sur de telles choses, à l'exclusion des autres plaisirs qu'ils peuvent partager, et encore moins à craindre qu'il flirte avec la voisine, même si elle se présente en bikini sur le seuil de sa porte pour lui emprunter ses cisailles à tondre les haies. Un spectacle aussi charmant le réjouira peut-être, et il taquinera sa compagne Poissons un tantinet quand la voisine sera partie... mais il replongera presque aussitôt après dans sa dernière préoccupation: campagne électorale pour être élu gouverneur de l'État, lecture des aventures de Sherlock Holmes, plans de leur prochaine maison qui sera chauffée par l'énergie solaire, ou bien il nourrira tout bonnement son perroquet.

Elle sourira et s'affairera, elle aussi, à l'aider s'il en a besoin, mais, dans le cas contraire, elle le laissera batifoler en paix avec ses idées sans le tracasser. Il est exquis et même merveilleux d'être aimé par un génie que l'on aime de même. La vie peut être un peu agitée, folle mais pas monotone. Elle ne sait jamais à quoi elle peut s'attendre de la part de ce partenaire. À l'instant même, il vient de lui dire de regarder au fond du tiroir de son bureau. Sans chercher à imaginer de quoi il s'agit, elle ouvre le tiroir et y trouve un grand bonnet écossais de laine angora blanche avec une écharpe assortie.

— Une surprise! dit-il en clignant de l'œil.

— Ravissant, répond-elle. Mais en quel honneur me fais-tu ce cadeau? Quel jour sommes-nous?

VERSEAU: N'importe quel jour. Il ne s'agit pas d'un anniversaire. Hier, je me suis rappelé la fois où j'ai marché sur ton sweater de laine angora blanche avec mes bottes boueuses. Il y a sept ou huit ans de ça, et tu n'y as jamais fait allusion depuis.

POISSONS: Mais il y a si longtemps... comme c'est gentil d'y penser après tant d'années et sans attendre un jour particulier, sans raison explicable. Merci. C'est vraiment superbe. Voilà une charmante surprise pour un mercredi matin.

En réalité, l'anniversaire de leur mariage tombe ce jour-là et il n'en a pas la moindre idée (au niveau de la conscience), mais elle n'en pipe mot. Elle sourit, puis souffle un mignon petit baiser... et arrose les pensées violettes sur le rebord de la fenêtre.

Homme POISSONS • VERSEAU *Femme*

Il est difficile de choquer ou d'alarmer une native du Verseau et encore plus de la surprendre. C'est plutôt elle qui choque, alarme et surprend. Ces filles et femmes aiment à tenir leur homme en suspens, à lui jouer des tours de brigand, tels que: apparaître devant lui en portant des verres de contact teintés de marron et, quand il trouve quelque chose de changé dans sa physionomie, lui dire gracieusement: «Qu'est-ce qui t'a jamais fait croire que j'ai des yeux bleus, mon chéri?»... lui téléphoner à la cantine de son boulot pour lui annoncer joyeusement: «Je m'ennuyais toute seule à la maison, alors j'ai pris l'avion pour le Mexique et je vais faire du surf. Tu ne pourrais pas me rejoindre, ta journée terminée?»... se servir de la brosse de Monsieur pour peigner les franges de son tapis oriental... peut-être le réveiller au milieu de la nuit en lui faisant entendre la voix sensuelle d'un autre homme dans son lit. (Ce n'est qu'un magnétophone miniature caché sous l'oreiller, car elle veut apprendre l'italien tout en dormant, mais elle a oublié de le lui dire. Ma foi, comment aurait-elle pu le mettre au courant? Il est rentré à la maison, il a dîné et il est allé tout droit au lit sans même dire bonsoir.)

Règle numéro un. Ne la laissez jamais s'ennuyer. Le seuil de l'ennui est très bas chez elle.

Son Poissons, bien qu'il n'ait guère l'habitude de choquer les gens, est presque aussi difficile à surprendre qu'elle. Il sera donc moins ahuri par de telles farces que ne le seraient Taureau, Vierge ou Capricorne. Le Poissons comprend la nature humaine, même la plus phénoménale. Cela s'explique du fait qu'il se résigne à vivre dans un monde de détraqués. Ce ne sont pas seulement les natifs et natives du Verseau qu'il voit ainsi, mais toute la population de la planète. Les natifs de Neptune se montrent donc extrêmement tolérants envers les comportements saugrenus. Il y a dans l'âme de tous les Poissons mâles un rien de prêtre habitué au confessionnal ou de moine contemplatif. Ils cachent aussi une espèce de tendance au raisonnement abstrait à la manière d'Einstein… et un dauphin enjoué. On compte parmi eux de véritables génies en fait de mathématiques et de mécanique, mais ils aiment aussi se promener sous la pluie en cueillant des narcisses, dormir en plein air pour admirer la voie lactée en clignant de l'œil à l'intention de Regulus, par une nuit d'été… façonner des colliers avec du pissenlit. Si vous réfléchissez profondément à ce qui précède, vous constaterez que l'homme des Poissons possède un charisme assez curieux pour que la Porteuse d'Eau ne s'ennuie pas avec lui.

Sauf pendant leurs moments de mauvaise humeur hargneuse (toujours justifiée par de bonnes raisons), les Poissons mâles sont dans l'ensemble pleins de considération, plutôt timides, doux et bienveillants. Ils donnent tout ce qu'ils possèdent à leur famille et à la femme qu'ils aiment. Celui dont nous étudions le cas dans ce chapitre appartient peut-être à la catégorie des Poissons qui ne possèdent pas grand bien matériel et n'en peuvent donc guère donner. D'abord, d'autres peuvent déjà lui avoir pris ou emprunté ce qu'il avait. Ensuite, il incline à atermoyer, à remettre au lendemain, voire à l'année prochaine, la réalisation de ses rêves. Nombre d'entre eux se détournent des dures exigences de la vie envers ceux qui aspirent à un succès matériel.

Si notre Poissons mâle appartient à l'autre catégorie, il a assez de talent et de suite dans les idées pour obtenir une juste compensation financière dans toutes les entreprises auxquelles il peut désirer se livrer. Il jouira des meilleures choses de la vie et sera bien armé pour s'adapter aux canevas de comportement nécessaires à la réussite matérielle. Tels sont les natifs des Poissons que l'astrologie considère comme les «épaulards». Même ceux-là n'en sont pas moins aimables, enjoués, perspicaces, bienveillants, mais avec plus d'allant, voire d'agressivité, que les Neptuniens rêveurs. Quelle que soit l'espèce de Poissons dont notre native du Verseau est amoureuse, elle ne devra pas tenir compte du prix des cadeaux palpables qu'il lui fait, car il est aussi prêt à lui offrir des présents immatériels: ses pensées et ses rêves… ses idées et ses idéals… ses visions et ses intuitions… et son cœur vulnérable.

Ces choses-là valent beaucoup plus qu'un orgue électrique, de la porcelaine Haviland, une aire de garage auprès de la maison, des gadgets coûteux, des appareils électroménagers. Elles vaudront surtout beaucoup plus pour la native du Verseau, dont l'esprit est normalement accordé sur la longueur d'onde du vrai et de l'authentique. Sauf si elle est née avec un Signe de Lune ou un Ascendant orienté plus matériellement, la Porteuse d'Eau est capable de distinguer sans grand effort entre le vrai et le faux. Elle comprend que l'intangible est souvent réel, et elle chérit les trésors qui ne peuvent être perçus par les sens.

Le Poissons qui l'aime peut toujours prévoir l'inattendu avec cette partenaire. Le comportement non conformiste, même d'un non-conformisme bénin, tel est le moule dans lequel elle fut coulée avant sa naissance. Elle peut porter un nom extravagant et pratiquer le métier de ramoneuse ou bien un nom banal et être caissière dans une banque. Mais, je me répète intentionnellement, elle sera non conformiste, pour le moins d'un non-conformisme bénin. Les filles du Verseau peuvent faire preuve d'un esprit étonnamment pratique dans les affaires quotidiennes banales telles que la banque et ce qui a quelque rapport avec l'argent (certaines d'entre elles sont brillantes en mathématiques et capables d'additionner mentalement des colonnes entières de nombres). Néanmoins, elles ne sont... pas comme les autres d'une façon ou d'une autre. Supposons que vous fassiez connaissance avec une caissière de banque gentille, calme, prudente, nommée Ruth, née en février, ne la jugez pas sans poser quelques questions discrètes à ces camarades de travail, son mari ou sa famille. Ce que vous apprendrez pourrait vous faire sursauter. Peut-être vient-elle à la banque sur un tracteur les jours de neige, apporte-t-elle sa gamelle dans un sac de gymnastique, porte-t-elle des raquettes de neige derrière le comptoir; elle peut aussi pointer journaux et horaires de chemin de fer russes pour savoir si les trains arrivent souvent en retard en U.R.S.S., se servir d'une véritable plume d'oie qui aurait appartenu à Abraham Lincoln pour noter les virements télégraphiques... ou collectionner secrètement des livres comiques. Et puis... avez-vous remarqué cet infime tatouage juste au-dessus de son coude droit? Oui, elle est... quelque peu... différente des autres.

Les natives du Verseau aiment l'humanité et leur gentillesse innée luit à travers tout ce qu'elles disent et font. Toutefois, cet amour de l'humanité ne les empêche pas de dédaigner ce qu'on pense d'elles. L'amoureux ou amant natif des Poissons de l'une d'elles rougira plus d'une fois parce qu'elle refuse de mener sa vie au gré du voisinage. Elle ne fera rien de vraiment épouvantable, mais bien des petites choses assez embarrassantes, par exemple décider d'installer un poulailler à côté du perron de la maison, chanter d'anciennes incantations incas dans la cour, au clair de lune, ou bien passer la tondeuse à gazon électrique sur la pelouse à 5 heures du matin, juste avant le lever du soleil, coiffée d'une casquette de cheminot et vêtue d'une salopette, en braillant: «LES VOYAGEURS, EN VOITURE!» Ce serait parce qu'elle éprouve une étrange nostalgie en pensant aux trains qu'elle a pris dans sa petite enfance. Mais la plupart des gens ne comprennent pas des choses pareilles.

La Porteuse d'eau et le Poisson mâle nourrissent des idées similaires au sujet des promesses. Elles leur répugnent. Ils n'aiment pas en faire ni l'un à l'autre ni à qui que ce soit. Le Poissons enfreindra à l'occasion sa propre règle à ce sujet et fera une promesse qu'il ne tiendra pas si un changement de circonstance l'en empêche. La Porteuse d'Eau vous dira carrément qu'elle n'aime pas promettre parce qu'elle risquerait de ne pas tenir parole. Telle est une forme typique de l'intégrité uranienne. La Verseau estime que nul ne doit jamais rien promettre et qu'il ne faut jamais jurer pour une raison fort sensée: personne ne peut jamais prédire avec certitude ce qu'il peut arriver. D'ordinaire, on peut persuader cette femme de dire qu'elle fera de son mieux pour accomplir le lendemain ce qu'elle croit vouloir faire le jour même. Voilà à peu près le maximum qu'il soit possible de tirer d'elle. Les promesses sont faites à ses yeux pour ceux qui aiment à se tromper eux-mêmes et les autres, en pensant qu'ils dominent totalement leurs sentiments futurs.

La toute première chose que fera vraisemblablement une femme régie par Uranus quand elle tombera amoureuse d'un homme des Poissons, ce sera de lui faire part de ses soucis, ses idées, ses doctrines, pour voir ce qu'il en pense. Elle n'est pas femme à pleurer sur l'épaule de son partenaire, et elle l'utilisera plutôt comme caisse de résonance pour mettre à l'épreuve les projets qu'elle mûrit. Si étrange que cela paraisse, elle suivra une bonne part de ses conseils, mais, dans quelques domaines, elle ira joyeusement son propre chemin, en dépit des avis plus sages qu'il pourrait lui donner. Alors, quand elle fera un faux pas, il la relèvera et la réconfortera tendrement. Elle tend la main vers lui, et il est toujours là. Même pour une femme aussi capricieuse que la native du Verseau, voilà une constance qui inspire un agréable sentiment de réconfort.

Eh bien! pour être franc, il faut avouer que parfois il ne sera pas là. C'est un homme capable de disparaître subitement... ou peut-être pas subitement, mais petit à petit. Dans des conditions normales, on peut se fier au Poissons sur le plan émotionnel. Il supportera bien des choses avant d'être excédé. Mais quand il ne peut plus supporter vexations et chagrins sous n'importe quelle forme, il s'en va en douceur, à la nage, plutôt que de subir l'érosion de confrontations continuelles.

La Verseau est capable de disparaître de la même manière, sauf qu'elle s'éclipse comme le font sur scène les magiciens. Presto! Vous la voyez maintenant... vous ne la voyez plus! Elle s'estompe dans la mémoire, comme les écharpes de soie aux vives couleurs et les lapins blancs angoras du prestidigitateur. Tout comme le Poissons mâle, elle ne peut supporter de tension que jusqu'à une certaine limite, au-delà de laquelle elle décide de se libérer elle-même d'une prison émotionnelle. Contrairement à bien d'autres femmes, celle-ci saisit tôt dans la vie la vérité ésotérique selon laquelle chacun est son propre geôlier et que, par conséquent, c'est elle-même, et personne d'autre, qui détient les clés de sa propre liberté.

Au début, tout au moins, les relations sexuelles entre le Poissons et la Porteuse d'Eau peuvent se présenter comme une épreuve plutôt qu'une expérience. Chacun doute plus ou moins qu'il soit sage de se soumettre totalement à quelqu'un d'autre. Les corps ne comptent pas tellement. Ces amoureux accompliront tous les gestes de l'amour physique sans être certains qu'il s'agit là d'une union totale, jusqu'à ce que leur esprit rattrape le désir et l'appétit de la chair. Quand cela se produit, la manifestation physique de l'amour devient pour lui la réalisation d'un rêve chéri depuis longtemps; pour elle, une nouvelle joie extatique de l'existence, pas la seule mais un enchantement tout à fait particulier. En vérité, elle aime la vie elle-même avec tous ses étonnements divers, elle en raffole même beaucoup trop pour placer toutes ses espérances en un seul de ses miracles. Cependant, ils peuvent découvrir plus de signification poétique au caractère naturel de leur intimité physique que ne le soupçonnent bien d'autres couples qui ne l'atteindront jamais.

D'abord, avant que cette femme s'engage totalement envers l'homme qu'elle aime, il devra lui prouver qu'il est son ami, son véritable ami, qu'il ne désire pas seulement posséder son cœur et son corps, mais entend aussi unir et mélanger leurs esprits. Le moindre soupçon d'infidélité sur le plan de l'amitié la figera comme le ferait le premier gel de l'hiver. Pour la Verseau, l'amour passe après l'amitié, et la sexualité vient au troisième rang comme une chose réjouissante mais qui ne doit pas être surestimée. Cela ne veut pas dire qu'elle ne soit pas passionnée, car elle l'est. Tout dépend du sens que l'on donne à ce mot. L'affinité mentale, les rapports mentaux, si vous voulez, dans leur sens le plus pur, ajoutent toujours une dimension de profondeur à la passion. La Porteuse d'Eau régie par Uranus sent en elle-même cette vérité, bien longtemps avant l'âge où les autres l'apprennent.

La plus grande faiblesse d'un homme des Poissons, c'est qu'il peut négliger son bien-être personnel, ses propres besoins et droits, en raison de son inclination à donner son temps et son argent à ceux qui ont besoin de son aide. Mais, pour la Porteuse d'Eau, l'abnégation n'est pas une faiblesse. Elle y voit une force sans laquelle l'homme n'est pas vraiment homme... et encore moins capable de se qualifier comme ami.

Le plus grand défaut de caractère chez la native du Verseau, c'est son refus obstiné (Signe fixe) de se conformer, sa soif du changement, sa faim d'aventure. Mais, pour l'homme des Poissons, le non-conformisme n'est pas un défaut. C'est précisément la qualité pour laquelle il a commencé à aimer cette femme, parce que cette caractéristique est très proche de la sienne. Le fait qu'ils deviennent un peu plus fous ensemble que seuls, tel est l'ingrédient dont est fait leur magie commune.

Oui, ils se disputeront, et même souvent. Mais les querelles entre l'homme et la femme qui s'aiment ont quelque chose de drôle. Ils s'imaginent qu'ils argumentent au sujet de ceci et de cela, alors que tous leurs propos signifient en réalité: «Je te veux.» Quand tous les jeux de devinettes uraniennes touchent à leur fin, quand s'évanouit la tendance évasive de Neptune, il n'y a plus que cela qui compte: le désir.

POISSONS
Eau - Mutable - Négatif
Régi par Neptune
Symbole: les Poissons
Forces nocturnes - Féminin

POISSONS
Eau - Mutable - Négatif
Régi par Neptune
Symbole: les Poissons
Forces nocturnes - Féminin

Les relations

Quand quatre Poissons s'engagent entre eux dans n'importe quelle association (chaque Poissons représente deux Poissons, vous vous le rappelez, j'espère, qui nagent en direction opposée), le choix de divers comportements s'ouvre devant eux. Ils peuvent se perdre l'un et l'autre dans l'évasion euphorique par les drogues ou l'alcool... exercer des activités créatrices dans n'importe quelle entreprise commune allant des arts à l'architecture... explorer des pays mystérieux tels que celui des Merveilles de Lewis Caroll... constituer un tandem pour enseigner à l'école des petits poissons, avec patience et perspicacité... ou plus simplement nager en bons copains, de conserve, en évitant les végétations des fonds de l'eau, en liant connaissance avec les requins, en bavardant avec les dauphins, en échangeant des signes d'amitié avec les mouettes qui volent au-dessus de leur tête, en gambadant à travers les vagues et en jouant à se poursuivre l'un l'autre. Ces choix sont dans l'ensemble assez semblables à ceux qui se présentent devant n'importe quelle association de Signes d'Eau; bien que normalement elle ne soit pas aussi intense qu'en cas d'une association double de Scorpion, ni aussi orientée vers les biens matériels et possessifs que l'association doublement cancérienne.

Une certaine douceur et placidité fait partie intégrante du Signe solaire des Poissons; elle peut diminuer la vitalité de leurs motivations et des actes qui en découlent, cela à des degrés divers. La plupart des gens des Poissons sont extraordinairement sensibles ou «psychiques», bien que cette qualité se manifeste souvent d'une manière passive: le Poissons, mâle ou femelle, se fie à ses rêves, ses intuitions, des impressions instantanées qui se présentent à lui (ou elle) au cours de sa vie quotidienne personnelle. L'élan et la vigueur, générateurs des grands mystiques qui sont aussi les grands conducteurs de foules, manquent parfois aux Poissons qui préfèrent répandre leurs lumières discrètement, on pourrait presque dire: dans les coulisses.

D'autres configurations planétaires puissantes des thèmes de naissance d'Albert Einstein et de Rudolph Steiner diluèrent considérablement les tendances négatives de rêverie et de nonchalance de leur Signe solaire Poissons et en firent des visionnaires pratiques.

Deux Poissons qui s'associent doivent toujours prendre en considération les divers aspects de polarité négative de l'héritage psychique neptunien: illusion, mirage, rêverie éthérée, tendance à se mentir à soi-même, de même que la subtile tentation d'égarer autrui de la même manière. Beaucoup dépendra des Signes lunaires de ces deux Poissons en ce qui concerne leur destinée individuelle. Si l'échange Soleil-Lune entre les deux thèmes de naissance se présente de manière favorable, l'harmonie sera facile entre eux. Dans le cas contraire, ils devront faire preuve de beaucoup de diligence pour éviter que chacun n'étouffe les initiatives et les ambitions de l'autre.

Quelques chamailleries minimes, colères, irritations apparaîtront fort vraisemblablement entre eux de temps en temps. Mais, en général, ils n'auront pas à affronter des difficultés de compréhension réciproque, telles que celles qu'éprouvent d'autres Signes solaires, comme Gémeaux et Sagittaire par exemple. Non seulement les gens gouvernés par Neptune comprennent réciproquement leur secret et leur personnalité encline à l'évasion, mais encore ils sont mus par une instinctive sympathie réciproque pour leurs chagrins. Il est rare que dès leur rencontre deux Poissons ne ressentent pas immédiatement de l'attrait l'un pour l'autre, quelles que soient les diverses positions planétaires de leur thème de naissance. On trouve la même familiarité spontanée dans toutes les associations de signes semblables, mais chez aucune autre elle ne se manifeste aussi rapidement et aussi profondément que dans le cas Poissons-Poissons (à l'exception possible d'un couple Scorpion-Scorpion).

Ces deux partenaires gravitent donc naturellement et en douceur l'un vers l'autre. Ils se rencontrent souvent au bord de la mer, en sirotant un verre d'eau gazeuse ou quelque breuvage plus énergétique. Ils peuvent aussi faire connaissance dans un auditorium de concert, dans un parc, près du kiosque à musique, à l'hôpital, dans le bureau d'un journal, au théâtre, dans un couvent, un monastère, un laboratoire scientifique... dans n'importe quelle espèce d'occupation ou de carrière qui permet à ces Poissons de rendre quelque «service» utile à autrui (ne serait-ce que divertir leur prochain), sans que cela exige chez eux plus qu'un minimum d'autorité tout en leur laissant un maximum de liberté.

D'ordinaire, les natifs des Poissons ont un extérieur aimable, s'expriment gentiment et se montrent accommodants. Loin d'être parfaits, ils ont leurs mauvais moments mais n'inclinent pas à faire toute une histoire d'une petite affaire. Ils supportent leurs ennuis assez légèrement et distraitement, et, quand le fardeau devient trop lourd, ils inclinent tout simplement à laisser tomber la question et s'en aller plutôt que de se démener futilement à combattre le destin... ou tout ce qu'ils considèrent comme inévitable.

Les Poissons se sentiront plus en sécurité quand ils se verront cachés comme d'habitude, parmi les natifs des autres Signes solaires, et qu'il sera plus difficile au lecteur d'apprendre leur comptabilité d'association avec les natifs des autres Signes. Ça leur plaît. Leurs amis auront du mal à les trouver et à apprendre comment ils s'accordent avec d'autres gens. Pas vrai, chers Poissons? Mais vous-mêmes, vous saurez où vous trouver, même si les autres négligent de vous chercher. (N'est-ce pas toujours ainsi que ça se passe?) Toujours être «le dernier servi qui reçoit le moins» ne leur fait pas perdre leur calme, et ils ne souhaitent pas être «les premiers servis qui reçoivent le plus» parce qu'ils se rappellent l'avertissement biblique: «Les premiers seront les derniers et les derniers seront les premiers.» Et quelle était cette phrase du Nouveau Testament qui convient particulièrement aux Poissons? «Heureux les pauvres d'esprit, car le royaume des cieux leur appartient.» Pauvres âmes neptuniennes! Si ces gens-là héritaient de la Terre, l'impôt sur les successions réduirait tellement leur patrimoine qu'il leur resterait à peine une petite île sur la côte des États-Unis ou bien une mince tranche de Sibérie.

Vous connaissez ce chanteur de rock natif des Poissons, dont la notoriété se situe à mi-chemin entre la vedette et le ringard. Je ne citerai pas son nom pour ne pas le mettre dans l'embarras. Il a déjà assez de soucis. Lors de son tout premier spectacle de télévision, le présentateur prépara le public par le déferlement habituel d'éloges et de promesses.

Quand il apparut, toute l'assistance au studio l'applaudit chaleureusement. Il se mit à chanter en s'accompagnant à la guitare. Au bout de deux mesures, il lâcha son médiator qui tomba dans l'instrument à travers une ouïe. Par bonheur, il ne s'agissait pas d'un spectacle en direct. Des mésaventures de ce genre arrivent fréquemment aux Poissons.

Hommes, femmes, enfants des Poissons sont souvent négligés, voire oubliés par leurs amis, voisins, parents, associés en affaires... et parfois par leur propre amant, maîtresse, conjoint ou conjointe. Mais ne vous désolez pas pour eux. Ce n'est vraiment pas la peine. Ils préfèrent contempler la scène qui se déroule autour d'eux, tout en passant inaperçus eux-mêmes. C'est *délibérément* qu'ils sont discrets. On n'en voit pas se balader dans les rues en brandissant une pancarte sur laquelle ils ont écrit en grosses lettres rouges et jaunes: C'EST MOI QUE VOILÀ! Dans les nombreuses réunions, particulièrement les congrès de société où chacun porte son nom à la boutonnière, les Poissons ne le font pas. Ainsi nos deux partenaires pourraient presque passer tout à fait inaperçus dans une salle bondée..., sauf évidemment si l'un d'eux se pique le nez et renverse l'aquarium ou une plante verte en pot, ce qui fera rougir le malheureux, et il souffrira des élancements aigus de honte, pas parce qu'il est gris et maladroit, mais parce qu'il attire une attention indésirable. Certes, bien des Poissons hommes et femmes sont connus du grand public en raison de leur profession, mais cela ne leur fait jamais plaisir. Je n'ai jamais connu un seul natif (ou une seule native) de ce Signe qui se plaignait d'être ignoré du public. Il ne faut jamais oublier leur symbole: les poissons de la nature. Iriez-vous prétendre qu'une truite, un saumon ou n'importe quelle autre espèce de poisson sauterait hors de l'eau rien que pour se faire remarquer?

Ne nous étonnons pas s'ils se cachent; il y a tant de pêcheurs prêts à les ferrer douloureusement à la bouche, puis à les laisser mourir lentement dans le panier où ils halètent. Et ces gens-là vous disent volontiers que cela n'a pas d'importance parce que le poisson est «un animal à sang froid». Quiconque a vu un poisson se débattre dans les affres de l'agonie se demande quelle espèce d'animal soi-disant intelligent (*homo sapiens!*) peut prétendre que cette créature ne ressent ni terreur ni douleur. En l'occurrence, l'animal à sang froid n'est autre que le pêcheur, mais il peut n'avoir aucune mauvaise intention. Certes, tous les systèmes nerveux de la nature ne sont pas identiques, mais le désir de vivre est présent chez tous les êtres vivants et se manifeste dans une forme de conscience ignorée des humains, bien que le niveau de perception soit peut-être équivalent. Qui sait? Certainement pas chasseurs, pêcheurs et savants insensibles.

Si homme et femme n'entendent pas la musique de leurs propres âmes et ne tournent pas le regard vers le souvenir de la Lumière du jardin d'Éden, il viendra un temps où toutes les musiques se tairont sur la Terre qui plongera dans un abîme de silence absolu et où l'on ne verra plus rien sinon l'obscurité totale. Les ombres s'allongent et ce temps approche... il ne peut plus être mesuré maintenant qu'en années au lieu de siècles. Voici venue l'heure de l'honnêteté envers soi-même, celle où l'on doit affronter la vérité et ne pas s'en évader... un temps pour remonter, pour cesser de sombrer vers l'ombre d'une cruauté de plus en plus profonde. Les meurtriers sont des meurtriers même si, dans l'état actuel de leur conscience, ils ne comprennent pas qu'ils le sont et se considèrent eux-mêmes comme des amateurs de sport. Ces erreurs et faux-fuyants ne changent rien à la loi universelle.

Parfois il est permis de chuchoter doucement la vérité, en d'autres temps elle doit être proclamée d'une manière tonitruante. Mais elle ne pourra jamais être oblitérée. Que la vérité soit supprimée à jamais serait contre nature, surtout quand un «Bélier sacrificiel» écrit au sujet d'un «Poisson persécuté».

Grâce à leur patrimoine mystique hérité des poissons de la nature qui symbolise la nature intérieure des Poissons hommes et femmes (comme la nature intérieure des douze Signes solaires peut être trouvée dans le symbole de chacun d'eux), ceux qui sont régis par Neptune n'inclinent pas à rechercher la gloire personnelle. Si la gloire choisissait elle-même ses propres élus, ce serait eux qu'elle désignerait, et pourtant ils ne se résigneraient pas à en porter le manteau de pourpre sans se sentir mal à l'aise, c'est le moins que l'on puisse dire. Le natif et la native typiques des Poissons ne quêtent jamais avec enthousiasme la célébrité. Il ou elle la subit comme un des nombreux fardeaux de la vie. L'actrice Elizabeth Taylor, native des Poissons, nous en fournit un exemple: elle n'a pas volontairement recherché la célébrité, ainsi qu'elle est la première à le déclarer, l'avouer et l'admettre librement.

Une telle humilité est une belle chose spirituelle, mais toutes les qualités du Signe solaire sont multipliées, intensifiées et parfois déséquilibrées dans toutes les associations de Signes semblables. Les partenaires

Poissons-Poissons doivent donc éviter que ce trait de caractère normalement admirable ne les incite à exagérer dans leur unisson neptunien
ce qui leur ferait perdre tout mobile de participation active au courant
de la vie. Notre monde repu et surmené a trop besoin de la richesse de
leurs créations et de leurs autres apports.

Quelles que puissent être les autres positions planétaires de leurs
thèmes de naissance, deux Poissons amenés en contact intime ne manqueront jamais de prendre conscience des canaux de communication
extrasensorielle d'une profondeur stupéfiante qui se manifestent entre
eux. Pour illustrer ces liens mystiques que Neptune tisse entre ses sujets du Signe des Poissons, je vous raconte ce qui se passait entre ma
voisine et intime amie — à Cripple Creek, Colorado — Ruth Cook et
son fils Mike, tous deux nés sous le Signe des Poissons.

Dans son adolescence, Mike parfois rentrait tard à la maison le soir
(vous savez comment se conduisent les jeunes gens, qu'ils vivent dans
une petite agglomération, là-haut sur les Rocheuses ou dans une grande
métropole) parce qu'il se livrait à quelque occupation intéressante avec
ses copains, par exemple une partie de basket-ball, de tir aux cailloux
sur des boîtes de conserve vides ou à des vadrouilles quelconques...
Ruth s'inquiétait. Native type de son Signe solaire, elle ne se faisait pas
un sang d'encre, mais ça la tracassait quand même. Étant donné qu'en
ce temps-là Lowell, son mari, et elle n'avaient pas encore le téléphone à
la maison, elle n'avait aucun moyen d'entrer en contact avec son fils.
Pas de moyen électronique, préciserais-je, mais entre deux Poissons de
tels problèmes de communication se résolvent aisément.

Maman Ruth allait simplement s'asseoir au salon dans un fauteuil,
fermait les yeux et méditait tranquillement en se représentant le visage
de son fils, et elle lui adressait un message télépathique: «Mike, à cette
heure-ci, tu ne devrais plus être dehors un jour d'école, et ton absence
me préoccupe. Rapplique immédiatement à la maison.»

Eh bien! le phénomène se reproduisait à peu près infailliblement. Où
qu'il fût, quoi qu'il fît, son jeune Poissons se figeait net, en plein milieu
d'une course ou d'une conversation avec ses amis. Son regard se voilait,
devenait lointain, ce qui était vraiment bizarre, surtout le soir où la
télépathie maternelle l'atteignait à l'auberge du village au moment où il
jouait au billard et où le juke-box braillait un air populaire de Norbie
Larson. Enfin il bredouillait, l'air aussi étourdi que s'il était en transe:

«Dites donc... écoutez. Je crois que maman a besoin de moi, mais je ne sais pas pourquoi... On se reverra.» Il s'éclipsait, filait chez lui, ouvrait la porte, et sa mère était là qui l'attendait. Ils échangeaient un regard profond, un sourire entendu, à la manière de Neptune, et elle murmurait: «Eh bien! il était temps que tu rentres.»

Cette magie neptunienne fonctionnait toujours en quelques minutes, voire moins. Maintenant, Mike est marié et habite à Denver. Alors il est trop loin de sa mère. De temps en temps elle lui envoie un télégramme pour lui demander de l'appeler au téléphone. L'opération dure une dizaine de minutes. L'ancien système valait mieux. D'abord, il permettait à ces Poissons d'économiser sur leurs factures de téléphone. C'était aussi plus rapide que les télégrammes de la Western Union, et encore plus que le service postal limaçon des États-Unis.

Remarquons toutefois que tout n'est pas douceur et sérénité entre deux personnes gouvernées par Neptune. Si l'une des deux a un Signe lunaire conflictuel, par exemple en Gémeaux ou Sagittaire, un gouffre peut s'ouvrir entre eux, sur lequel il ne sera pas facile de jeter un pont. De telles dysharmonies de Luminaires entre leurs Soleils et Lunes respectifs peuvent les entraîner, chacun de son côté, dans des courants divergents, voire opposés, les refroidir de temps en temps, les inciter à des accusations muettes (ce sont les pires), à une indifférence maussade et au mensonge. Mais quand la Lune de l'un ou de l'autre se trouve dans un Signe de l'Élément Eau ou de l'Élément Terre, l'harmonie de leurs relations sera d'ordinaire remarquable et exceptionnelle... de même que leur télépathie mentale réciproque.

Chacun de ces Poissons comprend que l'autre porte la croix imposée par Neptune à ses sujets et l'attitude injuste des gens qui ne sont pas mus par les mêmes motivations, et qui se hâtent inconsidérément d'accuser les Poissons de mensonge et de fourberie. Cela arrive en raison de l'extrême contraste entre les mobiles idéalistes et altruistes des Poissons et les chemins tortueux suivis par ceux qui ne se soucient que d'atteindre leur but personnel. Tous les Poissons ne sont pas coupables d'attitudes exaspérantes: ils esquivent plus ou moins la vérité toute nue, mais il y a une raison à cela, semblable à celle de tout leur comportement: éviter les confrontations directes qui ne servent à rien et blessent inutilement.

Les Poissons se ratatinent à la seule idée de scènes émotionnelles orageuses et de vilaines représailles pour des motifs personnels. Ils préfèrent mentir par omission plutôt que blesser ou être blessés. Toutefois, un natif (ou une native) de ce Signe sera en général plus porté à jouer cartes sur table avec d'autres Poissons qu'avec un natif de n'importe quel autre Signe solaire, peut-être parce que chacun réalise combien il serait futile de chercher à tromper son semblable. Il en résulte par conséquent que deux Poissons seront plus francs l'un envers l'autre quand ils discutent en tête à tête. Chacun peut avoir confiance dans l'autre, vous voyez, et devine que la vérité ne provoquera pas une vilaine scène tapageuse et cruelle.

En dépit de toutes leurs vertus d'humilité, de patience et d'altruisme deux Poissons ne sont pas exagérément démonstratifs lorsqu'il s'agit de se manifester réciproquement leur respect, leur intérêt et leur affection. Compréhension et sympathie s'écoulent sans doute librement entre eux, mais ne s'expriment pas toujours de manière tangible. Ils devront donc se préoccuper d'amender ces traits de caractère qui leur donnent l'aspect de «poissons froids»: caractéristique que chacun projette, que l'autre repère, mais reconnaît rarement en lui-même.

Il est une autre caractéristique — magnifique celle-ci — de la nature neptunienne que ces deux partenaires peuvent faire épanouir entre eux à leur propre bénéfice et à celui de nous tous qui avons tellement besoin de leurs oreilles attentives, paisibles et compatissantes. Ils sont doués de la grâce rare qui permet d'accepter les gens et les situations négatives et troublantes, y compris leurs propres problèmes, à chacun et au couple, avec une espèce de résignation aimable. Ils comprennent l'un et l'autre que leurs faiblesses humaines personnelles et celles d'autrui sont toujours enchevêtrées d'une manière ou d'une autre de bonnes intentions…, et Neptune leur chuchote discrètement que la résistance au mal ne fait que l'aggraver. Il y a en effet quelque chose de ravissant dans l'aptitude des Poissons à hausser discrètement les épaules en se détournant quand les choses tournent mal, refuser de transformer une taupinière en montagne, de déchaîner une tempête dans une tasse de thé ou de couper sans raison la pousse de haricot au risque de faire dégringoler par terre le pauvre Jack. Il y aurait un ogre gigantesque là-haut au sommet de ce plant de haricots? Et alors, un géant est impuissant devant «quatre» Poissons qui peuvent, à eux deux, le transformer par quelque abracadabra en une créature docile. Alors, ce monstre les invitera dans son château pour y écouter de joyeuses chansons d'ogre qu'il accompagnera sur sa guitare de géant.

Voici la formule magique des Poissons: amour et miséricorde. Elle agit infailliblement… et encore beaucoup mieux quand deux Poissons s'en éclaboussent réciproquement, en y ajoutant quelques gouttes du merveilleux humour neptunien qui leur permet de rire d'eux-mêmes, sans qu'un sot orgueil retienne leurs éclats de gaieté. Voilà un talent qui n'est pas donné à tout le monde et qui constitue une bonne part du trésor doré de ceux qui peuvent *sembler* être «les derniers et les plus mal servis», mais qui sont nés riches de sagesse et généreusement dotés d'une fortune fabuleuse: l'art de découvrir les merveilles cachées. Le roi Midas lui-même n'était pas aussi fortuné.

Femme POISSONS • POISSONS *Homme*

Pauline Hoffenberg Goodman, la plus adorable, la plus gentille, la plus élégante, la plus sage, la plus avisée, la plus patiente de toutes les filles Poissons de cet océan ou de n'importe quel autre, vous la trouverez en train de flotter gracieusement dans les eaux parfois sereines et paisibles, parfois agitées et tempétueuses, du Bronx, à New York.

Toute native des Poissons qui adopte les attitudes captivantes de la petite Pauline peut compter qu'elle charmera son gars Poissons et le fera tomber dans un filet d'idylle sans la moindre difficulté. Pauline résume en sa gracieuse personne l'humour, le charme féminin de son Signe solaire. Tous les conseils donnés dans ces pages à ses semblables reflètent la perfection infaillible avec laquelle elle tisse d'instinct les subtiles nuances de Neptune qui font de la femme des Poissons l'idéal secret de tous les Poissons mâles en ce monde. En outre Pauline est un cordon-bleu qui fait une cuisine délicieuse, délectable. Que pourrait rêver de mieux le rêveur neptunien? La poésie? Pauline est aussi poétique… et aussi jolie qu'un géranium rose.

En réalité toutes les natives des Poissons possèdent une part satisfaisante des qualités caractéristiques et des talents de Pauline Hoffenberg Goodman. Alors ne nous étonnons pas si le natif des Poissons amoureux d'une dame de Neptune sent qu'il a enfin doublé tous les caps dangereux, contourné les hameçons redoutables des femelles agressives qui s'efforcent de le capturer… qu'il a enfin atteint les eaux fraîches et claires de l'amour, tel qu'il le cherchait depuis qu'il est né, près d'une jolie cascade de larmes dont il se souvient dans son subconscient. Il se rappelle avoir pensé jadis, quand il faisait partie du menu fretin, que les larmes sont ravissantes, avec leurs teintes d'arc-en-ciel quand le soleil rayonne à travers leurs prismes. Puis il a grandi et un beau matin de miracle aux multiples facettes, il a trouvé avec un frémissement de joie la réponse à l'énigme tendre du temps où il n'était qu'un minuscule alevin. Tout à coup, en effet, il sut que l'amour est un rayon de soleil qui pourrait briller à travers les larmes de sa tristesse silencieuse… et les transmuer en un spectre étincelant de lumière.

La fille Poissons conserve exactement les mêmes souvenirs de cascade que lui. Elle aussi, elle se rappelle avec nostalgie les premiers instants de sa genèse, quand elle faisait un rêve trop joli pour qu'elle puisse le décrire et qui flottait au-dessus de son cœur comme une brume… lui promettant à voix basse des lendemains de liberté et de féerie telles qu'elles régnaient jadis dans le jardin d'Éden oublié.

Toute sa vie elle s'est interrogée secrètement en silence: ce rêve était-il vrai?… ou seulement un fragment imaginaire de bonheur et de sérénité? Elle a attendu avec une patience tranquille que ce rêve reparaisse et se manifeste dans le brouillard de ses souvenirs. D'innombrables fois, elle a été déçue: juste au moment où elle croyait qu'il allait de nouveau lui envelopper le cœur… il s'est dissipé.

Et puis un jour elle a regardé dans les yeux de cet homme et… merveille des merveilles! elle a vu son rêve s'y refléter, comme au pied de la cascade, au fond d'un bois au ramage de verdure. Il lui rendait son sourire en un élan admirable, parce qu'il se reconnaissait. Elle se vit elle-même dans ces yeux-là, exactement comme il se voyait lui-même dans les yeux de cette fille Poissons.

Terminer ici avec la dernière phrase coutumière des contes de fée «et par la suite ils vécurent à jamais heureux» serait divin. Mais ce n'est pas permis. Il faut d'abord passer à travers la folle obscure forêt des ombres, combattre tous les dragons, les sorcières, les affreux crapauds qui y grouillent, les invraisemblables carcasses de navire qui gisent au fond des lagons, prêts à capturer tous les amoureux natifs et natives des Poissons, les séparer et les rejeter dans le bas-fond épouvantable de la solitude… Plouf!

Mon cœur se fend quand je suis obligée de passer de la poésie au prosaïque (comme y est contraint tout Poissons qui vit en ce monde), mais force nous est de passer en revue les caractéristiques plus banales de la comptabilité neptunienne avant de jouir des récompenses destinées à ceux qui percent l'énigme du tendre alevin.

Les deux partenaires étant gouvernés par la même planète (en l'occurrence Neptune, évidemment) doivent faire face à un accroissement et à une intensification des aspects aussi bien positifs que négatifs de leur personnalité. Dans le couple Poissons-Poissons, les qualités positives qu'ils partagent et qu'il leur sera donc facile de multiplier ensemble sont: douceur, sensibilité, imagination, créativité, compassion, perspicacité... et beaucoup d'intelligence, d'esprit... plus assez de bon sens pour rester côte à côte dans la lumière... et dans l'ombre.

Les ivraies que natifs et natives des Poissons devront éclaircir (peut-être même arracher et écraser sous leurs talons) pour les empêcher d'oblitérer et d'étouffer les fleurs ravissantes de leur idylle sont les suivantes: trop de rêverie, nonchalance, paresse, désordre de l'esprit, négligence, atermoiement, craintes, phobies, diverses formes de névrose et la tentation du mensonge... ainsi que les manies curieuses qui pourraient les pousser à jouer le rôle de paillasson l'un pour l'autre.

À coup sûr ces deux personnes devront combattre bon nombre de dragons, ogres, sorciers, sorcières, tout en traversant en tremblant les forêts de la nuit. Pourtant ne vous effrayez pas outre mesure. Ils disposent de toutes sortes de magies pour chasser les monstres qui menacent leur bonheur. Comme tout le monde le sait (ou devrait le savoir) même les plus farouches Niebelungen et les plus terribles gargouilles (qu'il ne faut pas confondre avec les grenouilles, car ces dernières sont gentilles) redoutent terriblement la magie.

Qualités et défauts des deux partenaires d'un couple Poissons-Poissons ne sont pas seulement doublés par leur association mais même quadruplés car chacun représente deux Poissons et ils sont donc quatre à eux deux. Lorsqu'ils plongent en commun dans des relations émotionnelles, si le Signe lunaire ou l'Ascendant de l'un d'eux occupe une forte position, de préférence dans l'Élément Terre, il ou elle peut représenter une véritable ancre de stabilité pour l'autre. (Un Signe lunaire ou Ascendant dans l'Élément Eau offre une assistance ravissante pour l'harmonie, mais ici nous parlons de stabilité protectrice.) Sans un tel soutien de la part de leurs Luminaires et Ascendants respectifs dans leur thème de naissance, ces deux Poissons sont en danger de s'agiter l'âme vers des fantaisies et des craintes ou de glisser distraitement à travers une idylle voire un mariage trop fragile pour durer.

Certains natifs et natives des Poissons craignent leur propre ombre. Il en est d'autres (ceux et celles que nous avons appelés orques dans cet ouvrage) qui ne craignent ni homme ni bête ou, tout au moins le prétendent. Les Poissons ne disent pas forcément toujours ce qu'ils pensent; il est bon de se le rappeler. Il y a aussi des Poissons qui se craignent eux-mêmes plus qu'ils ne redoutent leur prochain et les circonstances extérieures; ils ne se mettent donc jamais en avant et manquent bien des occasions de réaliser leurs aspirations. Enfin il y en a aussi qui appartiennent au type dauphin: enjoués, perspicaces et d'une vivacité étourdissante.

La nature exceptionnellement charitable des Poissons, hommes et femmes, peut les hypersensibiliser à certaines impressions et les tromper. Si le thème de naissance d'un des deux partenaires comporte plus de planètes en Terre que celui de l'autre, le premier des deux pourra accuser le second, doué d'un esprit moins pratique, de ne pas accepter d'envisager les faits directement et de considérer toutes choses à travers des lunettes tellement teintées de couleurs tendres qu'il risque de ne pas se rendre compte à temps de la gravité possible de certaines situations, parce que tout à ses yeux baigne dans un nuage de beauté: mirage séduisant. Telle est l'origine de toutes les craintes et phobies neptuniennes: le souvenir d'avoir vu trop souvent ces brumes dorées faire place à des nuages de brouillard gris. Pourtant un des deux partenaires dans cette relation peut s'accrocher à l'«illusion», en croyant qu'elle est plus vraie que ce qui *semble* être la vérité... On constate avec une fréquence étonnante qu'ils finissent par avoir raison, rien qu'à force de persévérance dans la foi. Quand cela se produit, on parle de miracle. Si tant de saints naquirent sous le Signe des Poissons, ce n'est pas par hasard.

Il se peut qu'elle ou lui soit un Poissons qui nage dans la mauvaise direction et se comporte comme si la vie elle-même était un rêve et que son ou sa partenaire trouve excessif cet égarement neptunien. Ou bien l'un des deux pourrait être un des Poissons du type épaulard qui rejette l'ésotérisme, dédaigne la vérité spirituelle, parle fort, n'hésite pas à bousculer son prochain et à se conduire d'une manière agressive. Des

comportements de ce genre, diamétralement opposés aux qualités naturelles de leur Signe solaire, comme je l'ai indiqué précédemment dans
ce livre, dénotent une certaine forme de névrose, agissant sur le cœur,
l'esprit ou l'âme. Un Bélier timide, un Taureau impulsif, un Crabe désinvolte et insouciant, tout comme une orque brutale et nettement extra-
vertie… sont tous foncièrement malheureux parce qu'ils renient leur
propre essence.

Le partenaire, mâle ou femelle, de cette équipe neptunienne peut être
soit une orque ordinateur, soit un Poissons plein d'amertume parce qu'il a
vu trop d'horreurs au cours de sa vie et s'est retranché dans un dévergondage romanesque ou bien adopte une attitude et une façon de parler
cassantes pour dissimuler son cœur brisé par la perte de la foi. S'il en est
ainsi, le membre le plus vigoureux du couple devra traiter l'autre avec
beaucoup de charité. Il faut une patience infinie pour sauver une tel orque
ou Poissons dépitée qui sombre dans des eaux bourbeuses et nage à contre-
courant des expériences habituelles aux natifs et natives de son Signe.

La native des Poissons est bien qualifiée pour envelopper son partenaire
mâle dans un filet d'amour et l'y maintenir. Son intuition indique à cette
femme qu'il n'aime pas que l'on cherche à pénétrer ses pensées secrètes.
Une compagne autoritaire ne pourrait jamais retenir cet homme, mais la
fille Poissons, si elle est une représentante type de son Signe, sait se soumettre sans tomber dans le masochisme. Elle est intelligente et même
sage, pourtant encore assez vulnérable pour éveiller chez son partenaire
un sens de protection masculine, latent chez lui et qu'il a tant besoin de
manifester. Réciproquement elle a besoin d'un partenaire assez tendre
pour traiter avec considération ses sentiments d'hypersensible. Or nul
n'en est plus capable que le Poissons mâle.

Leur union physique ne sera que rarement passionnée et exigeante à
l'excès. Toutefois il faut bien remarquer que tout le monde n'a pas
besoin d'amours aussi farouches que dans la jungle, au moins chaque
nuit. Cela ne signifie pas qu'ils mèneront une vie sexuelle morne. En
fait, leur expérience physique peut représenter une intimité profonde,
dans le sens *exact* du mot intimité. Leur amour d'homme et femme peut
leur offrir une évasion hors du trantran quotidien, fait de pénombre et
de routine, de même que le poisson de la nature échappe aux eaux sta-
gnantes des anses et des baies en filant vers l'océan frais, vert, étince-

lant sous le soleil, cet océan qui caresse la chair pour l'apaiser par la douceur de son ressac au clair de lune. La sexualité entre ces deux partenaires peut être exactement comme ça: propre, fraîche, libre et coulant continuellement dans la poésie mystique de l'idylle. Le chevalier du Moyen Âge et la dame de ses pensées devaient connaître une telle expression physique de leur amour.

Si Mme Poissons constate que M. Poissons est insatisfait par son travail, qu'il erre malheureux dans la maison et semble de plus en plus secret, retiré et froid... elle peut s'efforcer d'écouter plus attentivement la chanson de la solitude. Si elle le fait, elle est particulièrement qualifiée pour lui en expliquer la poésie, car en dépit de l'intuition qui leur permet de deviner les sentiments d'autrui, ils sont peu doués pour l'introspection. Il est né sous les vibrations de Neptune et sait donc d'instinct que l'homme est un esprit, qu'il a une *âme* et c'est cela qu'il veut récupérer: son âme! Il rêve en secret de franchir les montagnes, de traverser les rivières, de grimper aux arbres, de courir pieds nus dans l'herbe, de passer ses nuits et ses jours libéré des fardeaux de la propriété et des contraintes d'une société hypocrite. Comme Francesco de Bernardone d'Assise, l'homme Poissons est un mendiant au fond de son cœur, qui aspire à suivre le chant clair de l'alouette des marais partout où il pourrait le conduire. Mais le monde matérialiste de nos jours ne lui permet ni d'avouer ni même d'exprimer ses aspirations intérieures.

S'il ne trouve pas un moyen d'aller vigoureusement vers son véritable but, le Poissons mâle peut se noyer dans la frustration, parfois en tombant tristement, par muet désespoir, dans les dérivatifs qui s'offrent à la déception: vagabondage sans but, alcool ou drogues. Il a besoin d'une femme qui puisse comprendre, qui ne le charge pas des lourdes chaînes de ses craintes et ne le condamne pas non plus pour la passion de son esprit.

Quant à la fille Poissons, ses humeurs changeantes, ses crises périodiques de larmes, ses longues phases de silence... signifient presque toujours qu'elle aussi souhaiterait qu'ils puissent ensemble quitter l'aquarium où leurs existences sont confinées et nager vers des eaux plus libres où abondent des sites merveilleux et passionnants... pour se reposer de temps en temps dans un lac paisible et calme... puis voyager vers les mystères attirants tapis au-delà des horizons lointains. Si patiente qu'elle soit, la femme des Poissons se lasse de lire toujours les aventures de ceux qui osent laisser tomber leurs responsabilités pour filer au gré des vents furieux... si lasse même qu'au bout d'un certain temps, comme celle de la «Kathleen» gaélique, sa voix devient «triste quand elle parle». Elle ne demande pas grand-chose: un léger contact de la main, un signe, une lumière qui répond dans les yeux de son amoureux ou mari Poissons, disant qu'il *sait* (oh oui, il le sait!) avec quelle nostalgie pressante elle aspire à troquer sa sécurité contre la liberté. Alors ils peuvent s'en aller ensemble, peu importe où et peu importe aussi que ce ne soit peut-être pas le temps des vacances. La sonnerie insistante du réveil de Neptune retentit et leur dit à tous deux qu'il *est* temps de suivre leurs rêves... tout de suite ou jamais.

Voilà l'instant où ils doivent sortir de chez eux pour acheter leur passage vers l'Irlande, l'Écosse, le pays de Galles, la Suisse ou le Tibet. L'argent? Il leur suffit de payer le transport. Le vivre et le couvert leur seront fournis de toutes sortes de manières mystérieuses et inattendues, selon les voies de la Providence, aussi sûrement que celles des oiseaux du ciel et des lis des champs. L'homme et la femme envoûtés par Neptune savent cela mieux que quiconque, mais ils inclinent à l'oublier de temps en temps, quand ils permettent à leurs soucis du lendemain de les dominer et les étouffer. Lorsque natifs et natives des Poissons collaborent à quelque chose, ils en jouissent et alors les voies de la sécurité matérielle s'ouvrent béantes devant eux comme des fenêtres ouvertes sur l'avenir.

Quand ils se permettent de vivre et d'aimer librement, deux Poissons peuvent devenir des dauphins qui jouent gaiement, sagement ensemble dans une paix et un contentement parfaits. Les pêcheurs du monde dur et froid qui suspendent leur hameçon dans l'eau pour attraper les Poissons trop confiants n'auront guère de chance de réussir avec eux. L'un préviendra toujours l'autre pour lui éviter de mordre à l'appât tentateur.

Mais s'ils tombent dans les ornières de la routine et permettent aux chances dorées de leur échapper... au bout d'un certain temps, ils commenceront à se tromper réciproquement, pour éviter de s'engager dans des confrontations émotionnelles qui font appel à l'énergie... Ils s'éloigneront de plus en plus l'un de l'autre. Savez-vous ce que cela représente? De la paresse. Et voilà une bien triste fin pour une histoire d'enchantement. Pourquoi laisser ainsi ogres et monstres l'emporter? Ce n'est pas comme ça qu'on résout l'énigme qui se posait au tendre menu fretin... ni qu'on apprend la chanson d'amour des grenouilles.

Personnalités célèbres du Poissons

Ursula Andress	Sacha Guitry	Marcel Pagnol
Luis Buñuel	Haendel	Raymond Queneau
Enrico Caruso	Victor Hugo	Madeleine Renaud
Frédéric Chopin	Daniel Lavoie	Auguste Renoir
Marie-Michèle Desrosiers	Patrice L'Écuyer	Rimski-Korsakov
Albert Einstein	Michel-Ange	René Simard
Michel Forget	Michèle Morgan	John Steinbeck

Types de personnalités

Signes:

CARDINAUX (chefs)	FIXES (organisateurs)	MUTABLES (communicateurs)
Bélier	Taureau	Gémeaux
Cancer	Lion	Vierge
Balance	Scorpion	Sagittaire
Capricorne	Verseau	Poissons

POSITIFS (masculins) (agressifs, idéalistes, dynamiques)	NÉGATIFS (féminins) (secrets, réfléchis, stratèges)
Bélier	Taureau
Gémeaux	Cancer
Lion	Vierge
Balance	Scorpion
Sagittaire	Capricorne
Verseau	Poissons

FEU (inspiration)	AIR (mental)
Bélier — Cardinal Feu	Balance — Cardinal Air
Lion — Fixe Feu	Verseau — Fixe Air
Sagittaire — Mutable Feu	Gémeaux — Mutable Air

TERRE (matériel)	EAU (sensibilité)
Capricorne — Cardinal Terre	Cancer — Cardinal Eau
Taureau — Fixe Terre	Scorpion — Fixe Eau
Vierge — Mutable Terre	Poissons — Mutable Eau

BÉLIER: feu — positif — masculin — cardinal
inspiration, agressivité, dynamisme, *Chef* idéaliste.

LION: feu — positif — masculin — fixe
inspiration, agressivité, dynamisme, *Organisateur* idéaliste.

SAGITTAIRE: feu — positif — masculin — mutable
inspiration, agressivité, dynamisme, *Médiateur* idéaliste.

CAPRICORNE: terre — négatif — féminin — cardinal
secret, réfléchi, *Chef* stratège.

TAUREAU: terre — négatif — féminin — fixe
secret, réfléchi, *Organisateur* stratège.

VIERGE: terre — négatif — féminin — mutable
secret, réfléchi, *Médiateur* stratège.

BALANCE: air — positif — masculin — cardinal
mental, agressif, dynamique, *Chef* idéaliste.

VERSEAU: air — positif — masculin — fixe
mental, agressif, dynamique, *Organisateur* idéaliste.

GÉMEAUX: air — positif — masculin — mutable
mental, agressif, dynamique, *Médiateur* idéaliste.

CANCER: eau — négatif — féminin — cardinal
sensible, secret, réfléchi, *Chef* stratège.

SCORPION: eau — négatif — féminin — fixe
sensible, secret, réfléchi, *Organisateur* stratège.

POISSONS: eau — négatif — féminin — mutable
sensible, secret, réfléchi, *Médiateur* stratège.

Le mélange des Éléments

Signes de Feu

BÉLIER
LION
SAGITTAIRE

Le Feu se mélange facilement avec le Feu et l'Air mais il faut de la tolérance pour le mélanger avec la Terre et l'Eau.

Signes d'Air

BALANCE
VERSEAU
GÉMEAUX

L'Air se mélange aisément avec l'Air et le Feu mais exige de la tolérance pour le mélanger avec la Terre et l'Eau.

Signes de Terre

CAPRICORNE
TAUREAU
VIERGE

La Terre se mélange aisément avec la Terre et l'Eau mais exige de la tolérance pour la mélanger avec le Feu et l'Air.

Signes d'Eau

CANCER
SCORPION
POISSONS

L'Eau se mélange aisément avec l'Eau et la Terre mais exige de la tolérance pour la mélanger avec le Feu et l'Air.

Feu et Feu

Quand le Feu rencontre le Feu, il en résulte des flammes plus hautes et plus chaudes qui peuvent déclencher une déflagration capable de se consumer elle-même, de s'éteindre ou d'illuminer l'obscurité, de fondre la glace et la peur des pensées négatives. Le choix incombe à chacun des deux individus en cause.

Air et Air

Quand l'Air rencontre l'Air il y a liberté totale de mouvement sans guère de contrainte, voire pas du tout. Ce mélange peut déterminer un superbe essor mental, émotionnel et spirituel. Mais l'Air sent le renfermé et se pollue faute des vents du changement. Il peut de même se fouetter avec la fureur d'une tornade dans certaines conditions. Le choix incombe, à parts égales, à chacun des deux individus en cause.

Terre et Terre

Quand la Terre rencontre la Terre, ce mélange peut s'accumuler en une haute montagne de foi et de vigueur ou bien, au contraire, devenir un désert aride, selon la direction qu'elle prend. L'agitation peut donner un tremblement de terre avec répercussion volcanique. Le choix incombe, à parts égales, aux deux individus en cause.

Eau et Eau

Quand l'Eau rencontre l'Eau, il n'apparaît aucune résistance et il en résulte un courant continu d'inspiration, s'écoulant finalement vers le plus grand océan de lumière... ou bien, du côté négatif, il peut ne s'agir que d'un mince filet, débouchant sur une anse stagnante où il n'y a pas d'exutoire possible. L'Eau apaise la soif mais, quand elle se déchaîne, elle peut se présenter sous la forme d'inondation destructrice. Le choix incombe, à parts égales, à chacun des deux individus en cause.

Feu et Air

Attisant le Feu, l'Air peut le faire brûler plus vivement ce qui stimule l'enthousiasme, l'excitation, mais suscite aussi passion et colère. Trop de Feu peut consommer en totalité l'oxygène de l'Air et la respiration devient pénible. Trop d'Air, tel qu'un fort vent, peut faire vaciller la flamme et la réduire de plus en plus. Le choix incombe, à parts égales, à chacun des deux individus en cause.

Feu et Terre

Il apparaît toujours avec évidence lequel des deux Éléments est le plus fort et le plus résistant des deux. La Terre reste où elle est, sauf lorsqu'elle est déplacée par une explosion interne ou par des forces extérieures. Le Feu dirige son propre cours, ce qui peut l'amener à atteindre jusqu'aux cieux. Le Feu peut brûler la Terre mais jamais la détruire complètement. La Terre peut assister le Feu et constituer une fondation stable pour ses flammes; pourtant trop de Terre peut étouffer le Feu le plus vif. Le choix incombe, à parts égales, à chacun des deux individus en cause.

Feu et Eau

Un grand Feu peut déshydrater ou sécher par sa chaleur excessive une petite quantité d'Eau. D'autre part, une grande quantité d'Eau peut éteindre le Feu et anéantir ses flammes. Il en résulte que, d'instinct, le Feu redoute et respecte l'Eau, et vice versa. Chacun des deux sent le danger constitué par le fait qu'ils peuvent réciproquement se détruire en totalité. Le choix incombe, à parts égales, à chacun des deux individus en cause.

Terre et Air

La Terre contient l'Air et en a besoin mais l'Air ne contient pas la Terre et n'en a pas besoin. La Terre est obligée de rester où elle se trouve et ne remue que par l'effet de séisme, éruption volcanique ou forces extérieures. L'Air est libre de telles contraintes et se déplace au-dessus de la Terre à son seul gré sans guère changer la Terre ni y rester longtemps. La Terre est indifférente à l'Air et semble même ignorer son existence jusqu'à ce qu'un vent violent dérange plantes et fleurs qui poussent à sa surface et sont enracinées en son sein. Le résultat est déterminé par le choix qui incombe, à parts égales, à chacun des deux individus en cause.

Terre et Eau

L'Eau cherche sa place et la trouve dans la Terre qu'elle pénètre et humecte, ce qui est une bénédiction pour cet Élément car c'est seulement la pénétration de l'Eau qui permet à la Terre de «mettre au monde», comme une «mère» toute sorte de plantes, arbres et fleurs vivantes. Sans être *enrichie* par l'Eau, la Terre est sèche et inutile. Faute de Terre à humecter l'Eau s'écoule sans but et est également inutile. Ces deux Éléments furent conçus pour avoir besoin l'un de l'autre. Mais trop d'Eau peut transformer la Terre en boue ou en sable mouvant et trop peu d'Eau peut se perdre, disparaître dans les masses montagneuses de la Terre. L'issue est déterminée par le choix qui incombe, à parts égales, à chacun des deux individus en cause.

Air et Eau

L'Air pénètre l'Eau… l'agite, la tourmente, y fait naître des vagues… puis s'en va… Voilà une infiltration à laquelle l'Eau ne peut rien. Quand l'Eau pénètre l'Air sous la forme d'humidité, elle le rend trop lourd. Mais ce processus répand aussi sur toute la Nature le soulagement béni de la pluie. L'Air ne peut empêcher cette pénétration par l'Eau. En fin de compte le choix n'incombe ni à l'un ni à l'autre des deux individus en cause mais seulement à la Volonté Supérieure de la Destinée.

Table des matières

imprimerie gagné ltée

IMPRIMÉ AU CANADA